流通・マーケティング革新の展開

渦原実男 [著]
Uzuhara Jitsuo

Development of Distribution
and Marketing Innovation

同文舘出版

はしがき

　本書は，流通・マーケティング革新の展開に関して，主要な学説とビジネスでの実践面を，歴史的アプローチの手法によりまとめて整理している。通説に従えば，約100年前に米国でマーケティングが誕生し，市場流通やビジネスでの実践とその理論的研究が展開されてきた。特に第二次世界大戦後は，「流通は経済の暗黒大陸」といわれ，近代化から遅れた分野とされてきた流通に革命を起こすべき手法としても，マーケティングの活用に大いに期待が高まってきた。流通・マーケティングに革命を起こすために，先導して理論的な面でサポート役を果たしたのがドラッカーであり，マーケティング概念の拡張論など論陣の主役を務めたのがコトラーであった。

　日本では流通革命論の研究面で先鋒を担ったのが，当時東京大学の助教授だった林周二であり，実務家ではダイエーの創業者社長中内功であった。高度経済成長が始まると，時代の潮流に乗って，戦国時代のような小売業界にスーパーマーケットのチェーンストア方式を導入し，日本人のライフスタイルを変えていった主婦の店ダイエーの中内は，消費者の味方であり，織田信長のような英雄であった。当時，神戸のダイエーは日本一輝いていたスーパーで，イメージ的にも姫路の地方スーパーであったジャスコ（旧フタギ）とは格が違い，比較対象外の存在であった。

　流通革命ブームの時代から半世紀以上が経過し，日本一の小売企業であったダイエーも，今やイオン（旧ジャスコ）の完全子会社になり看板が消えつつある。下剋上を果たしたはずのイオンも，取り巻く市場環境の変化に対して中核事業であった総合スーパーの経営転換を図っているように，総合スーパーや百貨店などの大型店舗がこぞって苦戦している。かわって新興勢力として成長しているのが，SPA型のビジネスモデルを構築した専門店や，インターネットを活用した通信販売・eビジネスである。これには栄枯盛衰を感じざるを得ない。こうした流通・マーケティングの展開について，研究および実践での取り組みを，歴史的な視点から1冊にまとめ整理したのが本書で

ある。

　よって本著は，流通・マーケティングに関して研究史から論じた後，ビジネス実務での実践史を論じる構成になっている。具体的に言えば，第1章では，「流通・マーケティング革新の先導」として，ドラッカーの流通・マーケティング研究への関与を取り上げている。「マネジメントの父」と呼ばれ，社会生態学者，経営学者として大御所，著名であったドラッカーだが，意外なことに流通・マーケティング研究においても，直接的に，あるいは後輩のコトラーに影響を与えて間接的に貢献してきたことを明らかにする。

　第2章では，「マーケティングの適用拡大と発展」として，その最大の功労者であったコトラーの理論展開を取り上げる。それまでは企業の営利活動という狭い領域でしか捉えられてこなかったマーケティングが，コトラーによって非営利組織や公共部門，あらゆる組織団体，個人へと適用が拡張され，飛躍的に発展したのである。

　第3章では，誕生して約100年になる流通・マーケティング研究の歴史展開をレビューする。特に1960年代以降は，マーケティング研究の第一人者に上り詰め，オピニオンリーダーとなったコトラーの理論展開を中心に論考する。マーケティング・コンセプトを次々と発表し，統合型マーケティングやリレーションシップ・マーケティング，インターナル・マーケティング，社会的責任マーケティングの4つの要素に整理し，ホリスティック・マーケティングとして全容を体系化した功績を批評する

　第4章以降は，ビジネスでの実践の取り組みについて，いろいろな視点から論述する。第4章では，流通革新の企業者史的研究として，流通革命の最大の功労者であるダイエー中内功と，後輩でライバル関係にあったイオン岡田卓也を取り上げる。戦後，わが国の高度成長期に，流通革命の旗手として活躍したのが中内であり，その後を追って体験学習効果を得て，今や日本最大の流通グループを構築したのが岡田であった。出自や履歴など人間臭い視点から彼らのベンチャー精神の源泉を明らかにする。

　第5章では，流通部門の構造的変化と新しいビジネスの成長を論述する。

周知のとおり，我が国の流通部門では，小売部門も卸売部門も構造的変化が起きており，中小零細企業が自然淘汰され，長期減少傾向にある。こうした厳しい業界にあって，例外的に成長しているのが第8章と第9章で論述するインターネットを活用した小売ビジネスとSPA型のビジネスモデルを構築した企業である。SPA型の代表はユニクロやニトリ，無印良品であるが，それ以外に近年急成長を遂げ注目されているのが，earth music & ecology のブランド名で若い女性の人気を集めているストライプインターナショナルである。

　第6章では，総合スーパーのマーケティングと経営戦略転換として，トップ企業であるイオンを事例に，解体的改革など新たな取り組みを論説する。かつては経済成長の流れで全国標準化した一億総中流社会であったが，少子化，単身高齢化が進み，今や人口減少社会，格差社会といったように日本社会で構造的な変化が起きている。これに対応するためには，全国画一化した中央主権型チェーンストア方式である総合スーパーは，根本的に不適合であり，地方分権型・地域密着型・個客対応型への抜本的な改革が必須であることを論述している。

　第7章では，小売の国際化とマーケティングについて分析する。近年，わが国に参入するインバウンド型の外資企業だけではなく，海外に進出するアウトバウンド型の企業も多くなっているが，共に苦戦する事例が目立っている。小売企業の国際マーケティングでは何が重要なのかを成功事例から考察する。

　第8章では，通信販売の発展の歴史的視点から，カタログ通販からテレビ通販，そして今やネット通販が主流の時代になっている現状を踏まえた上で，ジャパネットたかたとZOZOTOWNの事例を中心に，今後の経営革新面での課題を考察する。

　第9章では，ネットとリアルの融合したマーケティングの研究を主題に，インターネットとリアルの実店舗を融合したビジネスの様々な取り組み事例を論述する。

　そして最後に，補章として，現在，経営やマーケティングの研究とビジネス実践において，あらゆる業界や分野で普遍的に重要なテーマとなっている

社会的責任活動に関して，小売企業での取り組み事例を挙げて結びとする。

　筆者が流通・マーケティングの研究に興味を惹き起こし，その手ほどきをしていただいたのは，横浜国立大学の学長，日本商業学会の会長などを歴任された，故久保村隆祐先生であった。以来，40年間にわたり，同じ門下生の関根孝，住谷宏，嶋正，東徹先生らには今もご指導を仰いでいる。

　大学院時代には，風巻義孝，故風呂勉，小西一彦先生らにご指導を賜った。筆者が研究者への道を歩むに至ったことも，上記の先生方によるところが大きい。これら多くの先生方のご指導のもと，学部時代はピーター・ドラッカーのマネジメントを学び，大学院時代は筆者の原点である，フィリップ・コトラーのマーケティング概念拡張論研究を深めることができた。マネジメント，マーケティングの両巨匠の文献を拝読したことは，本書の理論的研究の土台となっている。

　九州に赴任してからも，日本商業学会や日本流通学会，日本消費経済学会，日本産業科学学会などの場で，多くの先生方に鍛えられ，研鑽を積むことができた。各学会の先生方に感謝する次第である。

　最後に，本書の出版にあたり，何かとご配慮いただいた同文舘出版(株)専門書編集部の青柳裕之氏と吉川美紗紀氏に謝意を表したい。前々著『日米流通業のマーケティング革新』(2007)は，2008年に日本流通学会賞ならびに日本消費経済学会賞優秀賞を受賞できたが，同文舘出版の後押しの賜物と感謝している。

　なお，本書の発刊にあたっては，西南学院大学より「2016年度の出版助成」での給付を受けている。末筆ながら，K.J.シャフナー学長をはじめ，西南学院大学の関係者の方々に，心より感謝申し上げたい。

2017年1月15日

渦原実男

目　次

第1章　流通・マーケティング革新の先導
──ドラッカーの流通・マーケティング研究への関与──

- Ⅰ．はじめに ────────────────────────────── 2
- Ⅱ．ドラッカーの研究履歴のレビューとこれまでの評価 ──────── 2
  - 1．ドラッカーの「私の履歴書」　2
  - 2．研究履歴のレビュー　5
  - 3．ドラッカーに対するこれまでの評価　7
- Ⅲ．マーケティング学説史での先行研究と見直し ───────────── 8
  - 1．マーケティング学説史での先行研究のレビュー　8
  - 2．マーケティング学説史の見直しとドラッカー　9
- Ⅳ．ドラッカーの流通・マーケティングへの関与 ──────────── 11
  - 1．名著『現代の経営』に見られる流通・マーケティングへの関与　11
  - 2．『現代の経営』における主な例証　12
  - 3．日本の流通革命の牽引者への影響　17
  - 4．ドラッカーが流通革命を先導　20
- Ⅴ．おわりに ────────────────────────────── 20

第2章　マーケティングの適用拡大と発展
──コトラーのマーケティング概念拡張論を中心に──

- Ⅰ．はじめに ────────────────────────────── 24
- Ⅱ．マーケティング概念拡張論の展開と内容 ─────────────── 24
  - 1．マーケティング概念拡張論の展開　24
  - 2．概念拡張論の内容　26
- Ⅲ．コトラーの商品概念の検討 ───────────────────── 28

1. 商品としての有体財とサービスの検討　28
　　2. 新たな客体商品としての組織・人・場所・アイデアの検討　32
Ⅳ. コトラーに対する評価と批評 ———————————————— 37
Ⅴ. AMAの1985年定義へのコトラーの貢献とその解釈 ———————— 40
Ⅵ. おわりに——今後の研究課題 ———————————————— 45

第3章　流通・マーケティングの進化
――コトラーの理論展開――

Ⅰ. はじめに ————————————————————————— 50
Ⅱ. マーケティング学説史の先行研究と私案 ——————————— 50
　　1. 本章の構成と研究の独自性　50
　　2. マーケティング学説史の先行研究と私案　52
Ⅲ. コトラーの理論展開 ————————————————————— 54
　　1. 戦後の大家コトラーの理論展開　54
　　2. コトラーのホリスティック・マーケティング　57
　　3. コトラーのマーケティング3.0の理論　59
　　4. さらにマーケティング4.0を提唱　61
Ⅳ. おわりに —————————————————————————— 64

第4章　流通革新の企業者史的研究
――ダイエー中内㓛とイオン岡田卓也の事例――

Ⅰ. はじめに ————————————————————————— 68
Ⅱ. ダイエー中内㓛の事例 ———————————————————— 68
　　1. 先行研究のレビュー　68
　　2. これからの研究手法としての企業者史的アプローチの重要性　69
　　3. 中内㓛の略歴　70
　　4. 生育環境や企業哲学,理念,行動に関わるエピソード　70
　　5. 人生哲学　74

Ⅲ．イオン岡田卓也の事例 ——— 75
1. 本節の問題意識　75
2. 先行研究レビュー　76
3. 岡田卓也の「私の履歴書」から主な略歴とエピソード　77
4. 出自と生育環境からハングリー精神の見直し　80
5. 岡田卓也の人生哲学　82

Ⅳ．おわりに―発見事実と今後の課題 ——— 83
1. 再認識した発見事実　83
2. ダイエー中内功とイオン岡田卓也の類似点　83
3. ダイエー中内功とイオン岡田卓也の相違点　85
4. 新たな知見と今後の課題　86

第5章　流通部門の構造的変化と新しいビジネスの成長

Ⅰ．はじめに ——— 90
Ⅱ．現代流通の特性と市場構造 ——— 90
1. 流通の特性と経済的意義　90
2. 現代流通の市場構造　91
3. 日本の流通の特性―古典的モデル　92

Ⅲ．小売業を取り巻く環境の変化 ——— 94
1. 需要構造の変化　94
2. 都市構造と交通体系の変化　96
3. 情報化・国際化・業際化の進展　97
4. 規制緩和と競争促進政策　98

Ⅳ．卸売部門の構造 ——— 99
1. 概要　99
2. 事業所数　100
3. 年間商品販売額　101
4. 就業者数　102

Ⅴ. 小売部門の構造 ——————————————————— 103
1. 概要　103
2. 事業所数　104
3. 年間商品販売額　105
4. 就業者数　106
5. 売場面積　108

Ⅵ. 流通構造の変化のまとめ ————————————————— 109
Ⅶ. 新しいビジネスの成長の事例 ———————————————— 110
1. 株式会社ストライプインターナショナル（旧クロスカンパニー）　111

第6章　総合スーパーのマーケティングと経営戦略転換
―― イオンの事例を中心に ――

Ⅰ. はじめに ———————————————————————— 120
Ⅱ. 総合スーパーに関する先行研究のレビュー ———————— 120
1. 総合スーパー業態の概念と特質　120
2. 日本の総合スーパーの発展形態と特質　121
3. 米国のGMSとの相違　122
4. 総合スーパーの中でも, 特にイオンを取り上げた主要先行研究　123

Ⅲ. 総合スーパーの現状 ——————————————————— 124
1. 総合スーパーの経営不振の現状と長期衰退現象　124
2. 1億総中流社会の崩壊によるターゲット市場規模の縮小　125
3. 経営破綻と業界再編　126
4. 生き残った3社の惨状　127

Ⅳ. イオンの経営改革の事例 ————————————————— 132
1. イオンの経営戦略の変遷　132
2. イオンの経営戦略の特質　133
3. マーケティング戦略　134
4. イオンの業態展開の現状とマルチフォーマット戦略　136
5. イオンの立地戦略を中心とした経営戦略の展開　136

  6. イオングループ全社の4つの経営シフト　142

  7. イオンのGMS改革の歩み概要　143

  8. GMSの解体的改革への取り組み　144

Ⅴ. おわりに ———————————————————————————— 145

第7章　小売の国際化とマーケティング
―― インバウンドとアウトバウンドの事例を中心に ――

Ⅰ. はじめに ———————————————————————————— 150

Ⅱ. 小売の国際化の研究概要 ———————————————————— 151

  1. 国際化とグローバル化の概念の相違　151

  2. 小売の国際化の概念　151

  3. 小売の国際化の歴史的展開　152

  4. 小売の国際化の初期の研究課題　152

  5. 製造業の国際化との相違―小売業は製造業の国際化よりも困難　153

Ⅲ. 小売の国際化研究の主要な学説の動向 ————————————— 154

  1. 国際小売業の概念化と類型化　154

  2. 理論的課題の提示と分析モデルの構築　155

Ⅳ. 流通外資の日本へのインバウンドの歩みと国際マーケティング ——— 156

  1. 日本市場進出の歩み　156

  2. 流通外資の国際マーケティング　157

Ⅴ. 日本の消費者の特徴と進出動機 ————————————————— 159

  1. 日本市場への進出動機　159

  2. 日本の消費者の価値観や行動の特徴　160

Ⅵ. 日本へのインバウンドの現状と課題 ——————————————— 161

  1. 流通外資の相次ぐ撤退と不適応現象　161

  2. 小売技術の国際移転の困難さと参入リスク回避・抑制方法　163

  3. 成功事例1―高級ブランドのルイ・ヴィトン　164

  4. 成功事例2―専門店のトイザらス　164

Ⅶ. 日本からのアウトバウンドの現状と課題 ————————————— 166

1. アウトバウンドの推移　166
　　2. ユニクロの事例　167
　　3. 無印良品の事例　168
　　4. セブンイレブンの事例　170
Ⅷ. 今後の小売国際化研究の課題とまとめ ——————————— 171
Ⅸ. おわりに ————————————————————————— 172

第8章　通信販売の経営革新と展開

Ⅰ. はじめに ————————————————————————— 176
Ⅱ. 通信販売の成長の概要 ————————————————————— 176
　　1. 通信販売の定義　176
　　2. 通信販売のビジネスモデルの基本構造　177
　　3. 支払方法　179
　　4. 事業主体　179
　　5. 通信販売のメリットとデメリット　179
　　6. 通信販売の歴史の概要　180
Ⅲ. 近年のテレビ通販の成長とネットへの重点移行 ———————————— 184
　　1. 通信販売成長の実態　184
　　2. 近年の通信販売急成長の背景　184
　　3. テレビ通販の成長　185
　　4. ネット通販への移行を進めるジャパネットたかたの事例　187
Ⅳ. ネット通販の隆盛と新たな課題―ZOZOTOWNを中心に ———————— 190
　　1. ネット通販の成長の歩み　190
　　2. モール型と直販型のビジネスモデルの相違　192
　　3. ファッション通販ZOZOTOWNの成長　193
　　4. 学生へのアンケート調査結果から検証　196
　　5. ZOZOTOWNのまとめ　197
Ⅴ. ZOZOTOWNの今後の課題 —————————————————— 198

Ⅵ. おわりに ── 200

第9章 ネットとリアルの融合したマーケティングの研究

Ⅰ. はじめに ── 204
Ⅱ. 先行研究のレビュー ── 204
  1. これまでの電子商取引の進化の歩みと研究　204
  2. 電子商取引のオムニチャネルまでの変遷　206
  3. 消費者の情報探索と行動　208
Ⅲ. 米国での取り組み事例 ── 210
  1. 米国最大の百貨店メイシーズ（Macy's）の取り組み　210
  2. 世界最大の総合小売業ウォルマート（Walmart）の取り組み　211
  3. ネット専業のアマゾンのリアルの実店舗活用　213
Ⅳ. 日本での取り組み事例 ── 214
  1. イオン—GMS主力の総合小売業グループ　214
  2. セブン&アイ―コンビニエンスストア主力の総合小売業グループ　214
  3. 無印良品（生活雑貨の専門店）のビッグデータ活用の仕組み　216
  4. パルコ（ファッション専門店）の取り組み　217
  5. ネット専業の楽天のリアル進出　218
Ⅴ. 検討と方向性の考察 ── 218
  1. リアルとネットの比較—強みと弱み　219
  2. オムニチャネルの効果—顧客側・企業側双方のメリット　220
  3. オムニチャネルと顧客行動の分析　221
  4. データ管理の一元化と顧客価値の本質　221
  5. 価値共創の顧客戦略への取り組む必要性　222
  6. 今後の方向性　222
Ⅵ. おわりに ── 224

補章 小売企業の社会的責任活動
――イオンの事例を中心に――

Ⅰ. はじめに ————————————————————————— 228
Ⅱ. マーケティング概念の拡張・進化とCSR ————————————— 228
 1. マーケティング概念の拡張と進化　228
 2. 近江商人の「三方よし」の経営理念に見られるCSRの萌芽　230
 3. CSRに対する世界の動向　230
 4. 近年の消費者・市民の関心の高まり　231
Ⅲ. 企業の社会的責任への要請 ————————————————— 232
 1. 企業の社会的責任の概念　232
 2. 近年,CSRが注目される理由　232
 3. ステークホルダー(利害関係者)の積極的な参画　233
 4. 具体的な行動基準　234
 5. 経済や環境,社会面でのバランスのとれた経営への要請　235
 6. 小売業での取り組みの特徴　235
 7. 従来の環境負荷の開示例　236
Ⅳ. イオンの取り組み事例 ——————————————————— 236
 1. 大手小売業の状況　236
 2. イオンの取り組み概要　237
 3. イオンの経営面　238
 4. イオンの社会面　239
 5. イオンの環境面　241
 6. 海外でのCSRへの取り組み　242
Ⅴ. まとめ ————————————————————————— 244

索引 ————————————————————————————— 249

流通・マーケティング革新の展開

流通・マーケティング革新の先導

―― ドラッカーの流通・マーケティング研究への関与 ――

第1章

Ⅰ. はじめに

今日，ピーター・ドラッカー（Peter F. Drucker）は，近代経営学やマネジメント構築の第一人者として高く評価されているが，実は彼は近代マーケティング研究においても，多大な貢献を果たしてきた。マーケティングは約100年前に誕生したが，実務と研究の両面で地道な展開であった。そうした中で，彼の1954年の『現代の経営』では，「シアーズ・ローバック物語」を事例に挙げ，事業の目的が「顧客の創造」であり，この目的のための手段が「マーケティング」と「イノベーション」の2つの機能であると論証した（Drucker, 1954；訳書〈正編〉44-66頁）。

彼のコペルニクス的発想転換の影響を間接的に受けて，流通・マーケティング研究も概念拡張論などの大論争を引き起こし，研究が発展した（渦原, 1990）。そこで，異分野のドラッカーが，流通・マーケティング研究へどのように関与し貢献したのか全容をレビューし，学者としての新たな評価を行いたい。フィリップ・コトラー（Philip Kotler）が「現代マーケティングの父」ならば，ドラッカーは「現代マーケティングの祖父」に称される（Cohen, 2012；訳書1頁）ことを本稿では実証し，ドラッカーの再評価をする。そしてコトラーに対して，先輩のドラッカーが与えた影響に関しては，別の機会に論評するので，本章はそのための予備的考察とすることを予めお断りしておきたい。

Ⅱ. ドラッカーの研究履歴のレビューとこれまでの評価

1. ドラッカーの「私の履歴書」

牧野洋氏がドラッカーにインタビューし，翻訳した「私の履歴書」が，2005年2月に，日本経済新聞に27回連載された。この資料に基づいて，彼の略歴をレビューしたい（ドラッカー, 2005）。

ドラッカーは，1909年11月19日に，オーストリア・ハンガリー帝国の首都ウィーン郊外デブリンのカースグラーベンで生を受けている。父アドルフ

（1876-1967年）は，貿易省次官を務めた高級官僚であった。父は退官してからは，銀行頭取やウィーン大学教授，その後アメリカに亡命してからは，ノースカロライナ大学やカリフォルニア大学などで教授を務めている。母キャロライン（1885-1954年）は，当時としては珍しい女性神経科医という非常に恵まれた家庭環境で生育した。

1915年　シュバルツバルト小学校に入学した。小学校は，飛び級で卒業した。

1917年　両親の紹介で，ユダヤ人の精神科医ジークムント・フロイトに会う。

1927年　1年早くドイツの中高一貫校であるギムナジウムを卒業し，ウィーンを出る。サロンで文豪トーマス・マンや大軍人モルトケに出会う。ドイツのハンブルグで事務見習いとして商社に就職した。同時に，ハンブルグ大学法学部に入学した。

1928年　名門誌『オーストリア・エコノミスト』副編集長カール・ポランニーに出会う。ポランニーは同じユダヤ人で，後に経済人類学の理論を構築し，経済史の大家の学者になったが，ドラッカーは大いに影響を受けた。

1929年　フランクフルトでアメリカ系証券会社に就職した。フランクフルト大学法学部へ編入学した。世界大恐慌で就職先の証券会社が倒産し，失業した。

1930年　地元の有力紙『フランクフルト日報』経済記者となる。

1931年　フランクフルト大学より，国際法で博士号を取得し，法学博士となる。ゼミで教授の代講も務めた。そのゼミでは，後に妻となるドイツ人大学生ドリス・シュミットとも出会った。

1932年　ヒットラー率いるナチスが第一党に躍進し，ユダヤ人に批判的な思想を感じ取り，危機感を募らせた。

1933年　ジャーナリスト生活の中で，この頃から『経済人の終わり』の構想を練り始めている。はじめての著作を出版しようとしたが，禁書とされて焚書処分なる。身の危険を察知して，ドイツを脱出しイギリスに移る。ロンドンでドリスと偶然再会する。

1934年　ロンドンのシティで，マーチャントバンクのフリードバーグ商会に，アナリスト兼パートナー補佐として就職した。ケンブリッジ大学では，近代経済学の大家の経済学者ケインズの授業を聴講する。自らの関心が，人と社会にあることを改めて自覚する。法学や政治学，経済学だけではなく，社会学，文学，哲学，美術などもっと広く人文社会科学全般を探究し始める。これゆえ後に自らを「社会生態学者」と名乗るようになる。雨宿りに入った画廊で日本画と出会い，衝撃を受ける。そこから日本への関心が芽生えた。

1937年　ロンドンで再会してから4年間の恋愛を育み，学友のドリスと結婚した。そ

して人生の良きパートナーとともにアメリカへ移住した。『フィナンシャル・タイムズ』他のイギリスの新聞に寄稿した。

1938年　オーストリアがナチス・ドイツに併合される。ヒットラーに危険を感じて，両親もアメリカへ移住した。

1939年　処女作『経済人の終わり』を出版した。ニューヨーク州サラ・ローレンス大学で，非常勤講師として経済と統計を教える。アメリカ全土を講演旅行した。

1940年　短期間，経済誌『フォーチュン』誌の編集に携わる。

1941年　日本がアメリカ・真珠湾攻撃をし，日米開戦の太平洋戦争が勃発した。既にヨーロッパではドイツとイタリアが戦争を開始しており，第2次世界大戦となってしまった。その頃，ドラッカーは，ワシントンで働いていた。

1942年　バーモント州ベニントン大学で，教授として政治，経済，哲学を教える。第2作『産業人の未来』を出版した。

1943年　アメリカ国籍を取得した。

1945年　第2次世界大戦が，ドイツやイタリア，日本などに対して，アメリカ，イギリス，フランスなどの連合国の勝利で終結した。

1946年　GM調査をもとに，第3作『企業とは何か』を出版した。フォード自動車が再建の教科書とし，ゼネラル・エレクトリック（GE）が組織改革の手本とするなど，本著が好評であった。ここから世界中の大企業で，組織改革ブームが始まった。

1947年　欧州でのマーシャル・プラン実施を指導した。

1949年　マーシャル・プランの策定に協力した。

1953年　日本の大手メーカーであるソニー，トヨタと関わりを持つ。

1954年　『現代の経営』を出版した。「マネジメントの発明者，父」と言われるようになるが，この著作以降は，次項の研究履歴レビューで取り上げる。この年に，母・キャロラインが逝去した。

1959年　初訪日してセミナーを行う。日本の古美術の収集を始める。

1966年　日本における産業経営の近代化および日米親善への寄与により，勲三等瑞宝章を授与される。

1967年　父・アドルフが逝去した。

1969年　知識社会の到来を構想した。

1971年　カリフォルニア州クレアモント大学院大学に，マネジメント研究科を創設。同大学院教授に就任した。

1975年　『ウォールストリート・ジャーナル』紙への寄稿を始める。以降20年にわたり経済と経営について執筆した。

1979年　自伝『傍観者の時代』を出版した。クレアモントのポモナ・カレッジで非常勤講師として東洋美術を5年間教える。

1981 年　GE の CEO に就任したジャック・ウェルチとともに，1 位 2 位戦略を開発した。『日本 成功の代償』を出版した。
1982 年　はじめての小説『最後の四重奏』を出版した。
1984 年　小説『善への誘惑』を出版した。
1996 年　日本の流通革命のリーダーであったダイエーの中内功社長と，『挑戦の時：往復書簡 1』『創生の時：往復書簡 2』（P.F. ドラッカー・中内功 往復書簡）を出版した。
2005 年　『日本経済新聞』にて「私の履歴書」連載し，『ドラッカー 20 世紀を生きて』として出版した。
　　　　11 月 11 日，クレアモントの自宅にて逝去した。11 月 19 日，96 歳の誕生日になるはずだった日に，日本においてドラッカー学会が設立された。
2007 年　本格的なドラッカー研究誌『文明とマネジメント』（ドラッカー学会年報）が，日本で創刊される。

2. 研究履歴のレビュー

　ドラッカーは，1909 年にオーストリアでユダヤ系の裕福な両親から生まれた。父親の交友関係で，子供の頃には，経済変動の理論家でイノベーションの提唱者であった経済学者シュンペーターや心理学者のフロイトとも会っている。しかし，大学では国際法で学位を取得し卒業後，ジャーナリストで政治分野を担当していたことから，ナチスのヒットラーとも会っており，その時に身の危険を察知し，英国へ，そして米国へ移住している。彼の初期の関心は，専ら政治問題であったが，徐々に経済やビジネスに研究の重点を移動させている。

　そこで最初に，ドラッカーのこれまでの主な著作を時系列的に並べ，その主張内容の要点をレビューしていく。

1939 年　処女作として，『経済人の終わり―新全体主義の研究』（The End of Economic Man）を出版し，ナチス・ドイツによるユダヤ人虐殺を予言した。本書は『ザ・タイムズ』誌の書評欄で当時の英国チャーチル首相の激賞を受けた。
1943 年　GM（ゼネラル・モーターズ）のマネジメントを 1 年半調査した。
1946 年　GM の調査の成果を『企業とは何か』（Concept of the management）にまとめたことが経営学者として名をはせる原点となった。

1949 年　ニューヨーク大学教授に就任し，大学院にマネジメント研究科を創設した。

1954 年　『現代の経営』(The Practice of Management) を出版し，高い評価を受けたことにより，「マネジメントの発明者，父」と呼ばれるようになる。第 4 章「シアーズ・ローバック物語」で，「事業の目的は顧客の創造である」こと，「マーケティングとイノベーションが企業の重要な 2 つの機能である」ことを主張した。当時の流通大手企業のマーケティング革新を論説した。フォード物語，IBM 物語も事例に入れ，目標管理も提唱した。

1957 年　『変貌する産業社会』(Landmarks of Tomorrow) において，モダンからポストモダンへの移行を説いた。

1962 年　『Fortune』4 月号 (Drucker, 1962, pp.103-270) で，「流通は経済の暗黒大陸」と主張した。

1964 年　世界で最初の経営戦略書『創造する経営者』(Managing for Results) を出版した。

1966 年　万人の帝王学とされる『経営者の条件』(The Effective Executive) を出版した。

1969 年　『断絶の時代』(The Age of Discontinuity (Management)) を出版し，知識社会の到来を構想した。同時に，民営化ブームの端緒となった。

1973 年　マネジメントを集大成して『マネジメント：課題・責任・実践』(Management) を出版した (Drucker, 1973)。『断絶の時代』と併せて，企業以外の非営利組織や公共団体へのマーケティング拡大に大いに貢献した。この『マネジメント』では，英国流通大手のマークス＆スペンサーを，納入業者との関係性のマネジメントの典型例として 1 章を充てている。さらに，マーケティングとイノベーションを行い，顧客創造を行った事例として，三井家（現在の三越の先祖）を挙げ，賞賛している。

1976 年　『見えざる革命』(The Pension Fund Revolution) で，高齢化社会の到来を予言した。

1980 年　『乱気流時代の経営』(Managing In Turbulent Times) で，バブルの到来を予告した。

1985 年　イノベーションを世界で初めて体系化した経営書『イノベーションと企業家精神』(Innovation and Entrepreneurship) を出版した。

1986 年　『マネジメント・フロンティア』(The Frontiers of Management) を出版した。

1989 年　『新しい現実』(The New Realities) で，東西冷戦の終結を世界ではじめて予告した。

1990 年　NPO のバイブルとされる『非営利組織の経営』(Managing The Nonprofit Organization) を出版した。

1992年　『未来企業』(Managing for The Future)『すでに起こった未来』(The Ecological Vision)を出版し,「未来学者」とも呼ばれるようになった。

1993年　今次の転換期が50年,60年続くものであることを鮮明にした『ポスト資本主義社会』(Post-Capitalist Society)を出版した。

1995年　『未来への決断』(Managing in a Time of Great Change)を出版した。

1996年　『挑戦の時：往復書簡1』と『創生の時：往復書簡2』(P. F. ドラッカー・中内㓛 往復書簡)を出版した。

1998年　『P.F.ドラッカー経営論集』を出版した。

1999年　ビジネスの前提が変わったことを示す『明日を支配するもの』(Management Challenges for the 21st Century)を出版した。

2000年　ドラッカーの世界を鳥瞰する『プロフェショナルの条件』(The Essential Drucker on Individuals)『チェンジ・リーダーの条件』(The Essential Drucker on Management)『イノベーターの条件』(The Essential Drucker on Society)の3部作を出版した。社会の絆の創造を主張した。

2002年　『ネクスト・ソサエティ』(Managing in the Next Society)で,来るべき新時代を予言した。アメリカ大統領より合衆国最高の民間人勲章「自由のメダル」を授与される。

2004年　『実践する経営者』(Advice for Entrepreneurs)を出版した。日めくりカレンダー風に名言をまとめた『ドラッカー365の金言』(The Daily Drucker)を出版した。

2005年　11月11日に,満96歳で死去した。

3. ドラッカーに対するこれまでの評価

　周知のとおり,ドラッカーは「社会生態学者」とか,「マネジメントの発明者」,「近代経営学の父」として,現在も高く評価されている。前述のドラッカーの主な研究履歴のレビューで明らかなように,多分野にわたる研究や調査を行い,その成果を著書,論文にまとめている。そして,企業経営学としてのマネジメントだけでなく,非営利組織や社会問題へもマネジメントを導入し,その両輪としてマーケティングとイノベーションの重要性を提唱してきている。

　このようにマーケティングとイノベーションを両輪としたマネジメントを主張し,後述するように流通大手企業のシアーズ社やマークス＆スペンサー

社を事例に，流通改革のビジネスモデルを取り上げてきたにもかかわらず，マーケティング研究や流通研究の先駆者としては，あまり真正面から評価されてこなかった。ドラッカーの場合，政治や国際法，経済，ビジネス，マネジメント，経営，非営利組織，イノベーションなど社会科学全般の多岐にわたる研究を積み重ね，それぞれで脚光を浴びたために，意外と流通やマーケティングでの先行研究が見逃されてきている。

彼の多くの著書は，米国のみならず，全世界の多くの国で出版され，翻訳もされるなど，大ベストセラー作になっている。その上，世界の多くの国で，大学の経営学部や商学部，経済学部，さらにはビジネススクール・経営大学院で，教科書としても使用されている。社会科学全般にわたる幅広い研究の成果で，「社会生態学者」「マネジメントの発明者」として，死後も彼は高く評価されているが，繰り返しになるが，本章では，流通やマーケティング研究へ関与した先駆的学者として再評価を行っていく。

Ⅲ．マーケティング学説史での先行研究と見直し

1. マーケティング学説史での先行研究のレビュー

マーケティング史研究会（1993, 4頁）は，マーケティング論が，個別経済的研究と社会経済的研究とに分かれて発展したこと，マーケティングが第2次世界大戦を境にして大きく変化してきたことに着目して整理している。

同上書の4頁から先行研究者リストと分類を引用すると，次のようになる。

(1) 個別経済的研究
　①戦前期：ショー（A.W. Shaw），バトラー（R.S. Butler），
　　　　　　コープランド（M.T. Copeland）
　②戦後期：オルダーソン（W. Alderson），コトラー
　　　　　　ハワード（J.A. Howard）は執筆者の都合で割愛。
(2) 社会経済的研究
　①戦前期：ウェルド（L.D.H. Weld），クラーク（F.E. Clark），
　　　　　　ブレイヤー（R.F. Breyer）

②戦後期：ダディ（E.A. Duddy），レヴザン（D.A. Revzan），
グレーサー（E.T. Grether），コックス（R. Cox）

　以上のように先行研究では，基本的に研究者別にミクロを重視した個別経済的研究か，マクロを重視した社会経済的研究かで区分し，さらに第2次世界大戦を分岐点にして戦前期，戦後期に分類している。こうした手法や学説は，通説となってきたが，特に戦後70年間のマーケティング学説論争や実務での応用の実態から判断して，甚だ粗い分類であると考えられる。そこで，私なりのマーケティング学説史の見直しを提起したい。

2. マーケティング学説史の見直しとドラッカー

　私案では，マーケティングの定義やコンセプトの変更を基準にして，戦後期を4期の時代区分に変更し，戦前期と合わせて，マーケティング研究の焦点の動向を次のように通算5期の時代区分を提起する。[1]

(1) 市場流通（配給）研究の時代

　マーケティングの生成時代で，マーケティングが誕生した1912～1945年の戦前期に当たる。定説では，『市場流通に関する諸問題』の著作でマーケティング誕生の功労者とされているショーにより個別経済的研究が始められ，さらにクラークなどにより社会経済的研究も進められた時代である。この当時の研究の焦点について，AMA（アメリカ・マーケティング協会）の前身である全米教師協会の定義（1935年）を参照すると，「マーケティングとは，生産から消費に至る財とサービスの流れに関連する事業活動を含むものである」（那須，2009）と規定されているように，市場流通，配給の事業活動研究の時代であったといえる。

(2) マーケティング管理研究の時代

　1945～1960年代で，戦後の復興から高度成長期に当たり，個別経済的研究が主流の時代である。主な研究者としては，オルダーソンやハワード，マッカーシー（E. Jerome McCarthy），コトラーなどが挙げられる。この時

代で特筆すべきことは，『現代の経営』（Drucker, 1954）中の，事業の目的は「顧客の創造」の名言により，ドラッカーのマネジメントがブームになったことである。このことは，当時のAMAの定義（1948年，1960年）をみると，「マーケティングとは，生産者から消費者あるいは利用者に，商品およびサービスの流れを方向付ける種々の企業活動の遂行である。」（那須，2009）と規定されているように，マーケティングマネジメント，マーケティング管理に研究の焦点が当てられていた。

(3) 非営利組織や公共部門へ研究領域拡張の時代

1970年から80年代で，安定成長期に当たる。この時代で特記すべきことは，コトラー達のマーケティング概念拡張論が台頭し，学界での大論争から承認へ至ったことである。背景には，非営利組織や公共部門にマーケティングが拡大適用されている実践や実態がある。これに基づき，コトラー達が概念拡張論を展開したことで，非営利組織や公共部門への拡大に拍車がかかった。さらに言えば，マネジメント学者，経営学者として著名人になっていたドラッカーによる『断絶の時代』と『マネジメント』の影響も大きく，両著で企業以外の組織への拡大を提唱していたことも援護射撃となったのである（Drucker, 1969；1973）[2]。

こうしたことから，後追いであるが，AMAの定義（1985年）も，「マーケティングは，個人や組織の目的を満足させる交換を創造するために，アイデア，商品やサービスの概念化，価格設定，促進，流通を計画し実施する過程である」と改定されている（那須，2009）。

(4) 顧客管理や関係性研究の時代

1990年代から2000年代半ばの時代で，リレーションシップ・マーケティング（顧客との関係性管理を重視）に焦点が当てられた時期である。Rapp & Collins（1992）をはじめ，経験価値やIT革命，ワン・ツー・ワンマーケティングなど，新たなイノベーションや技術革新を道具として活用したマーケティングが続発した。そしてこの時代にも，ドラッカー（2000）が社会の絆

の創造を主張しているように,文明批評家,社会思想家としてのドラッカーの影響力が見受けられる。

こうしたマーケティングを取り巻く環境条件の変化に合わせる形で,2004年,19年ぶりにAMAの定義も「マーケティングは顧客に価値を創造し,伝達し,引き渡すための,また組織やそのステークホルダー(利害関係者)を益するやり方で顧客関係を管理するための,組織的機能であり,また一連の過程である。」(那須,2009)と改定されている。ただし,この改定に対しては,個別経済的視点に偏るとの批判を受け,3年後に変更せざるをえなくなった。

(5) 社会的責任研究の時代

2000年代半ば以降,現在に至る時代である。Kotler and Nancy『社会的責任のマーケティング:「事業の成功」と「CSR」を両立する』をはじめ,CSRマーケティングやソーシャル・メディア・マーケティングなど新しい動きが急展開している。ここにおいても,ドラッカー(1980)が新たな時代を予言していたとおり,ドラッカーの偉大さが再認識されている。

現状を踏まえて,AMAの定義も2007年に,「マーケティングとは,顧客,依頼人,パートナー,社会全体にとって価値のある提供物を創造・伝達・配達・交換するための活動であり,一連の制度,そしてプロセスである。」(那須,2009)と,社会経済的研究の視点も含めて改正された。

Ⅳ. ドラッカーの流通・マーケティングへの関与

1. 名著『現代の経営』に見られる流通・マーケティングへの関与

前述したように,マーケティングの誕生以来,約100年にわたる研究の焦点の動向は以下の5期に分けられる。

①市場流通(配給)研究の時代
②マーケティング管理研究の時代
③非営利組織や公共部門へ研究領域拡張の時代

④顧客管理や関係性研究の時代
⑤社会的責任研究の時代

この中でも，②の時代以降では，ドラッカーの影響が顕著である。

その代表作が，1954年に出版された名著『現代の経営』(Drucker, 1954) である。ドラッカー自身の研究遍歴をレビューし，マネジメントを体系化しただけではなく，流通革命やマーケティング革新でも，先導役を務めた。「流通は経済の暗黒大陸」との問題意識から，現代の流通・マーケティング研究の発展にも，大いに貢献した。第4章「シアーズ・ローバック物語」で，「事業の目的は顧客の創造である」こと，「マーケティングとイノベーションが企業の重要な2つの機能である」ことを主張した。当時の流通大手企業のマーケティング革新を論説した。

さらに，1973年出版の『マネジメント』(Drucker, 1973) では，英国流通大手のマークス＆スペンサーを，納入業者との関係性のマネジメントの典型例として1章を充てている。

その上，第6章では，マーケティングとイノベーションを行い，顧客創造を行った事例として，日本の三井家（現在の三越の先祖で，三井高利の越後屋呉服店）を挙げ，賞賛している[3]。

2. 『現代の経営』における主な例証

(1) シアーズ・ローバック物語

『現代の経営』(Drucker, 1954) において，ドラッカーは「シアーズ・ローバック物語」を取り上げ，事業の新分野開拓の面で功績のあった経営者として，ローゼンワード（Julius Rosenwald）による革新の第1期と，ロバート・E・ウッド（Robert Elkington Wood）による大転換の第2期を挙げている。

第1期：ローゼンワードの革新

シアーズ社の育ての親，販売革命の父であるローゼンワードは，以下のような流通・マーケティング革新，マネジメントの開発により，返品保証による消費者支持獲得や発送工場，人材育成，組織づくり，新たな流通チャネ

（経路）とマーケティングに心血を注ぎ，カタログ通販の最大手に上り詰めた。

創業者であるリチャード・シアーズが起業して，農民顧客を発見したのだが，経営は苦難が続いていた。シアーズ自身は，老巧な投機家で永続的な事業システムや組織を構築できず，経営能力が乏しかった。

それゆえ，シアーズ社を近代的企業に育てた第1期の功労者は，ローゼンワードであった。彼は1895年から市場調査を実施し，米国の農村が，都市とは対立した意味で，独立した別箇の市場を形成している点に着目し，この認識に基づいて事業の運営を考え，大きな成功を収めた。農民が特殊な要求を持ち，都市の消費者とは同様に扱えないという意味で，農民層は将来性のある大きな潜在的購買力を蔵していた。そこで，シアーズ社は，事業としての形態を整えるに当たって，顧客と市場を分析し，特に農民層に重点を置いて調査した。その結果，次の5つの分野で革新を行った（西川，2011）。

①組織的な商品の調達
　品質や価格，数量面で，農民層の要求に適うような商品を生産でき，継続的に調達できるメーカーを育成した。

②信頼できる郵便注文のカタログ（買物案内書）
　町に買い物に出られない農民のために，わかりやすいカタログを定期的に刊行し，郵便で注文できる仕組みを構築した。農民にとって最も信頼できる「買物案内書」を作成することにより，農民層に恒久的な顧客を作り出した。

③返金・返品保証制度
　「買手は用心」から「売手は用心」に発想を逆転させた。顧客が不満の場合，委細なく直ちに返金や返品に応じる販売方針を確立した。

④発送工場(通信販売工場)

顧客からの大量の注文を手際よくさばく,発送工場(通信販売工場)を創設した。

⑤人間組織の構成

能率的な人間組織を作り,下級官吏担当者に広範な権限を与えるとともに,結果に対する全面的な責任を負わした。勤労意欲を高めるために,全従業員に株を買い与えた。

第2期:ロバート・E・ウッドによる大転換

産業構造の転換により,1920年代半ばに,従来の農村顧客が工場労働者化して都市郊外に移動した。彼らは大衆化した乗用車を保有し,買い物にも自家用車を使い始めたことから,当時の経営トップで,「ゼネラル・ウッド(ウッド将軍)」と呼ばれていたロバート・E・ウッドが,総合量販店であるGMS(ゼネラルマーチャンダイジングストア)の店舗開発を開始した。さらに店長など人材の養成や,メーカーの組織化とPB(プライベートブランド)商品の開発強化,仕入先育成などへの取り組みから,シアーズの成長要因を次の5点のマーケティングや経営革新で例証した。以下,これを整理する。

①都市の中流階級をメイン顧客に変更

自家用車の普及により,農村と都市の同化現象が進み,広大な都市の中流階級が出現した。このマスマーケットを標的顧客に変更した。

②GMS中心に再編成と店舗の大型化,大量チェーン店化

事業の中心をカタログ通販から,実店舗であるGMS(総合量販店)中心に再編成した。総合的な品揃えを実現するための店舗の大型化,大量出店によるチェーン店化により,大量流通と大量販売を実現した。

③店長の養成

　GMS店舗をマネジメントできる経営者を大量養成する仕組みを作った。1925年の1号店から，数年で数百人の店長を養成した。従来の中央集権的組織から，分権的企業組織と店長への新しい報奨制度も構築した。

④メーカーの育成

　大量生産しうるメーカーの育成と関係強化，組織化を図った。大量生産から大量仕入・大量流通，大量販売のシステムを構築するためには，メーカーとの長期的良好な関係性が不可欠であった。

⑤独自企画商品の開発

　プライベートブランド（小売業者の独自企画商品）を，メーカーとコラボ（協調）して開発し，他の企業，店舗との製品差別化を強化した。

『企業とは何か』

　さらに本著『現代の経営』（Drucker, 1954）第5章で，前述のシアーズ物語から，「事業の目的は顧客の創造」であること，企業の重要な2つの機能は「マーケティングとイノベーション（革新）」であることを主張し，「企業とは何か」の問いに答えている（大木，2008）。ここでは，マーケティングとは企業全体の中心的次元の機能であり，顧客を理解し，顧客に製品とサービスを合わせ，自ら売れる仕組みをつくることであること，経済発展の担い手として，新しい満足を生み出すイノベーションも重要であることを力説している。

(2)　三井家の事例

　『マネジメント』（Drucker, 1973）第6章では，日本の三井家の事例を紹介している。「三井中興の祖」といわれている三井高利は，三井家（後の三井財閥）の基礎を築いた。彼は伊勢松坂出身の商人で，1673年に当時の江戸（今日の東京）に進出して，デパートの原型となる越後屋呉服店を開業し，世界で初めてマーケティングを発明していた。1683年に越後屋は，「店前現銀無

掛値」(たなさきげんきんかけねなし)のスローガンを掲げ，現在では当り前になっている正札販売を世界で初めて実現し，当時富裕層だけのものだった呉服を，広く一般市民のものにした。米国・シアーズの220年前に，顧客のために製品づくり，仕入先育成，返金自由，多様な品揃えを旨としており，世界で最初のマーケティング実践であった。このようにドラッカーは，越後屋での商業実践を「世界最古のマーケティング」と認定している。

　それまでの呉服店は，代金は後日の掛け（ツケ）払いで定価がなく，客との交渉での駆け引きで売値を決める方法で，売買単位は1反単位が当たり前，得意先で見本を見せて売る方法が一般的であった。これを三井は，現金掛値無し（現金払いでの定価販売），必要分だけ反物の切り売りし，店前（たなさき）売り（店頭で，現金を持っている人なら誰にでも販売する方法）などの新商法を導入して繁盛した。これらの方法は，当時の呉服業界においては斬新であり，顧客に現金支払いを要求する一方で，良質な商品を必要な分だけ安価で販売する（ツケの踏み倒しの危険性がないためにそのリスク分を価格に上乗せする必要性がなかった）ために，顧客にとっても便利な仕組みであったのである。

　彼の子孫は，明治時代の1904年に，デパートメントストア宣言を行い，日本で最初の百貨店（今日の三越デパート）をつくった。さらに，製造，商業，金融の一大グループ，三井財閥を形成した。

(3)　マークス&スペンサー物語

　『マネジメント』(Drucker, 1973) 第8章では，英国の流通大手マークス&スペンサーの事例を紹介している。1884年，1ペニーショップを開業し，勤労者への支援で社会階級の打破を使命とした。近代的な大量流通システムを構築し，英国トップ企業に成長した。特にマーケティング調査で消費者研究の先駆者となった。独自企画商品であるPB開発と品質管理でイノベーションを起こし，賛同するメーカーを発掘した。店舗生産性の向上や，社会的責任，女性登用，納入業者の育成で成果を上げ，優れた経営モデルを構築した。利益は市場と顧客への貢献度合を示す尺度と認識するなど，先端的な

マーケティングを実践した。

3. 日本の流通革命の牽引者への影響

　ドラッカーはアメリカだけではなく，全世界の経営者や学者に，ビジネスやマネジメントに関する著作，講演，セミナーを行い，コンサルタントとしても多大の影響を与えてきた。日本でも，ダイエーの中内㓛氏，イトーヨーカ堂の伊藤雅俊氏，ユニクロの柳井正氏などの流通革命の牽引者は，ドラッカーのファンであり，ドラッカーの著作をヒントにして，マネジメントやマーケティング改革を成功させたといわれている。

(1) ダイエーの中内㓛

　特にダイエーの中内㓛は，ドラッカーとの交流が多く，『挑戦の時：往復書簡〈1〉』と『創生の時：往復書簡〈2〉』（ドラッカー・中内，1995）を出版している。『創生の時』では，これからの時代をどう捉えたら良いか，その中で個人は，そして企業，政府はどんな行動をとるべきかなど大変難しい問題について，著者達は経験に基づきながら，しかも常識にとらわれない独自の見解を披瀝している。ドラッカーの思想のエッセンスを集約しつつ，中内氏の経営哲学を知る上で貴重な資料となっており，以下，要約する。

　重点は個人と企業の創生にあるとドラッカー自身が述べている。元々市場経済は，社会や経済が機能するための必要条件ではあっても十分条件ではない。それに，社会は市場経済よりも大きいのであって，市場経済にはできないことがある。そこで政府の市場介入，政府による何らかの関与が必要になるが，政府には得意なこととそうでないことがある。したがって関与の妥当性は，個別具体的に検証されるべきである。では，企業は社会的な問題にどう貢献できるか。戦後の日本社会において，夫婦とその家族で経営する生業零細店のパパママ・ストアは救命ネットであった。それをフランチャイズ化することにより，社会的な問題をビジネス上の機会に変えることに成功した。しかし，この事例のように常に社会的ニーズと経済的ニーズが調和するとは限らない。そこにNPOのような社会セクターの存在理由がある。メンバー

への動機付けや組織のマネジメントなど，企業と社会セクターは互いに学び合うべきことが多い。社会の創生のために今最も必要なのは，人と人の絆という意味のコミュニティの再構築である。その点，企業コミュニティを大切にしてきた日本の企業が，新しい状況の中でどのような道を切り拓くか真価が問われていると主張している。企業の創生や具体的なチェック・ポイントや，個人の創生のための「7つの教訓」（ドラッカー・中内, 1995, pp.28-54)[4]など興味深い指摘もしている。

(2) イトーヨーカ堂の伊藤雅俊

　イトーヨーカ堂の創業者である伊藤雅俊も，ドラッカーとは長年の交流があった。伊藤（2014）によれば，40年以上前から，アメリカに行くたびにクレアモントにあるドラッカーの自宅へ訪問し，長時間話をしている。自宅は質素で，大変地味で堅実な生活を過ごしていた。著名な学者にもかかわらず，いつも人としての真摯さを感じさせられていた。しかも，コンサルタント料と称するものを一切受け取ることがなかったようで，素晴らしい紳士であった。伊藤より15歳年長であったが，まさに「人生の師」のような存在で，単に経営コンサルタントとして企業経営のアドバイスを受けるというよりも，激動する世界の中で，人生の生き方や社会での接し方などで薫陶を受けていた。ドラッカー自身が，「自分は経済学者ではない。歴史学者であり社会学者だ」と述べていたように，大所高所から物事を思索する哲学者，思想家であったとの印象である。世界の長期的歴史的観点から，物事の普遍的真理を探究する姿勢を生涯崩さなかったようである。

　ドラッカーが亡くなる1年前に，伊藤はこの世の最後の面談をしたようで，最後まで人に面倒をかけたくないとの奥ゆかしさを持ち合わせていた。普段は飲酒しないドラッカーが，珍しくワインをたしなんでいたようで，厳しい人柄であったが，人間としての素顔を垣間見たとの逸話である。日本国民が好きで，日本文化の良き理解者でもあって，訪日すると決まって京都へ行き，日本画を購入するなど東洋美術の熱心な収集家であった。特に室町時代の墨絵を好んだようで，日本の歴史の巨大な転換期であったとこの時代を認

識していた。

　最後に伊藤は，ドラッカーは歴史，社会学，その他何でも貪欲に自らの領域に引き込んでいく総合の学を実践してきており，マネジメントの研究者に対して幅広く現実問題を捉えようと努めていく学問を志して欲しいと結んでいる。

(3)　ユニクロの柳井正

　ユニクロの柳井正もドラッカーの影響を受けてきた。NHK（2010，12-14頁）によれば，ユニクロを運営するファーストリテイリング社が，ここまで成長を続けてこられたのは，経営学の巨人と称されるドラッカーの著書との出会いによる部分が大きいと言っている。柳井はドラッカーの名言に感銘を受け，今まで自社商品に見向きもしてくれなかった顧客を振り向かせるために何をしたらいいのかを徹底して追求し，業績を伸ばしてきた。まさにドラッカーの言う「顧客」を「創造」してきたのである。柳井は「人生の節目節目でドラッカーの著書を読み返し，自分の立ち位置を再確認するとともに，ときには彼の言葉に勇気付けられ，背中を押されてきたような気がしているんです。ドラッカーはぼくにとっての経営の先生であるとともに，進むべき道，企業のあるべき本質的な姿を示してくれる羅針盤のような存在だと言ってもいいでしょう。」と述べている。そして，ドラッカーの数ある名言の中でも「企業の目的として有効な定義は1つしかない。すなわち，顧客の創造である」を挙げ，企業経営の本質を突いた言葉であると感じている。柳井は，「顧客の創造というと難しく聞こえますが，企業は自分たちが何を売りたいかよりも，お客様が何を求めているのかを一番に優先して考え，付加価値のある商品を提供すべきである」と理解して，経営の実践に活かしている。

　その他，「社会に貢献するために企業は存在する」や「付加価値のある商品を提供せよ」「潜在的な需要をキャッチせよ」「チラシは顧客へのラブレター」「短所は切り捨てて長所を伸ばせ」など多くの名言を挙げているが，経営学，特にマーケティングに関する発想が多く，ドラッカーが日本の小売業者のマーケティングに影響を与えたことが明らかになっている。

4. ドラッカーが流通革命を先導

前述のとおり，ドラッカーは「流通は経済の暗黒大陸」と主張し，流通改革を先導してきた。1962年の『Fortune』4月号（Drucker, 1962, p.103）で発表した"The Economy's Dark Continent"は，「経済の暗黒大陸"流通"」と翻訳され，米国のみならず，日本の産業界や学界にも衝撃与えた。

林（1962, 169-173頁）によると，この影響によって，問屋排除論もさらに拡がった。流通部門（マーケティング・チャネル，販売経路）全体に焦点を当てて，改革に向けた注意を喚起した。三浦（2011）によれば，顧客志向のマーケティング・コンセプトが主張されており，企業組織の内外を含む全体プロセスのマネジメントも意味し，今日のコトラーのいうホリスティック・マーケティング・コンセプト[5]への接近も可能にしている。

V．おわりに

以上，米国のシアーズ，英国のマークス＆スペンサー，日本の江戸時代の三井家を事例に挙げ，各国の流通大手のマーケティングとイノベーションの重要性を主張し，ドラッカーの流通・マーケティング研究に関与してきたことを実証した。

なお，ユニクロで有名なファーストリテイリングの柳井正会長・社長は，ドラッカーの著作の愛読者で，ドラッカー流マネジメントや経営手法を導入して，成功を収めたとことを語っているように，ドラッカーは死後も，世界各地の企業経営者にとって多大の影響を与えていることがわかる。

●注
(1) この時代区分に関しても，別の機会に論評する。
(2) 『断絶の時代』の「第三部多元化の時代」において，企業以外の組織の役割とマネジメントの重要性を指摘し，『マネジメント』においても，企業以外の政府機関やNPOなども対象に取り入れていた。
(3) シアーズ社が設立された1893年の220年前，1673年に三井高利が呉服店を開業し，仕入先の育成や返金自由の原則，幅広い品揃えなど，顧客志向のマーケティングを実践し

た。彼の子孫は今日の三越デパートをつくっただけではなく，製造，商業，金融の一大財閥三井を形成したと論述している。
(4) ドラッカーは，自身の思想形成に当たっては，人生の中で7回の精神的な節目が訪れ，その7つの経験から得た教訓を列挙している。①目標とビジョンをもって行動する。②常にベストを尽くす。③一時に一つのことに集中する。④定期的に検証と反省を行い，計画を立てる。⑤新しい仕事が要求するものを考える。⑥仕事で挙げるべき成果を書き留めておき，実際の結果をフィードバックする。⑦「何をもって憶えられたいか」を考える。
(5) 本書の第3章の図表3-2を参照。

● 参考文献

Cohen, W.A. (2012) *Drucker on Marketing : Lessons from the World's Most Influential Business Thinker*, McGraw-Hill Education.（松浦由希子訳『ピーター・ドラッカー マーケターの罪と罰』日経BP社，2013年）

Drucker, P.F. (1954) *The practice of management*, Harper & Row.（現代経営研究会訳『現代の経営〈正編〉』自由国民社，1956年）

Drucker, P.F. (1962) "The Economy's Dark Continent," *FORTUNE*, April.

Drucker, P.F. (1969) *The age of discontinuity*, Butterworth-Heinemann.（上田惇生訳『断絶の時代』ダイヤモンド社，2007年）

Drucker, P.F. (1973) *Management : Tasks, Responsibilities, Practices*, HarperCollins Publishers.（『マネジメント—課題，責任，実践〈上〉』ダイヤモンド社，2008年）

Drucker, P.F. (1980) *Managing in the Next Society*, St. Martin's Press.（上田惇生訳『ネクスト・ソサエティ：歴史が見たことのない未来がはじまる』ダイヤモンド社，2002年）

Kotler, P. and R.L. Nancy (2004) *Corprate Social Responsibility : Doing The Most Good for Your Company and Your Cause*, wiley.（恩蔵直人監訳『社会的責任のマーケティング：「事業の成功」と「CSR」を両立する』東洋経済新報社，2007年）

Rapp, S. and T.L. Collins (1992) *The Great Marketing Turnaround : The Age of the Individual--and How To Profit From It*, Plume.（江口馨訳『個人回帰のマーケティング：究極の「顧客満足」戦略』ダイヤモンド社，1992年）

伊藤雅俊 (2014)「第10章 コンサルタントとしてのドラッカー」ドラッカー学会監修，三浦一郎・井坂康志編著『ドラッカー：人・思想・実践』文眞堂。

渦原実男 (1990)「商品及びマーケティング概念拡張論の吟味：Kotlerの所説を中心に」『旭川大学紀要』第30号。

NHK「仕事学のすすめ」制作班編 (2010)『柳井正 わがドラッカー流経営論』日本放送出版協会。

大木英男 (2008)「マーケティングの観点から考察するドラッカー発想の一側面」『ドラッカー学会年報 文明とマネジメント』第2巻，62-71頁。

上沼克徳 (2008)「第6章 P. コトラー：現代マーケティング学界の第一人者」マーケティ

ング史研究会編『マーケティング学説史 アメリカ編(増補版)』同文舘出版。
上沼克徳(2014)「マーケティング定義の変遷が意味するところ」『商経論叢』(神奈川大学経済学会) 第49巻第2・3合併号。
坂本和一(2013)「『現代の経営』(1954年)を生み出したドラッカーの発想転換(1)」『ドラッカー学会会報 文明とマネジメント』第9巻。
ドラッカーP.F.・中内㓛著,上田惇生訳(1995)『挑戦の時:往復書簡〈1〉』ダイヤモンド社。
ドラッカーP.F.・中内㓛著,上田惇生訳(1995)『創生の時:往復書簡〈2〉』ダイヤモンド社。
ドラッカーP.F.著,上田惇生編訳(2000)『イノベーターの条件:社会の絆をいかに創造するか』ダイヤモンド社。
ドラッカーP.F.著,牧野洋訳・解説(2005)『ドラッカー20世紀を生きて:私の履歴書』日本経済新聞社。
那須幸雄(2009)「AMAによるマーケティングの新定義(2007年)についての一考察」『文教大学国際学部紀要』第19巻第2号,93-99頁。
西川英臣(2011)「ドラッカー「シアーズ物語」におけるリチャード・シアーズの評価をめぐって」『ドラッカー学会年報 文明とマネジメント』第5巻,78-101頁。
西川英臣(2013)「日本の小売業研究の基本的視点に関する一考察」『ドラッカー学会年報 文明とマネジメント』第9巻。
林周二(1962)『流通革命:製品・経路および消費者』中央公論社。
白珍尚(2011)「経済の暗黒大陸"流通"再考」『ドラッカー学会年報 文明とマネジメント』第5号。
マーケティング史研究会編(1993)『マーケティング学説史 アメリカ編』同文舘出版。
三浦一郎(2011)「ドラッカーにおける「マーケティング」と「イノベーション」」『ドラッカー学会年報 文明とマネジメント』第5巻,1-15頁。
三浦一郎編著(2004)『流通と顧客創造』高菅出版。

マーケティングの適用拡大と発展

―― コトラーのマーケティング概念拡張論を中心に ――

第2章

Ⅰ. はじめに

　通説では，約100年前に米国で誕生したとされるマーケティングであるが，時代とともに大きく変容がみられる。100年間のマーケティング概念の変遷を，戦前の①市場流通（配給）研究の時代，戦後の②マーケティング管理研究の時代，70年代からの③非営利組織や公共部門へ研究領域拡張の時代，90年代の④顧客管理や関係性研究の時代，2000年代以降の⑤社会的責任研究の時代の5期に時代区分した場合，最大のターニングポイントは70年代にあったといえる。その当時，概念拡張論の論陣を張り，現代マーケティング論の構築に大きく貢献したのが，フィリップ・コトラー（Philip Kotler）であり，その成果により，コトラーは名実ともにマーケティング研究の第一人者に上り詰めた。

　そこで本章では，60年代末にコトラーが主導したマーケティング概念拡張論に焦点を当てて，当時の議論をレビューし再検討するとともに，その提唱内容を分析し，再評価を試みたい。

Ⅱ. マーケティング概念拡張論の展開と内容

1. マーケティング概念拡張論の展開

　かつて，アメリカ・マーケティング協会（American Marketing Association, 以下AMAと略称する）は，マーケティングの定義（1960年制定）を「製品やサービスを生産者から消費者あるいは利用者に流通させる事業活動の遂行」（久保村ほか，1985，16頁）と定義していたが，この見解はミクロに限定的過ぎると批判されてきた。例えば，1965年のオハイオ州立大学のマーケティング・スタッフは，「財およびサービスの着想，促進，交換および物的流通をとおして，それによって経済財，およびサービスに対する需要構造が先取りされ，あるいは拡大され，そして満足されるところの社会におけるプロセス」（Marketing Staff of the Ohio State University, 1965）と定義し，マーケティングが社会的プロセスであることを強調していた。

これをさらに拡張する発想から，コトラーは，レヴィ（Sidney Levy）とともに1969年「マーケティングのコンセプトを拡大すること」と題する論文を発表した（Kotler and Levy, 1969a, pp10-15）。この論文により，「マーケティング概念拡張論」の論争が激しく交わされた当初は革新的な内容のために，デビット・ラック（David J. Luck, 1969）を始め，多くの批判を浴びたが，産業のサービス化や非営利組織の社会的役割の拡大などにより，徐々に学界の支持を得られるようになった。コトラーの論文は，教会や警察，公立学校を含む非営利組織が，製品と顧客を持っていて，マーケティング・ミックスの技法を用いていることを挙げて，マーケティング概念を，非営利組織を含むものまで拡大することを提案したのである。コトラーの提案は，当時ではかなり衝撃的であった。これに対してラックは，「マーケティングは市場取引（Market Transaction）に帰結する事業プロセスおよび事業活動に限定すべきだ」（Luck, 1969. p.54）と批判したが，コトラーは「マーケティングは市場取引という狭い主題よりも，むしろもっと広く交換の一般概念（eneral idea of exchange）にある」と反論した（Kotler and Levy, 1969b, pp.55-57）。そして，マーケティングの変わりゆく社会的環境的役割の特集号を組んだ時点で，十中八九逆行できないものとなってしまったのである（Hunt, 1976）。

　そして，コトラーとザルトマン（Gerald Zaltman）は，ソーシャル・マーケティング（Social Marketing）の概念を「社会的アイデアの受容に影響するように，もくろまれたプログラムの設計，遂行，および統制で，製品計画，価格決定，コミュニケーション，流通，およびマーケティング・リサーチの考察を含むものである。」と規定した（Kotler and Zaltman, 1971, p.5）。こうして，マーケティング活動の社会的側面が強調されるようになった。

　ただし，ソーシャル・マーケティングという用語は，二様の意味で用いられている。1つは，コトラーが提唱したように，非営利組織が社会的目標を達成するために，従来のマネジリアル・マーケティング（Managerial Marketing）の技法を，企業だけでなく政府や博物館といった一般の組織に応用，拡張していこうとするものである。もう1つは，レイザー（William

Lazer）が唱えたように，これまでのマーケティング行動に，社会的対応が欠如していたという反省（例えば，誇大広告，有害・欠陥商品，公害などの問題）のもとに，評価判定基準に，社会的利益や価値を置こうとするものである。このソーシャル・マーケティングは，マネジリアル・マーケティングと対立するものではなく，それを補うものである。

この2つのソーシャル・マーケティングの概念は，マーケティング管理の技術が非営利組織にまで適用拡大されたことを意味している。元々マーケティングにおける技術は，社会学をはじめとする行動諸科学の技術を輸入適用した経緯があるため，ソーシャル・マーケティングとしてのマーケティング技術の適用拡大は，森下（1979，11頁）も指摘するように，逆輸出だといえる。

2. 概念拡張論の内容

こうしたコトラーの一連のマーケティング概念拡張論は，"A Generic Concept of Marketing"（Kotler, 1972, pp.44-54）で，概念的な仕上げを試みている。コトラーはマーケティングの意識の変化を3段階に分けているが，その内容をみていくことにする。

意識1の段階

マーケティングをミクロの企業のみを対象に限定して認識し，市場取引を核心概念とする。取引の対象は，経済的な財やサービスだけである。

意識2の段階

マーケティングの主体を企業に限らず，一般的な組織に拡張する。その核心概念は，市場取引ではなく，もっと広く組織と顧客の取引と認識し，客体は，経済財やサービスに限定しない。

意識3の段階

マーケティングの適用領域をさらに拡張して，全ての公衆に対する組織の試み一般とし，客体は問わない。

このように，コトラーは概念の拡大化を図ったが，その基礎概念は，2つの当事者間における価値物の交換である。

さらにコトラーは，4つの公理とその系の形で定義を明確にしている。それを整理すると，一般的交換概念における社会単位は，マーケッターとマーケットであり，その客体は，社会的対象物（製品，サービス，組織，人，場所，アイデア）とその対象物に対するマーケットの反応である。もちろん，社会単位は，営利組織，非営利組織を問わず，個人，集団，組織，地域社会，国家のいずれかであるから，一般的な主体をマーケティングの適用領域とすることができることになる。

　これを図表2-1のように，ハント（Shelby D. Hunt）がマーケティング領域として，実証的と規範的，営利セクターと非営利セクター，ミクロとマクロでマトリックスとして分類し，整理している（Hunt. 1976）。ハントによれば，初期のマーケティング研究は，営利セクター，マクロ，実証的領域の

図表2-1　ハントによるマーケティングの領域の分類

		実証的	規範的
営利セクター	ミクロ	(1)・個人消費者購買行動 ・企業が価格，製品，販売促進，および流通経路のような要因をいかに決めているかの事例研究	(2)・マネジリアル・マーケティング ・価格決定 ・製品決定 ・販売促進決定 ・包装決定 ・マーケティングへのシステムズ・アプローチ ・マーケティング組織 ・マーケティング計画 ・購買 ・国際マーケティング ・マーケティング統制
	マクロ	(3)・マーケティングへの制度的アプローチ ・マーケティングへの機能的アプローチ ・マーケティングへの商品的アプローチ ・マーケティングへの環境的アプローチ ・マーケティングの法的側面 ・比較マーケティング ・貧しい者は余計に支払っているか。 ・マーケティングシステムは効率的か。	(4)・マーケティング・システムはいかにしてより効果的にしうるか。 ・流通コストは高すぎるか。 ・広告は望ましいか。 ・マーケティングには社会的責任があるか。 ・経済開発においてマーケティングはいかなる役割を果たすべきか。 ・消費者主権は望ましいか。 ・需要を刺激することは望ましいか。
非営利セクター	ミクロ	(5)・公共財の需要を予測する。 ・消費者は公共財をどのように購買しているか。 ・公共財マーケティングの事例研究	(6)・ソーシャル・マーケティング ・非営利組織はマーケティング・ミックスの全要素をいかに運営すべきか。 ・公共財に対する需要はいかに予測することができるか。
	マクロ	(7)・テレビ広告は選挙に影響するか。 ・公共サービスの広告は行動に影響を及ぼすか。（例『山火事防止マーク（Smokey the Bear）』） ・公共財のための既存の流通システムは効率的か。 ・流通経路問題としてのリサイクリング	(8)・社会は政治家が歯ミガキのように『売られる』のを許容すべきか。 ・『告知的内容の低い』政治的広告は望ましいか。 ・米国陸軍は新兵募集のための広告を許されるべきか。 ・『公共財』に対する需要は刺激されるべきか。

（出所）Hunt（1976）；訳書，17頁。

(3) が中心であったことがわかる。それがマーケティングの発展とともに，その規範的領域 (4) へ，そして，戦後のマネジリアル・マーケティングの進展とともに，ミクロの規範的領域 (2) やその実証的領域 (1) へも，次第に拡張された。そしてコトラーによって，非営利セクターへも門が開かれたのである。

　重視すべきことに，マーケティングの拡大概念については，当時のアメリカのマーケティング研究者や実務家の大半が賛成し，好意的であったことである。しかも，非営利セクターにおいても，効率的な業務の遂行上，マーケティング技術の運用が必要とされて，現実に運用されている実態からみて，マーケティングの領域拡大は既成の事実となっていたのである。

III. コトラーの商品概念の検討

1. 商品としての有体財とサービスの検討

　次に，1980年のコトラーの著作である『マーケティング原理』(Kotler, 1980b；訳書，732-765頁) を引用して，それぞれ新しい拡大商品について，個別的に概念を検討していきたい。ここでは，商品イコール製品と同義に解釈している。同書第12章「製品・ブランド・パッケージ・サービスに関する戦略」において，「製品とは，あるニーズを充足する興味，所有，使用，消費のために，市場に提供されるすべてのものを指す。それは有体財（著書の翻訳では物理的財），サービス，人間，組織，アイデアを包含している。それは，他に，提供物 (offer)，価値のパッケージ (value package)，便益の束 (benefitbundle) とも呼ばれうる。」と製品の定義がされている。

　この定義は，1969年以後のマーケティング概念拡張論の集大成である。このコトラーの製品概念は，**図表2-2**の製品の3つのレベルとして規定されている。製品の最も基本的なレベルは，製品の核であり，中核となる便益とサービスである。消費者に満足や利益を与える上で，必要不可欠の要素であるといえる。この製品の核に，具体的な5つの標識（品質，特性，スタイル，ブランド名，パッケージング）が加わって，実体を伴った製品の形態となる。

図表 2-2　製品の 3 つのレベル

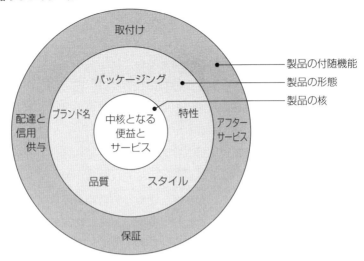

(出所) Kotler (1980)；訳書, 435 頁。

　サービスの場合も，特性や品質を持って提供されることで，製品の形態となる。これらに，取り付け，配達と信用供与，保証，アフターサービスなどの付随機能が付加されて，全体としての製品を形成している。そして今日では，この他，広告，顧客への助言，融資，保管など，人々が価値を認めるものが，マーケティング競争上の重要な要素となっている。

　セオドア・レビット（Theodore Levitt）も，「企業努力の目的は，人々が競争会社のものよりも自社の製品やサービスを購入したいと欲するような，満足価値群を提供することになければならない」として，その具体的提供物として，製品を規定している（Levitt, 1962；訳書, 88-89 頁）。そして，「ピアノは騒音醸成のための道具でもないし，楽しみを与え，緊張をやわらげるための工夫でもない。多くの購入者にとっては，文化的な水準の高さを示すシンボルとして，おそらくピアノは最も重要なものなのである」と例示している。そして，副次的な顧客の欲求まで満足させることが，成功の秘けつであると主張している。

　こうしたコトラーとレビットの見解で，製品の本質は明らかであろう。製

品とは，中核となる便益とサービスを主として，消費者に提供する満足価値群の総体を指すのである。その製品の形態として，①有体財，②サービス，③組織，④人，⑤場所，⑥アイデアに分類されることになる。ここでは，有体財とサービスについて検討を加えていく。

まず，第1に挙げた「①有体財」については，伝統的に商品学が研究対象としてきた有形の経済財を指すのであるが，従来のマーケティング論や商品学の概念とほとんど同じであるから，特に問題はないであろう。

次に，第2に挙げた「②サービス」についてであるが，コトラーは「サービスとは，ある人または組織が他の人または組織に対して与える，本質的に目に見えないものであり，所有権を伴わない活動あるいはベネフィットである。サービスの生産は，必ずしも有体財（原文は物理的な製品）とは結びつかない。」(Kotler, 1980a；訳書，733-734頁）と定義付けしている。

そして，サービスの特性の1番目として，当然のことながら，非有形性を挙げている。サービスは目に見えないものであり，味わったり，さわったり，においをかいだりできない。サービスが無体財である以上，その形の存在しないところに本質がある。

2番目として，サービスの不可分性を挙げている。サービスは，それを提供する人と不可分であり，サービスをつくり出す場合には，それが人であろうと機械であろうと，必ずそのものが提供の場になければならない。すなわち，サービスの生産と消費は同時に行われ，物のような流通が存在しない。このことから，サービスは需要に先立って生産ができず，立地面でも，需要される場所がかなり限定されることになる。

3番目として，サービスの変動性を挙げている。サービスは，誰が提供するかということだけでなく，いつ提供されるかによって，大きく変わってしまう。サービスに対する需要は，季節や週や1日の中でも，時間帯によって相当変動してしまう。

4番目として，サービスの消滅性を挙げている。サービスは在庫することができないので，一度逃した機会は，永遠に失われたままになってしまう。このために，需要が変動的である場合にはサービスの供給と効率が問題とな

る。

　コトラーは，以上の4点のサービスの特性を掲げたが，出牛（1978）が指摘するように，筆者も「異質性」を挙げなければならないと考えている。サービスは一般的に標準化が困難なものが多く，同質のサービスを全ての顧客に提供することは困難である。例えば，医師の手術や治療サービスは，医師の経験や患者の症状によっても異なるだろうし，同じ医師でも，その時の精神状態や患者の反応などによって異なるものであり，絶えず一定の品質を保持しにくいものである。そして消費者の立場から見ても，有体財のように，買い回りや比較購入にも限度があるものが多い。結局，品質に対してはサービスの送り手と受け手の信頼関係によって左右されることになる。

　また，サービスに対しては，顧客の欲求は同質ではなく，しかも時間的，数量的，ならびに場所的に絶えず変化している。サービスは有体財以上に欲求が個性化・多様化しやすい側面があって，マス・マーケティングの適応しにくい分野である。現代のように，ガルブレイス（John Kenneth Galbraith）の言う「豊かな社会」においては，「食事，娯楽，交通，水道やガスなど，一世紀前には金持ちでも享受できなかった楽しみや便宜を普通の人でも得られるようになり，人々のたくさんの欲望が，もはやその人自身にも，はっきり意識されないほど，時代は大きく変わっている」（Galbraith, 1969；訳書，3-7頁）実態からして，人々は精神的満足を求めて，有体財よりもサービスに価値を置くようになっている。そして，有体財においても，消費者は，第1次品質（primary quality）よりも第2次品質（secondary quality）（飯島，1972，64-65頁）の方を重視する傾向にあって，商品の意味的感覚的効用が脚光を浴びている事実から，サービスの商品性は飛躍的に高まっている。

　こうしたサービスの商品性について，マッカーシー（E.J. McCarthy）も，"Basic Marketing"の中で，「トータル・プロダクトには，有体財（原文は物理的製品）を全く含まないこともある」として，サービスが製品であることを強調して，従来，マーケティングが伝統的にほとんどサービスを除外して，有体財（物理的財貨）に中心をおいてきたことに反省を求めている（McCarthy, 1975；訳書，164-180頁）。サービスを商取引の対象から除外し

たり，軽視することは許されないし，そのサービスの種類も年々拡大化され，多様化している。今や，サービスを除外する方が異常であるから，サービスの商品性については，一般的コンセンサスが得られていると見て異論はないであろう。

　もちろん，これまで商品学がサービスを学問の体系上，除外してきたいきさつから，新たなパラダイムによる商業認識が必要とされることは当然である。これにはマーケティング論についても有体財中心できたいきさつから，サービス・マーケティングも同様に，新たなパラダイムの形成が求められるであろう。例えば，風呂（1979）が指摘されるように，伝統的商業認識において商業サービスは，有体財である商品売買に対して従属的な活動，すなわち売買のための手段とされてきたのであるが，商業サービスをも商品と認識する場合においては，それ自体が商業活動の目的となってしまい，目的と手段の論理的混乱が生じるので，新しい商業認識によるパラダイム形成が必要となってくる。経済のサービス化現象の進展とともに，サービスに対する研究者の認識は急速に高まり，広義の経済学関連分野で，特に重要な研究対象となっている。商品学もマーケティング論も，新しいアプローチによるサービスの把握が必要である[1]。以上の議論から，有体財とサービスを商品の対象と認識することは，全く異論はないと考える。

2. 新たな客体商品としての組織・人・場所・アイデアの検討

　次に，コトラーによるマーケティング概念の拡大で，新たな客体商品として登場したものの適否や妥当性を順に検討していく。コトラーが前述の有体財，サービスに次いで，第3に挙げたのは「③組織」である。Kotler（1969）によれば，多くの組織は組織自体を売るために，かなり多くの時間を費やしている。そして，共和党は現代的な外見を創ろうと，多くの思考と資金を投入していることや，アメリカ医学協会が，最近医師のイメージの改善やキャンペーンを決定したことから，多くの大学や教会が「組織」を売ろうとしていることを例証している。

　これらの例示から察知されるように，コトラーの言う組織とは，「組織イ

メージ」を意味している。組織のマーケティングとは，ターゲットの人々に，自らの組織に対する態度や行動をつくり上げ，変革するための活動である。組織が生産する有体財やサービスの販売ではなく，組織名や組織のイメージを改善する活動を呼んでおり，事実上，いわゆる広報活動と同じ活動を指している。

　一般的に広報（Public Relations）とは，「個人または組織体が，相手の考え方，意見とか態度を，好ましい方向へ指向しようとするときに，これが計画，実施されるもので，個人ないし組織体が，組織的かつ長期的な基礎にたって，自身に対し，公衆の理解と信頼をかちえようとする活動である」（久保村・荒川，1982）とか，「個人または企業が，公衆の理解と受容を獲得するために，公衆の態度を測定したうえ，自らの政策と手続きを確定する経営活動である」（宇野，1982，549頁）と定義される。

　コトラー流に言えば，広報とはマーケティング・マネジメントが，その対象を製品やサービスから組織へと転換したものと考えるのであるが，果たして妥当であろうか。確かに広報では，公衆のニーズ，欲求，心理に関する知識，コミュニケーション・スキル，説得をねらいとしたプログラムのデザインと実行など，マーケティングと同一の多くの技術が必要とされ，実態としていくつかの企業では広報とマーケティングの類似性，および補完性を認識して，両者を同一の管理のもとに置いているのだが，これをもって，広報イコール，マーケティングとして良いものだろうか。

　企業が市場を創造するために，マーケティングは，財務，人事，製造，研究開発などの部門と協調して，適応行動をとっている。そして，企業におけるマーケティングの役割が大きくなった現在では，顧客のニーズが社内に正しく解釈，伝達され，有効に充足されるように，マーケティングが中心的役割を果たしている（Kotler, 1980a；訳書，6-7頁）。すなわち，マーケティングが顧客と諸機能を統合する立場にあって，一般的に広報機能もマーケティングが統合しているものと考えられる。

　ただし，広報を組織のマーケティング目的を遂行するためのコミュニケーション・ツールとみると，コトラーは次のような差異があるとしている

(Kotler, 1975, pp.381-382)。広報の方は，消費者以外の大衆との関係にも焦点があって，その態度に影響を与えることを目的とし，基本機能は，そのためのコミュニケーション・ツールとしての働きにある。これに対しマーケティングの方は，製品を消費者と取引するための計画に焦点があって，購買・参加・投票などの特定の行動を引き起こすことを目的とし，基本機能にはコミュニケーションだけではなく，ニーズの調査や製品開発，価格決定，流通なども含まれる。

　営利組織における広報戦略とコンセプトや方法論は類似性が認められるのだが，広報はマーケティング・コミュニケーション・ツールの一部であり，マーケティング技術の応用が可能な分野だと認識するのが妥当ではないかと考えられる。営利組織における広報とマーケティングは，基本機能や目的や焦点も異なるので，役割も当然のことながら違う。マーケティングが主として有体財やサービスの需要創造活動を行う上で，広報はそれを支援する補助部門的役割を果たしている。

　そして，非営利組織においても，例えば，「文化的鑑賞」（博物館）とか，「産児制限」（家族計画財団）とか，「安全」（警察）とか，「宗教的経験」（教会）とか，「教育」（大学）とかなどの「サービス商品の市場創造がマーケティング活動であり（Kotler, 1972, p.47），その「組織のイメージ改善」活動は，広報活動と認識できる。そのため，非営利組織の本来の非営利サービス行為を「サービス商品」と捉えれば，その広報活動である組織イメージ改善行為をも，商品と認識する必要がなくなってしまうのではないか。このように考察していくと，コトラーの「組織」という商品は，非営利組織における「サービス商品」に付随する広報サービスであり，敢えて二重に商品認識する必要はなく，広義のサービスを商品認識すれば足りると言わなければならない。よって，「組織」商品は「サービス」商品に包括されるとみて良いと考えられ，分類の必要性は乏しいのではないか。

　有体財，サービス，組織に次いで，コトラーは第4に「④人」（Persons），あるいは「個性」（personality）をマーケティングの対象物に挙げ，「人のマーケティングとは，特定の個人に対する態度や行動を創造し，維持し，変容さ

せる活動である」(Kotler, 1980b；訳書，751-757頁）と定義している。そして，具体的にスター（タレント）や政治家など個人（個人が他人に対して自らの印象をつくり上げる努力）を商品に掲げている。しかし，スターの場合は，営業組織が視聴者に娯楽サービスを提供することに目的があって，人形でもモノでも同じであり，人的娯楽サービスが直接与えられたと解釈できる。よって，これも人的「サービス商品」の範疇でくくっても，差支えがないのではないか。

政治家の場合も，「正しい施策」というサービスを選挙民に提供しているので，主たる実質的対象物は政治家本人というよりも，政策や「政治サービス」と捉えられる。したがって，これも「サービス商品」のジャンルで支障ないのではないか。

また，「好意を持つ相手に好ましい感情を作り上げる努力の場合，その個人が持つ個性が商品になる」というのは，妥当ではない。商品には，最低限「有形あるいは無形の社会的に価値のある交換の対象物」という前提は崩すことができないと筆者は考えるし，もし崩してしまったら，もはやそれは広義の経済学ではなく，商品という名称自体，経済と無関係の存在となってしまう。スターの場合は，劇場で観劇料を支払って娯楽サービスを受けているし，TVタレントもテレビという媒体に視聴料を支払っているという経済的交換の対象物が存在する。政治家の場合も，苦しい解釈かもしれないが，選挙での投票や政治献金，寄付や広い意味での納税という行為が，結果として施策により，行政から公共サービスの意識的還元という経済的交換対象物があるとみなすことも可能である。しかし，個人同士の好ましい感情を得る活動やその個性には，最低限の社会的取引としての解釈すら不可能である。

第5に，「⑤場所」を商品概念に拡大しようとするコトラーの考え方によれば，「場所のマーケティングは，特定の場所に対する態度が行動を創造し，維持し，変容させる活動である」(Kotler, 1980b；訳書，757-760頁）と定義されている。そして，住居，事業立地，不動産投資，バケーション，国のイメージの5分類をしている。

まず，住居については，「一戸建住宅，アパート，その他住居の販売，お

よび賃貸住宅を開発し販売促進する商品」と規定しているが，これは不動産，すなわち有体財が取引客体として存在しているので，新たに分類する必要性が乏しい。このことは，工場，店舗，事務所，倉庫などの事業立地の開発，販売や不動産投資についても，同様の議論が当てはまり，敢えて「場所」として新たに分類する必要性はないと言える。有体財を，狭く可動の動産という認識から広く不動産を含めることによって，十分カバー可能である。

　また，温泉やリゾート，町へ客を呼びこむバケーションについては，旅行先の場所を販売対象とする場合には，営利組織がツーリング・サービスを販売しているのであると考える。そうすることで，サービス商品の分類に参入できるし，町や国のイメージも前述の「組織」商品で触れたとおり，広報活動とみなしてしまうことも可能で，これも敢えて新しく分類する必要はないと考えられる。

　第6の「⑥アイデア」のマーケティングについて，コトラーは「喫煙，アルコール中毒，麻薬中毒，肥満防止などの健康キャンペーン，野生動物保護，大気の浄化，資源保存などを訴える環境保護キャンペーン，その他，家族計画，女性の権利，人種差別撤廃などを訴えるキャンペーンなど，社会問題のキャンペーンである」(Kotler, 1980b；訳書，760-765頁)としている。そして，こうしたソーシャル・マーケティングを，「標的グループにおける社会的な考え，行為の受容の増加を求めるプログラムのデザイン，実行，統制を行なうこと」(Kotler and Zaltman, 1973, pp.52-60)と定義し，標的グループの反応を極大化するために，市場細分化，消費者調査，コンセプト開発，コミュニケーション，販売促進，インセンティブ，および交換理論を用いるとしている。これらから明らかなように，社会問題解決のためのマーケティング技術の応用である。

　マーケティング論は，その発生から，社会学を始め，関連諸科学からその理論や技術を導入し，発展してきたわけであるが，当初は寡占企業の市場創造に主眼がおかれていた。それが，今日コトラー達によって，非営利組織や個人レベルの交換にまで拡大を主張されているが，批判される論者も多い。批判の論者は，コトラーの主張はマーケティング技術の社会問題への外部応

用とみるべきであり，マーケティング自体ではありえないことに注意すべきで，マーケティングは敢くまでも"Market"すなわち「市場」に立脚したものでなくては，その存在自体も学問としての専門性も喪失すると主張している。

こうした中で，コトラーの言う「アイデア」についてだけは，新しい商品概念に包括すべきであると考える。そして，このアイデアについては1985年のAMAの定義にも登場しているように，既に非営利組織のソーシャル・マーケティング活動の中で，現実に「社会的主張」として実施されている実態が存在するので，認めるべきであると考えられる。「アイデア」は，ソーシャル・マーケティングのセールスポイントであり，理論的にもサービスから独立させて，位置付けを明確にすべきであろう。

Ⅳ．コトラーに対する評価と批評

今までの議論でコトラーの商品概念の拡張論を見ていくと，従来からの「有体財」と「サービス」，それに「アイデア」までは，実態から見て商品と認識しても問題はないように考えられる。しかし，「組織」や「人」，「場所」については，特別に分類しなくてもほとんどが有体財かサービスかの分類に包括できるので，新しく登場させる必要性は考えられない。マーケティングの領域のソーシャルな分野への拡大は，今日，広く支持されるようになり，実務界でも応用している実態から，新しいマーケティングだという認識は正当だと思われる。しかしこれはあくまでマーケティング手法の応用であり，このことを是認した上での適用の積極的拡大こそ，マーケティング研究のレベル・アップのためにも望ましいのではないだろうか。

筆者は，もちろん，コトラーの業績を全面的に否定するつもりはなく，マーケティングの境界論争などの活躍により，マーケティング論の発展に最も貢献した功労者の1人だと高く評価している。ただ，コトラーの場合は，社会的変化に対応する形でマーケティング技術の適用領域の拡大を主張したのであるが，その裏付けとなる方法論的根拠やマーケティング理論の考究が

あまりなされていないので，かえってアイデア倒れになっている部分が見受けられる。

確かに企業だけではなく，一般的な社会環境も変化し，それによってマーケティングの役割や使命も変化していることや，従来からの企業マーケティング以外に，類似の活動が他の一般的な社会組織や団体，個人に見られることも事実である。これをもとに，従来からのマーケティングを類似の活動へ適用を試み，マーケティング概念の拡張を主張したのは，マーケティングの境界論争の口火につながり，評価される。そして，企業以外の非営利組織，政府，個人へマーケティングの技術や知識を応用すれば，いかに有効性や効率性を上げられるか，その意義を主張し，例証していった点も高く評価して良いと考える。

しかし，コトラーの理論をみると，彼は主にマーケティング技術の外部適用を主張しただけであって，学問としてのマーケティング論フォローをあまり行っていない。この点が，マーケティングの科学化を主張する論者から1番批判されるところである。実務活動としてのマーケティングと，その研究を主として科学的に進めるマーケティング論とは，必ずしも一致させなくてはならないものとは言えないが，社会領域一般にマーケティング技術や知識の拡大的応用を主張し，その効果が評価され，支持を得てくると，その責任上，コトラー自身，マーケティング理論の構築をしなければならない。拡大適用されたマーケティング活動の基本的原理や方法論を，後追い的であれ，論理的に打ち出してこそ，コトラーの評価は不動の地位を確立するのである。

マーケティング・サイエンス論争や境界論争の流れの中で，マーケティングの科学性や性格論議がなされ，研究対象領域の検討がされてきたわけであるが，この流れから見てもコトラーは十分に理論武装していない。研究対象領域の拡張は主張したが，その場合の拡張領域を説明する科学は社会学で良いのか，経済学では不十分なのか，その科学的根拠は何かと考察すると，満足な解答を明示できなかったのであろう。それ以上に，マーケティングは単に実践知識ではなく，科学だと認識しているとしたら，どうしてコトラーは科学的理論を充足せずに，マーケティング技術だけをもって，周辺の一般領

域へ応用を主張したのか。少し無責任だったと批判される点もあるだろう。

　伝統的マーケティング領域でさえ，マーケティングは実用学であって理論科学でないと批判される点が今日残存している状況であるから，マーケティングの主要領域たるマネジリアル・マーケティングにおいて，科学性を持たせる方が先決だったかもしれない。マーケティング論を純粋科学たるマーケティング学へ向上させて，社会科学の中での独自の専門領域や学的基盤を確立していくべきであろう。

　例えば，経済学は，歴史，方法論，原理，政策などが，それぞれ高度に，しかも体系化されているため，科学としての水準は高いのであるが，マーケティングの場合はまだ研究の歴史が浅いこともあって，見劣りがするのは否定できない事実である。マーケティング研究が実務知識から出発し，後から経済学や社会学，行動科学，システム理論などを導入する形で，科学化を図った経緯からして，やむを得ないことかもしれない。しかしサイエンス論争，境界論争など方法論議により，こうした後進性を脱皮して，独自の高度な科学化を推進しなければならない。この点を十分認識して拡張論を分析しないと，マーケティング論自体の科学としての存在を失うことになってしまう。無責任な拡張論の主張は，社会学とマーケティング論を同様のものと認識させてしまい，マーケティング論の存在価値や科学としての独自性を喪失してしまう危険性がある。こうした点で，筆者のコトラーの功績への評価は，2つに大きく分かれてしまう。

　1つは，マーケティング技術の適用を，伝統的領域（企業）から非営利団体や個人，組織一般にまで拡張して，マーケティング技術の有効性を広く認識させて，マーケティングへの関心や評価を高めたことである。そして，このマーケティング適用の拡張が1つの契機となって，境界論争の口火を切り，学界に波紋を投げて，方法論争を再び活発化させ，マーケティング論の再考の契機にもなった点も功績の1つであろう。こうした点では，誰もがコトラーを評価しているだろう。

　もう1つは，拡張論の中身の問題である。コトラーは方法論を十分具備せずに，言わば暴走気味に，マーケティング技術の適用領域の拡張を主張し

た。そのため既存の社会学との相違が不鮮明になり，独自のマーケティング論の科学的確立にとっては，マイナスになってしまった点である。願わくは，まず先に伝統的領域でマーケティング論の科学化を整備し，理論の高度化を確立してから，周辺の外部へマーケティング技術の応用やマーケティング理論の推進を図って欲しかったと考えている。

V．AMAの1985年定義へのコトラーの貢献とその解釈

　1960年に改訂されたAMAの定義は，前述のとおり，マーケティングを「製品やサービスを生産者から消費者あるいは利用者に流通させる事業活動の遂行」（久保村ほか，1985，16頁）と規定されていた。しかし，1969年からのコトラー達によるマーケティング概念拡張論の展開や，1970年代のコンシューマリズムの台頭，環境問題の発生，社会的責任の追求など企業の社会的適応問題の解決上，ソーシャル・マーケティングやソシエタル・マーケティングの研究が展開された。マーケティングの適用範囲の拡大傾向はさらに進み，1980年代には，マーケティング戦略経営の取り組みが論議されている。

　そして，25年ぶりに1985年に改訂された新定義では，「個人と組織の目標を満足させる交換を創造するために，アイデア，財，サービスの概念形成，価格，プロモーション，流通を計画，実行する過程」（嶋口，1985）[2]とされた。ここで，筆者なりに定義の特徴的な変更点を表わしたのが**図表2-3**である。

　今回の主な変更点は，まず第1に，以前はマーケティングの実行主体が企業に限定され，ミクロ的視点が強かったのであるが，1985年定義では「企業」の用語がなくなり，個人や組織一般（営利組織だけではなく，非営利組織も含めて）が対象となり，マクロにも拡大されたと判断できる。非営利組織や政府機関，個人も実行主体として認知されたのである。

　第2に，マーケティングの取引対象が，従来は，財とサービスだけであったものが，今回はさらに社会的な主張をも含めた「アイデア」が追加された経緯としては，例えば，「家族計画」や「禁煙」などのキャンペーンも，対象

として意識したためであると考えられる。しかし，コトラーの挙げた残りの「場所」，「個性」「組織」については，対象として定義に明記されていない。これは筆者の検討したとおり，上記の財かサービスのどちらかの範疇に包括的に分類されているので，表面に出さなかったものと類推できる。アイデア（知恵）についても，広義の知的サービスとして括れないわけではないが，知識社会や情報化社会の進展の中で，アイデア自体の普及を目指した社会活動が増加しているので，サービスの中から特に社会的な主張を独立させたのではないだろうか。

　第3に，マーケティングの位置付けが，従来の企業の「実行活動」から，より広く戦略的な経営計画の一環として，中枢的役割を達成する活動へと引き上げられている。これは，近年，盛況のマーケティング戦略論を意識したためであると考えられる。そして，企業だけを念頭に置いた実行活動から，より広く，個人，組織の社会問題に対する計画や概念形成という「アイデア」主導の創造活動に重心が移ったためであろう。換言すれば，従来の位置付けは，「経営戦略遂行のための手段としてのマーケティング」であって，その主

図表2-3　マーケティングの定義の変更の比較

項　目		1960年定義	1985年定義
マーケティングの実行主体		・企業に限定 ・ミクロ中心	・個人や組織一般（営利組織・非営利組織） ・ミクロとマクロ
マーケティングの対象		財とサービス	アイデア（社会的な主張），財，サービス
マーケティングの位置付け		市場的価値実現を目的とし，経営戦略遂行の手段としてのマーケティング	両主体の双方向による社会的価値実現を目的としたマーケティング・コンセプト核心の経営戦略
価値の流れ		生産から消費までの流通概念	広く一般的な交換概念
主体認識	能動態	生産者，売手	目標の満足を達成すべき同等の主体
	受動態	消費者，買手	
主たる理論		企業の市場理論	社会一般の交換理論
学問的色彩		経済学的	社会学的

（出所）筆者にて作成。

たる目的は，市場的な価値の実現にあったのに対して，これからの位置付けは「マーケティング・コンセプトを核心とした経営戦略」であり，「生産者と生活者（消費者）双方向による非市場を含めた社会的な価値の実現」にこそ，その目的が存在すると言えるだろう。

今までは，「事業とは顧客の創造である」と指摘した Drucker (1954；訳著，45-45頁) の啓発により，企業活動はその市場創造に目が向けられていたのであるが，まだどちらかというと，マーケティングは経営幹部が実践行動を採用するときの道具のように利用されるに過ぎなかった。ドラッカーは，「事業とは，ある資源や明確な知識を，市場の中で，経済的価値の貢献へ変換させる過程であり，その目的は顧客の創造にあるのだ」と主張している。しかし，実業界では，マーケティングの位置付けはそれほど高いとは言えず，中枢幹部というよりは前線の実行部隊で適用されてきた。

ところが市場環境が成長期から成熟期に移行し，ニューフロンティアーがなくなり，経営的アプローチも戦略的経営計画に移動するに従い，競争市場戦略の中で，マーケティング・コンセプトが中核を占めるようになってきたのである。これは，かねがねケリー (Eugene J. Kelly) が，『マーケティング計画と企業戦略』(Kelly, 1972) で力説しているように，企業の使命や事業目標から導き出されるいくつかの企業目的や戦略の中でも，マーケティング目的やマーケティング戦略が最も重要で，中心的役割を担っていることを意識して，定義に含ませたものと思われる。

もう1つのポイントは，目的が企業の市場価値実現から，「両主体の双方向による社会的価値実現」に変更したことである。従来は，売手（生産者）と買手（消費者）の出会いと交渉，価格形成，経済的対象物の社会的移動（深見，1973, 3-4頁）といった市場取引を円滑に，かつ有利に進めるための売手企業（それも寡占的大企業）による市場操作術としてマーケティングは誕生し，今日まで発展してきた。こうしたマーケティングの歴史性を尊重するならば，寡占的企業の市場創造を目指す経営戦略こそ，マーケティングの本質であったわけで，市場関係は「配給」的性格が特色であった。この配給の概念は，「物資ないしこれに係わる用役が，生産者の側から消費者の側に，

移転される場合を強調し，その関連においてなされる，もろもろの活動を指しており，その位置からすれば，市場の下位，特殊面概念である。」(深見,1973，5-6頁)このように，市場における配給活動によって，実行主体である企業の目標を達成し，価値実現を行うことに，従来のマーケティングの目的があった。

これに対して，新しいマーケティングの定義では，もはや生産者や売手といった能動的主体も，消費者や買手といった受動的主体も存在せず，両方の主体が対等で，それぞれが自主的に自らの目標達成をねらう実行主体と認識している。両方の主体の双方向による社会的価値実現にこそ，その目的が存在する。

ここで注目すべきことは，両主体間の価値の流れが双方向であり，相互に作用を与え合う取引（Transacti）（荒川，1983，13頁）[3]と認識される人間行動であって，その本質は広く一般的な交換概念が存在することである。双方が自らの目標達成のための交換活動により価値を創造し，その欲求を満足させ，社会的価値を実現させることが，マーケティングの目的であるとしている。そして，従来の生産から消費までの流通という概念に対して，広く普遍的な交換という概念に拡大している。そのため，流通よりも，社会行動として一般的な概念である交換に用語を代えている。

このように，従来は能動的主体から受動的主体への一方向的作用として認識され，その主体間の価値の移動についても，生産から消費までの流通活動と把握されていたが，今回の定義の変更で，両方の主体は各々の目標の達成を目的とする対等の主体として認識され，その行為の相互作用と見られ，広く交換概念として一般化されたのである。これらを総括すると，従来は企業の市場理論的思考が強く，経済学的色彩の濃厚なマーケティングであったのが，今回の変更で，社会一般の交換理論をベースとした社会学的色彩が強まったといえるのではないだろうか。

社会学者ホーマンズ（Homans）の交換理論によれば，その最も一般的な原理は，「社会行動を最低2人の人間間における有形，無形の，多かれ少なかれ報酬あるいは，コストとなる活動の交換として捉えること」（新・中野，

1981, 95頁；橋本, 2005, 8頁）であるとしている。ここでは，もはや，需要と供給の会合関係とか，売買物と対価の価格形成関係とか，物と代金の交換関係という市場関係は，必ずしも絶対的な必要条件ではなく，非市場的，非経済的な社会行動による交換活動一般も，新しくマーケティングの対象領域に認知されたのである。

1960年定義作成以降，マーケティング環境は大幅に変化し，この間にマーケティング境界論争や領域論争があったが，これらを反映して，マーケティング経済活動固有論を排除した形で改訂された。この定義の改訂は，マーケティング環境，特に戦略的マーケティングの変化（嶋口, 1984, 29-39頁）に対応するために，後追い的にされたと考えられる。

1960年定義の年代では**図表2-4**のように，購買者と市場需要が主要対象環境であり，需給調整が対応市場の課題であった。マーケティング・マネジメント戦略が中心で，戦略の課題も，買手行動研究や市場調査，市場細分化の市場ターゲットの設定，製品ブランドのコンセプトとポジション，マーケティング・ミックスが主要なものであった。

図表2-4　戦略的マーケティングの変遷

年代	主要対象環境	対応市場課題	対応戦略	主要戦略課題
1960年代	購買者と市場需要	需要調整	マーケティング・マネジメント戦略	・買手行動研究と市場調査 ・市場細分化の市場ターゲット設定 ・製品，ブランドのコンセプトとポジション ・マーケティング・ミックスなど
1970年代	パブリック（公共）	社会対応	ソーシャルマーケティング戦略	・公共政策への対応 ・コンシューマリズムへの対応 ・企業の社会的責任 ・生活アメニティーの向上 ・文化戦略など
1980年代	競争	競争対応	競争市場戦略	・戦略ドメイン，競争地位類型別戦略 ・市場シェアー戦略 ・市場法則性の戦略化 ・環境シナリオ分析など

（出所）嶋口（1984）29-39頁の内容を基に，筆者作成。

しかし，1970年代になると，公害を始め，消費者被害などの社会問題が続発し，企業の社会的責任の遂行が叫ばれた。政府や非営利組織の社会的行動が大きくなるに従って，パブリック（公共）な社会全体が主要対象として新たに登場し，その社会的な対応が，市場課題としてクローズ・アップされ，既に見てきたとおりソーシャル・マーケティング戦略がコトラーやレイザーらによって主張された。そして，その主要戦略課題は，公共政策への対応やコンシューマリズムへの対応，企業の社会的責任，生活アメニティーの向上，文化戦略が中心であった。

　そして，1980年代になると，経済成長の伸び悩みや社会の成熟化現象を反映して，競争自体が主要対象環境となり，その競争対応が市場課題として浮かび上がり，競争市場戦略が対応戦略として重視されるようになった。この主要戦略課題は，戦略ドメインや競争地位類型別戦略であり，市場シェア戦略，市場法則性の戦略化や環境シナリオ分析なども重要となっている。

　こうした潮流から判断すると，本質的には需要調整を核として，社会対応と競争対応をも包括した組織的統合化によって，戦略的マーケティングは対応しているのが現状であると言えるだろう。このように，マーケティングや経営戦略の変貌によって，その概念や定義も変化しており，1985年定義では，これらの変化が公式に承認されたものと判断できよう。

VI. おわりに─今後の研究課題

　最後に，筆者自身の今後の研究課題を整理して，結びとしたい。

　第1に，誕生してから約100年に及ぶマーケティングの研究の焦点や学説の動向を，今一度再検討することが最優先である。本研究では，マーケティングの主たる研究の焦点の動向を，①市場流通（配給）研究の時代，②マーケティング管理研究の時代，③非営利組織や公共部門へ研究領域拡張の時代，④顧客管理や関係性研究の時代，⑤社会的責任研究の時代の5期に分けているが，果たして妥当かどうか，見直す必要があるのかを改めて考察したい。

第2に，筆者自身の1番の興味・関心を寄せているコトラー自身の研究遍歴を，もう一度丹念にレビューしたい。ドラッカーを先達として尊敬して，マーケティング・マネジメントを体系化しただけではなく，非営利組織のマーケティングや，ソーシャル・マーケティング，戦略的マーケティング，社会的責任マーケティングなど，新境地を次々と開拓し，最終的にはマーケティングの全容を，ホリスティック・マーケティングとしてまとめ，整理をしているが，これらを原著や原文から読み返す必要性を感じている。本章は，彼が②から③への扉を開いたマーケティング概念拡張論文の要点整理と批評であるが，コトラーのマーケティングの学問体系や功績の全容を真摯に探究することが重要である。

　通説では，コトラーは①戦後の個別経済的研究の論者，②マーケティング・マネジメント理論に新視角を導入した，③ハワードの企業経営者の観点からのマネジリアル・アプローチを発展させた，④マッカーシーのマーケティング・ミックスの4P理論を普及させたとなっているが，筆者自身はもっと大きく評価している。

　個別経済研究だけではなく，社会経済研究を含めた現代マーケティングとマネジメントの視点からコトラーの功績の全容の再評価の必要性を痛感している。その契機になったのが，本章で焦点を当てたマーケティング概念の拡張論文である。コトラーの成果により，1985年にアメリカ・マーケティング協会が定義変更した（非営利拡張は通説となった）。その後の，価値共創や社会的責任研究にもコトラーは貢献しており，今後，現代のマーケティングへの新たな知見を提示したい。

●注
(1) マーケティング論からのサービス研究としては，Levitt, T. の *Harvard Business Review* の次の論文がある。"The Industrialization of Service"（Sep-Oct, 1976），"Marketing Success Through Differentiation of Anything"（Jan-Feb, 1980），"Marketing Intangible Products and Products Intangibles"（May-Jun, 1981）。
(2) なお，久保村隆祐・関根孝・住谷宏（1990）『現代マーケティング入門』31頁，ダイヤモンド社によれば，1985年の定義を，「個人や組織の目的を満足させる交換を生じさせ

るために，アイデアや物資やサービスについての着想，価格決定，プロモーション，および流通（distribution，取引と物流）を計画し，実施する活動」と訳されている。

(3) 取引は人間の諸集計水準における単位間の相互行為である。

●参考文献

Drucker, P.F.（1954）*The Practice of Management*, Harper & Row.（現代経営研究会訳『現代の経営〈正編〉』自由国民社，1956年）

Galbraith, J.K.（1969）*The Affluent Society*, Houghton Mifflin.（鈴木鉄太郎訳『ゆたかな社会（第2版）』岩波書店，1970年）

Hunt, S.D.（1976）*Marketing Theory：Conceptual Fundation of Research in Marketing*, Grid, Inc.（阿部周造訳（1979）『マーケティング理論：マーケティング研究の概念的基礎』千倉書房，1979年）

Kelly, E.J.（1972）*Marketing Planning and Competitive Strategy*, Prentice-Hall, Inc.

Kotler, P.（1972）"A Generic Concept of Marketing," *Journal of Marketing*, Vol.36, No.2, pp.44-54.

Kotler, P.（1975）*Marketing for Nonprofit Organizations*, Prentice-Hall, Inc.

Kotler, P.（1980a）*Marketing Management：Analysis, Planning and Control*, Prentice Hall, Inc.（村田昭治監修，小坂恕・疋田聡・三村優美子訳『マーケティング・マネジメント：競争的戦略時代の発想と展開』プレジデント社，1983年）

Kotler, P.（1980b）*Principles of Marketing*, Prentice Hall, Inc.（村田昭治監修，和田充夫・上原征彦訳『マーケティング原理：戦略的アプローチ』ダイヤモンド社，1983年）

Kotler, P. and S.J. Levy（1969a）"Broadening the Concept of Marketing," *Journal of Marketing*, Vol.33, January, pp.10-15.

Kotler, P. and S.J. Levy（1969b）"A New Form of Marketing Myopia: Rejoinder to Professor Luck," *Journal of Marketing*, Vol.33, July, pp.55-57.

Kotler, P. and G. Zaltman（1971）"Social Marketing: An Approach to Planned Social Change," *Journal of Marketing*, Vol.35.

Kotler, P. and G. Zaltman（1973）"Social Marketing," Lazer, W. and E.J. Kelly, *Social Marketing: perspective and viewpoints*, Richard D. Irwin.

Levitt, T.（1962）*Innovation in Marketing: New Perspectives for Profit and Growth*, McGraw-Hill Book Company.（小池和子訳『マーケティングの革新：企業成長の新視点』ダイヤモンド社，1963年）

Luck, D.J.（1969）"Broadening the Concept of Marketing. Too Far," *Journal of Marketing*, Vol. 33, July, pp. 53-55.

Marketing Staff of the Ohio State University（1965）"Statement of Marketing Philosophy," *Journal of Marketing*, Vol.29.

McCarthy, E.J.（1975）*Basic Marketing: A Managerial Approach*.（栗屋義純監訳，浦郷義郎・大江宏・二瓶義博・横沢利昌訳『ベーシック・マーケティング』東京教学社，1978年）

東徹（1990）「拡張されたマーケティング概念の形成とその意義-1-」『北見大学論集』第24号，17-30頁。

東徹（1991）「拡張されたマーケティング概念の形成とその意義-2-」『北見大学論集』第26号，63-91頁。

新陸人・中野秀一郎（1981）『社会システムの考え方』有斐閣。

荒川祐吉（1983）『商学原理』中央経済社。

飯島義郎（1972）「商品の品質と価格」島田記史雄・飯島義郎編『商品学講義』青林書院新社。

渦原実男（1990）「商品及びマーケティング概念拡張論の吟味：Kotler の所説を中心に」『旭川大学紀要』第30号，1-40頁。

宇野政雄監修（1982）『総合マーケティング・ハンドブック』ビジネス社。

上沼克徳（2008）「第6章 P. コトラー：現代マーケティング学界の第一人者」マーケティング史研究会編『マーケティング学説史 アメリカ編（増補版）』同文舘出版，97-122頁。

上沼克徳（2014）「マーケティング定義の変遷が意味するところ」『商経論叢』（神奈川大学経済学会）第49巻第2・3合併号，63-84頁。

久保村隆祐・荒川祐吉編（1982）『商業辞典』同文舘出版。

久保村隆祐・出牛正芳・吉村寿（1985）『マーケティング読本（第2版）』東洋経済新報社。

嶋口充輝（1984）『戦略的マーケティングの論理：需要調整・社会対応・競争対応の科学』誠文堂新光社。

嶋口充輝（1985）「日本型流通システムの論理と発展」『マーケティングジャーナル』第5巻第2号，11-18頁。

出牛正芳（1978）『基本商品知識』白桃書房。

坪井明彦（2004）「マーケティング概念の拡張に関する一考察」『地域政策研究』（高崎経済大学地域政策学会）第6巻第3号，69-79頁。

那須幸雄（2009）「AMAによるマーケティングの新定義（2007年）についての一考察」『文教大学国際学部紀要』第19巻第2号，93-99頁。

橋本茂（2005）『交換の社会学：G・C・ホーマンズの社会行動論』世界思想社。

深見義一（1973）「マーケティング総論」深見義一編『マーケティング論（増補改訂版）』有斐閣双書。

風呂勉（1979）「サービス論的商業分析について」『神戸商科大学創立50周年記念論文集』267-278頁。

森下二次也（1979）「コトラーにおけるマーケティング概念拡張論の進展」『大阪学院大学商経論叢』，第5巻第3号，11頁，7-18頁。

山本敦（1993）「マーケティング概念の拡張論について：その発展過程と現代的意義」『経済と経営』（札幌大学）第24巻第2号，49-76頁，171-198頁。

鷲尾紀吉（2009）「マーケティング理論の発展とマーケティング・マネジメント論の展開」『中央学院大学商経論叢』第24巻第1号，4-12頁，3-12頁。

流通・マーケティングの進化

―――コトラーの理論展開―――

第3章

Ⅰ. はじめに

　今日，コトラーは，近代マーケティング構築の第一人者として高く評価されており，学界のオピニオン・リーダーでもある。しかし，彼は「教科書の神様」と批判されるように，意外と独自の理論発表は少ない。他学問や他者の理論を統合して体系化したこと，時代の変化に対応したこと，適応領域の拡大を図ったことの3点が功績といえる。そこで，コトラーの学説の全容をレビューし，応用の功績を見た上で，最新のホリスティック・マーケティング，さらにマーケティング1.0, 2.0, 3.0のコンセプトと，2014年に提唱したマーケティング4.0のコンセプトを多面的に考察し，批評を行いたい。

Ⅱ. マーケティング学説史の先行研究と私案

1. 本章の構成と研究の独自性

　本章の独自性としては，第1に，第1章でも挙げたように，マーケティングの主たる研究の焦点の動向を，①市場流通（配給）研究の時代，②マーケティング管理研究の時代，③非営利組織や公共部門へ研究領域拡張の時代，④顧客管理や関係性研究の時代，⑤社会的責任研究の時代の5期に分けて，各時代の研究の焦点を整理した。

　第2に，コトラー自身の研究遍歴をレビューし，マーケティング・マネジメントを体系化，非営利組織のマーケティング，ソーシャル・マーケティング，ソシエタル・マーケティング，戦略的マーケティング，パーフォマンス（社会的責任の）マーケティング，そしてこれらをホリスティック・マーケティング（本章の焦点の1つ）としてまとめた。

　第3に，コトラーのマーケティングコンセプトの変遷（1.0, 2.0, 3.0）の要点を整理した上で，2014年に提唱した4.0のコンセプトの妥当性を検討した。近年のコンセプトは，マーケティングという狭い専門領域というよりは，ドラッカーのように，社会生態学者，文明批評家，思想家，未来学者的になっており，ジャーナリズムに流され，時代迎合的になった提唱に辛口の批

評を行いたい。

　私の問題意識としては，コトラーは，従来のマーケティング学説史研究では，戦後の個別経済的研究の論者として位置付けられているが，社会経済的研究の面でも功績があり，両面で体系化を図っていたのではないかと考えられる。しかもドラッカーからの影響が大いにあるのではないだろうか。特に非営利組織や公共部門の経営への拡張に関しては，先輩ドラッカーを大いに参考にしている。

　従来の研究では，コトラーは戦後の個別経済的研究の論者と認識され，マーケティング・マネジメント理論に新視角を導入した。しかし，コトラーはハワードの企業経営者の観点からのマネジリアル・アプローチを発展させただけである。マッカーシーのマーケティング・ミックスの4P理論（Product：製品，Price：価格，Place：流通，Promotion：プロモーション）もコトラーは教科書で普及させたのであって，コトラーのオリジナルな理論ではない。こうした点から，コトラーは独自の理論開発が少ないのではないかと批判されることがある。

　こうした批判に答えるには，コトラーの全容を正確に把握する必要があると筆者は考えている。コトラーは個別経済研究だけではなく，社会経済研究を含めた現代マーケティングとマネジメントの視点からコトラーの功績の全容の再評価の必要性を痛感している。その契機になったのが，第2章で掲載した「マーケティング概念の拡張論」（Broadening the Concept of Marketing）の論文である。コトラーの成果により，1985年にアメリカ・マーケティング協会が定義を変更し，現在では非営利組織への拡張は通説となった。これは，コトラーの最大の功績として評価されている。しかし，その後のコトラーの「他の理論との統合」と「時代の変化適応コンセプト」の提唱が妥当かどうかに関しては賛否が分かれ，コトラーは有名なわりには模倣が多く，独自の理論提唱が少ないとの誤解が生じている。

　そこで，最初に代表的な先行研究から丹念に検討をしたい。本章では，約100年にわたるマーケティングの生成から進化の概要，特に戦後の実務と理論において，主導的役割を果たしたコトラーの理論展開を中心に解説する。

2. マーケティング学説史の先行研究と私案

マーケティング学説史での先行研究のレビューと私案に関しては，すでに第1章Ⅲで説明しているため，要点のみを挙げたい。マーケティングが生成してから，以下の5つの時代で流通・マーケティングが進化してきた。

①市場流通（配給）研究の時代（1912～1945年），
②マーケティング管理研究の時代（1945～1960年代），
③非営利組織や公共部門へ研究領域拡張の時代（1970～1980年代），
④顧客管理や関係性研究の時代（1990～2000年代半ば），
⑤社会的責任研究の時代（2000年代半ば以降～現在）

このような流通・マーケティングの進化プロセスに対して，「マーケティング」という学術分野の歴史は，まだ約110年に過ぎない。マーケティングが発展したのは主に1950年代以降であるとし，その発展段階を10年単位で特徴付けてコンパクトに図解したのが次の**図表3-1**である。

戦後，経済の回復が始まったのが1950年代で，マーケティング・ミックスや製品ライフサイクル，ブランド・イメージ，セグメンテーションなどが実務と研究で開始された。

そして1960年代に入ると右肩上がりで成長し，4Pやライフスタイル・マーケティング，さらにマーケティング概念の拡大が検討された。1970年代には石油ショックをはじめ混乱もあったが，ターゲティングやポジショニング，戦略マーケティング，概念拡張が広がるにつれて，サービス・マーケティングやソーシャル・マーケティング，ソサイエタル・マーケティング，マクロ・マーケティングが活発に研究された。しかし，1980年代に入ると不確実性の時代に突入し，マーケティング戦争やグローバル・マーケティング，ダイレクト・マーケティング，顧客リレーションシップ・マーケティング，インターナル・マーケティングに焦点が移った。1990年代に入ると，IT革命の成果を導入したワンツ・トウ・ワン（個人対応）の時代になり，インターネット・マーケティングを中心に展開されるようになった。そして2000年代に入ると，ファイナンス主導になり，ROIマーケティングやソーシャル・メディア・マーケティング，共創マーケティング，社会的責任マーケティングなどが重

要テーマになっている。

図表 3-1 マーケティング・コンセプトの進化

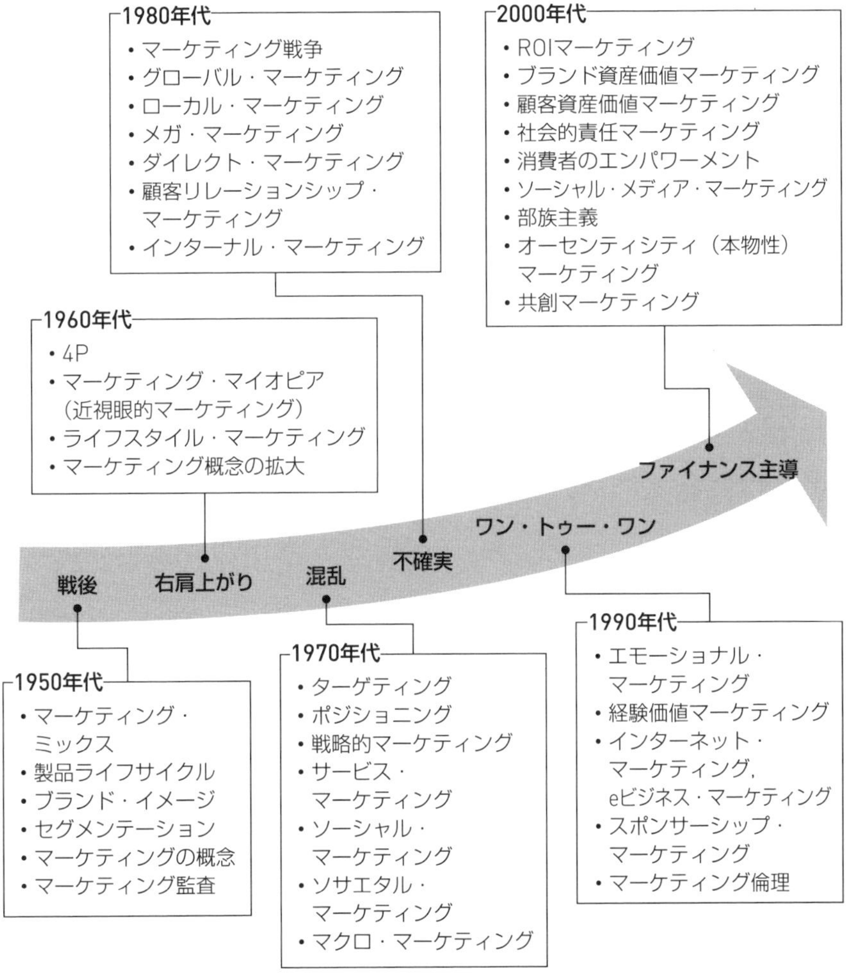

1980年代
- マーケティング戦争
- グローバル・マーケティング
- ローカル・マーケティング
- メガ・マーケティング
- ダイレクト・マーケティング
- 顧客リレーションシップ・マーケティング
- インターナル・マーケティング

2000年代
- ROIマーケティング
- ブランド資産価値マーケティング
- 顧客資産価値マーケティング
- 社会的責任マーケティング
- 消費者のエンパワーメント
- ソーシャル・メディア・マーケティング
- 部族主義
- オーセンティシティ（本物性）マーケティング
- 共創マーケティング

1960年代
- 4P
- マーケティング・マイオピア（近視眼的マーケティング）
- ライフスタイル・マーケティング
- マーケティング概念の拡大

（矢印上のラベル）戦後 → 右肩上がり → 混乱 → 不確実 → ワン・トゥー・ワン → ファイナンス主導

1950年代
- マーケティング・ミックス
- 製品ライフサイクル
- ブランド・イメージ
- セグメンテーション
- マーケティングの概念
- マーケティング監査

1970年代
- ターゲティング
- ポジショニング
- 戦略的マーケティング
- サービス・マーケティング
- ソーシャル・マーケティング
- ソサエタル・マーケティング
- マクロ・マーケティング

1990年代
- エモーショナル・マーケティング
- 経験価値マーケティング
- インターネット・マーケティング, eビジネス・マーケティング
- スポンサーシップ・マーケティング
- マーケティング倫理

（出所）Kotler（2010）：訳書, 52頁。

第3章 流通・マーケティングの進化 | 53

Ⅲ. コトラーの理論展開

1. 戦後の大家コトラーの理論展開

まず最初に，コトラーのプロフィールから見ていきたい。

●コトラーのプロフィール

コトラーは1931年5月27日に生まれ，2016年で満85歳である。シカゴ大学で経済学の修士号を取得し，マサチューセッツ工科大学で経済学の博士号も取得した。そのときに，3名のノーベル経済学受賞教授から指導を受けている。その後，ノースウエスタン大学のケロッグ経営大学院の教授に就任した。現在は，SCジョンソン特別教授（S.C. Johnson & Son Distinguished Professor）を務める。現代マーケティングの第一人者として知られ，日本でも数多くの著書が翻訳されるとともに，解説本なども出版されている。2013年12月に連載された日本経済新聞「私の履歴書」で，ドラッカーとの親交や理論展開での影響が披露されている。

コトラーの功績は，一般的に次の3点であるとされている。

①マーケティングを体系化して編纂したこと
②STPというフレームワークを提唱したこと
③ソーシャル・マーケティングの分野を確立したこと。

コトラーの功績としては，顧客の声を説くセグメンテーション・ターゲティング・ポジショニングのSTP理論や，マーケティングの4Pにpublic opinion（世論）・political power（政治力）を加えた6P理論，または4Pにpeople（人）・processes（プロセス）・physical Evidence（物的証拠）を加えた7P理論などが有名である。また，その研究活動は，営利事業の分野だけに留まらない。美術館や非営利事業の資金調達，あるいは政治活動の研究など，その足跡は他分野に及んでいる。

彼は「現代マーケティングの父」「マーケティングの神様」と評される一方，「マーケティング教科書の神様」と批評されることもある。フィンランドのマーケティング学者クリスチャン・グレンルースは，コトラーが体系化し

たマーケティング理論を否定・批判している。その理由は，先に他の学者が発表した概念や理論をコトラーが教科書に取り入れ，巧みに紹介する事例が多いためである。例えば，4PやSTP理論に関しても，先駆者は次のとおりである。

- マーケティングの4Pを最初に提唱したのは，マッカーシーの著書 *Basic Marketing*（1960）である。
- セグメーテーションとターゲティングの概念は，1956年にヴァンデル・R・スミスが *Journal of Marketing* で最初に提唱している。
- ポジショニングの概念もアル・ライズ（Al Rise）とジャック・トラウト（Jack Trout）が1970年に *Advertising Age* 誌に「ポジショニング時代の到来」と提唱している。

● コトラーの研究業績リスト

- *Marketing Management : Analysis, Planning, and Control*, Prentice Hall.（1967年）
  翻訳書：野々口格三ほか訳『マーケティングマネジメント』（上下巻）鹿島研究所出版会，1971年。
  村田昭治監修，小坂恕・疋田聰・三村優美子訳『マーケティング・マネジメント（第4版）：競争的戦略時代の発想と展開』プレジデント社，1983年。（原著第4版の翻訳）
- *Principles of Marketing : A Global Perspective*, Prentice Hall.（1980年）
  翻訳書：村田昭治監修，和田充夫・上原征彦訳『マーケティング原理：戦略的アプローチ』ダイヤモンド社，1983年。戦後のマネジリアル・マーケティングの枠組みを実践的に集大成した主著。マーケティング・ミックス論，4P論を広めた。
- *Marketing for nonprofit organizations*, Prentice-Hall.（1975年）
  翻訳書：井関利明ほか訳『非営利組織のマーケティング戦略：自治体・大学・病院・公共機関のための新しい変化対応パラダイム』第一法規出版，1991年。（原著第2版（1982年刊）の翻訳）
- *Social Marketing : Strategies for Changing Public Behavior*, The Free Press.（1989年，Eduardo L. Robertoと共著）
  翻訳書：井関利明監訳『ソーシャル・マーケティング：行動変革のための戦略』ダイヤモンド社，1995年。

- *Up and Out of Poverty : the Social Marketing Solution*, Pearson Education.（2009 年，Nancy R. Lee と共著）
  翻訳書：塚本一郎『コトラーソーシャル・マーケティング：貧困に克つ 7 つの視点と 10 の戦略的取り組み』丸善，2010 年。
- *Marketing 3.0 : From Products to Customers to the Human Spirit*, John Wiley & Sons.（2010 年，HermawanKartajaya と IwanSerhiwan と共著）
  翻訳書：恩藏直人監訳，藤井清美訳『コトラーのマーケティング 3.0：ソーシャル・メディア時代の新法則』朝日新聞出版，2010 年。本章では，この本を中心に批評する。

- *Marketing Management*, Millennium Edition, Prentice Hall.（1999 年）
  翻訳書：恩藏直人ほか訳『コトラーのマーケティング・マネジメント（ミレニアム版）』ピアソン・エデュケーション，2001 年。
- *Kotler on Marketing: How to Create, Win, and Dominate Markets*, Free Press.（1999 年）
  翻訳書：木村達也訳『コトラーの戦略的マーケティング：いかに市場を創造し，攻略し，支配するか』ダイヤモンド社，2000 年。
- *Marketing Professional Services*, 2nd ed., Learning Network Direct, Inc.（2002 年）
  翻訳書：白井義男監修，平林祥訳『コトラーのプロフェッショナル・サービス・マーケティング』ピアソン・エデュケーション，2002 年。
- *Marketing Moves: A New Approach to Profits, Growth, and Renewal*, Harvard Business School Publishing.（2002 年）
  翻訳書：恩藏直人解説，有賀裕子訳『新・マーケティング原論』翔泳社，2002 年。
- *Ten Deadly Marketing Sins: Signs and Solutions*, Wiley.（2004 年）
  翻訳書：恩藏直人監修，大川修二訳『マーケティング 10 の大罪』東洋経済新報社，2005 年。
- *Corporate Social Responsibility: Doing the Most Good for Your Company and Your Cause*, Wiley.（2005 年）
  翻訳書：恩藏直人監訳，早稲田大学大学院恩藏研究室訳『社会的責任のマーケティング：「事業の成功」と「CSR」を両立する』東洋経済新報社，2007 年。
- *CHAOTICS: The Business of Managing and Marketing in the Age of Turbulence*, Amacom Books.（2009 年）
  翻訳書：齋藤慎子訳『カオティクス：波乱の時代のマーケティングと経営』東洋経済新報社，2009 年。

2. コトラーのホリスティック・マーケティング

　近年，コトラーはマーケティングの全容を，ホリスティック・マーケティングとして，次の4つの要素の統合に整理している。

- 統合型マーケティング：多種・多様な価値の創造，提供，伝達の手段を最適に組み合わせること。消費者に向けた価値の創造，伝達，提供するための統合されたマーケティング・プログラムをつくるマーケティング。
- リレーションシップ・マーケティング：取引を開始し維持するために，必要な関係者と長期的な関係を築くこと。顧客，チャネル・メンバー，その他のパートナーと多面的な関係を構築するマーケティング。
- インターナル・マーケティング：組織内の全ての人に適切なマーケティング原理を理解させるマーケティング。
- パフォーマンス（社会的責任）マーケティング：倫理，環境，法，社会への影響を理解すること。マーケティングを倫理，環境，法，社会的文脈で理解する社会的責任マーケティング。

　ホリスティック・マーケティングとは，これらの4要素を全て組み合わせたものである。コトラーの提唱するホリスティック・マーケティングの全容は，次の**図表3-2**のとおりである。

　そもそもホリスティック・マーケティング（holistic marketing）のホリスティックとは，ギリシア語で「全体性」を意味する「ホロス（halos）」を語源としており，そこから派生した言葉には，whole（全体），holy（聖なる），health（健康）などがある。ホーリズムとは，「全体とは部分の総和以上のなにかである」という表現に代表される考え方であり，ホリスティック・アプローチは，古くはギリシア時代から今日に至るまで，多くの哲学者，科学者により知の全体像を把握する方法として提唱されてきた。よって，現在，ホリスティックは「全体」「関連」「つながり」「バランス」といった意味を全て包含した言葉として解釈されている。

　このホリスティック・アプローチによるマーケティングの研究やホリスティック・マーケティング研究において，研究成果は少なく，研究者によって様々である。専門化と統合化は，あらゆる研究の発展において常に見られ

図表 3-2　コトラーのホリスティック・マーケティングの全容

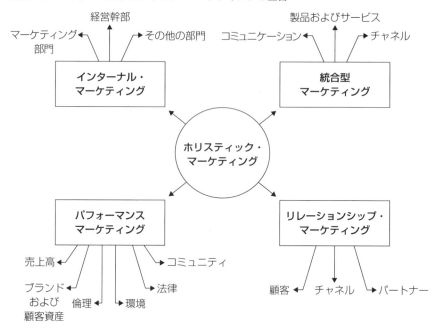

(出所) Kotler (2009) p.21.

る現象であるが、マーケティング分野でも、これまで個別領域の理論深化とともに、それらを整理・統合化する研究がパラダイム論などと関連付けられながら生まれてきた。ホリスティック・マーケティング論もその1つで、トータルシステムズアプローチや統合市場戦略、インテグレイテッド・マーケティング、戦略的マーケティングなどと同じ統合化パラダイムの1つと言えよう。

しかし、従来の統合化アプローチとの差異は、企業側（サプライサイド）の統合より、消費者側（デマンドサイド）からの関係構築型相互作用の統合を強く意識している点で、関係性マーケティングやポストモダン・マーケティングに近い文脈を持っている。これはホリスティック・マーケティング論と類似性を持つ統合マーケティング・コミュニケーション論の進展をみると理解しやすい。今や消費者が携帯電話やインターネットを自由に使いこなしており、企業のコミュニケーション活動は従来の企業メディアの統合だけでは

不十分で，消費者のコンタクト・ポイントを軸に，メディアを広範かつ柔軟に統合的に規定し直し，長期的な関係構築活動として捉えようとしている。このような流れの中，ホリスティック・マーケティングも，同じ視点から「顧客主義を中心に長期的全社的視点からマーケティング活動を有機的統合的に展開していくプロセスないし考え方」と言える。

3. コトラーのマーケティング3.0の理論

マーケティングはこれまで環境変化に応じて進化してきたが，これらを踏まえ，マーケティング3.0の理論を提示した。これによると，**図表3-3**のとおり，マーケティング3.0とは，コトラー，ヘルマワン・カルタジャヤ（Hermawan Kartajaya）とイワン・セティアワン（Iwan Setiawan）によって提唱されたソーシャルメディア時代のマーケティングの考え方である。3.0というバージョン表示からわかるように，今までのマーケティングが進化し

図表3-3　マーケティング1.0, 2.0, 3.0の比較

	マーケティング1.0	マーケティング2.0	マーケティング3.0
	製品中心のマーケティング	消費者志向のマーケティング	価値主導のマーケティング
目的	製品を販売すること	消費者を満足させ，つなぎとめること	世界をよりよい場所にすること
可能にした力	産業革命	情報技術	ニューウェーブの技術
市場に対する企業の見方	物質的ニーズを持つマス購買者	マインドとハートを持つより洗練された消費者	マインドとハートと精神を持つ全人的存在
主なマーケティング・コンセプト	製品開発	差別化	価値
企業のマーケティング・ガイドライン	製品の説明	企業と製品のポジショニング	企業のミッション，ビジョン，価値
価値提案	機能的価値	機能的・感情的価値	機能的・感情的・精神的価値
消費者との交流	1対多数の取引	1対1の関係	多数対多数の協働

（出所）Kotler（2009）；訳書，19頁。

たものである。

　マーケティング1.0は「製品中心」のマーケティングで，製品の機能を訴求することを重視し，市場を一律のマス市場と捉える考え方であった。良い製品をつくればつくるだけ売れる時代であったが，市場が飽和してくるとこれまで以上に競合との差別化が意識され，マーケティング2.0にバージョンアップした。

　マーケティング2.0は「消費者志向」のマーケティングである。多様化した消費者ニーズを満足させるために様々なコンセプトやフレームワークが登場した。代表的なものとして，市場をセグメンテーションしてターゲット層を抽出し，ターゲット層に対する競争優位性をポジショニングするSTP戦略(Segmentation（セグメンテーション）：市場細分化, Targeting（ターゲティング）：標的顧客の明確化, Positioning（ポジショニング）：自社のポジションの確立化), 3C分析（Customer：顧客, Competitor：競合, Company：自社), 4Pといった象徴的なものがある。

　このマーケティング2.0も次第に限界を迎え始めた。ソーシャルメディアにより消費者が発信する力を持ち始め，立場が強くなる中で，企業のマーケティングの現場では競合との細かな差別化を繰り返し，ニッチ市場を探す熾烈な競争が繰り広げられ，利益なき繁忙が続いていた。

　マーケティング2.0では，環境変化だけでなく，企業が顧客を単なる消費者としてモノ的に捉えている点も課題だと指摘されている。言うまでもないことであるが，顧客は製品やサービスを購入する単なる「機械」ではなく，マインドやハートを持った「人間」である。それゆえに，顧客は製品やサービスを選択する際に，機能的な充足だけでなく精神的な充足も重視し始めている。そこで，企業は顧客の満足，感動や共感が得られるように価値を追求することが重要だとし，「価値主導」のマーケティング3.0をコトラーらが提唱したのである。

　例えば，AppleのiPodやiPhoneは製品としての機能だけでなく，製品パッケージから店舗に至るまで統一されたデザインや，誰にでも使いやすいインターフェイスやサービスなど，Apple製品を所有することで得られる体験価

値が評価されている。

マーケティング3.0の考え方は，このような製品やサービスのマーケティングだけでなく，企業Webサイトの企画・運用でも使うことができる。マーケティング3.0のコンセプトとして示されている「コミュニティ化」や「キャラクターの構築」などは，ソーシャルメディアで顧客同士をつなげたり，キャラクターを通じたコミュニケーションで企業へのロイヤリティを醸成したりと，Webマーケティングの分野では以前から行われてきたことなので，むしろこちらの方がマーケティング3.0に取り組みやすいといえる。

ただし，コミュニティやキャラクターに取り組んでいても，顧客に共感価値を提供できていなければ，単なる差別化の手法でしかなく，マーケティング2.0の段階である。マーケティング3.0を実践するには，短期的な利益追求や差別化ばかりを追求するのではなく，Appleの「未来を創り出していく」やボルヴィックの「グローバルで水と衛生に関する問題を改善する」のように，顧客や社会にとって良いことを取り組みの目的にするよう意識を変える必要がある。自社が大切にする価値を明確にして，その価値を実現するために顧客と共に行動していくことで共感価値が提供できるようになる。

4. さらにマーケティング4.0を提唱

コトラーは，2014年9月24～25日に東京で開催されたWorld Marketing Summit Japan 2014において，さらにマーケティング4.0を提唱している。これは，心理学者アブラハム・マズロー（Abraham H. Maslow）の欲求5段階説のうち自己実現の欲求（Self-Actualization）の充足時代が到来したという発想に基づいている。この発想のもとには，マーケティングはマズローの欲求段階説と共に進化するという前提条件がある。

マズローの欲求5段階説は，低次から述べると以下のとおりである。
①生理的欲求（Physiological needs）
②安全の欲求（Safety needs）
③所属と愛の欲求（Social needs / Love and belonging）
④承認（尊重）の欲求（Esteem）

⑤自己実現の欲求（Self-actualization）

コトラーはこれになぞらえ，マーケティングの進化を以下のように解説している。

Marketing 1.0：消費者のMindを摑むことを重視

消費者に，商品やサービスを購入し利用してもらうための最も基本的な情報，すなわち商品特性などを知ってもらうことを重視したマーケティングである。マズローの欲求段階説の①生理的欲求と②安全の欲求に該当する。商品の機能や大きさ，価格，安全性などを商品の特徴と認知してもらい，競争優位性を得ることが中心となる。かつて日本が高度成長期だったとき，得意であった分野である。このレベルの競争では，同じ機能のものであれば価格が安い，あるいは入手しやすい方を消費者は選択することになる。

Marketing 2.0：消費者のHeartを摑むことを重視

商品あるいはその商品を構成するブランドへの愛着を醸成することを重視したマーケティングである。マズローの欲求段階説の③所属と愛の欲求に該当する。その商品自体に加え，その商品の持つブランドや商品カテゴリーなど，全体のブランド・イメージによる商品選択で競争優位性を得ることが中心となる。同じ機能と価格であれば，ブランド・イメージの良い方を消費者が商品選択することになる。

Marketing 3.0：消費者のSpiritを摑むことを重視

商品やサービスの持つブランドパーソナリティや提供する会社の世界観に，消費者が共鳴することを重視したマーケティングである。マズローの欲求段階説の④承認（尊重）の欲求に該当する。その商品の価格や性能だけではなく，社会に対する貢献度や環境負荷の低さ，あるいは商品・サービス利用者のライフタイルや利用態度への共感による商品選択で競争優位性を得ることが中心となる。その商品やサービスのカテゴリー，提供会社，利用者（ファン）などを総合的に判断して，消費者が商品選択することになる。

Marketing 4.0：消費者の Self-Actualization を摑むことを重視

　商品やサービスを自己実現の手段として消費し利用することを重視したマーケティングである。マズローの欲求段階説の⑤自己実現の欲求に該当する。消費者は単に商品やサービスを利用するだけではなく，自主的に商品・サービスの開発や改善に参加し，自己実現を行うことによる商品選択で，競争優位性を得ることが中心となる。

　ソーシャルメディアなどテクノロジーの発達により，消費者の意見を直接取り入れたり，ビジネスモデルとして消費者の提案を取り入れた商品の開発や改善を行っている企業が出てきている。コトラーは，日本はマーケティング 1.0 の時代（1960〜1970年代）には輝いていたと述べている。良いものを安くつくる技術に優れていたからである。しかし，マーケティング 4.0 に到達するには，チーフ・マーケティング・オフィーサー（CMO）のように，全社を統合してマーケティングとイノベーションの戦略立案・実践をリードする人材が必要であると説いている。

　こうしたマーケティング 4.0 という自己実現の欲求充足時代というのは，社会全体を良くするために，自分の尊厳を保ちたいという顧客の自己実現の欲求に働き，かつそれを叶えていくことが重要視されているとの時代認識である。こうした背景には，フェイスブックなどで自分の考えを発信する人々が増加しており，自己表現の時代になったことが挙げられると捉えている。

　しかし現実には，1.0 か 2.0 に留まっている企業が多いのが実態である。3.0 に踏み出しているのは，主にグローバル企業である。社会貢献活動だけでなく，環境負荷引き下げを取引先に要請したりしている。消費者の公僕であることをアピールし，企業理念へ賛同してもらうことで，商品・サービスの普及を期待するに留まっている。

　コトラーの提唱する 4.0 を例証するならば，次のように挙げられる。
　〔ドリルを例にした 4.0 の事例〕
- 1.0　　手動ではなく電動ドリルです。
- 2.0　　1秒間に100回転するドリルです。

- 3.0 綺麗な穴を貴方に提供します。
- 4.0 今までは「顧客はドリルが欲しいのではなく，穴が欲しいのだ」と教えていましたが，これからは「顧客はドリルも穴も欲しいのではなく，メリハリのある仕事ができる自分のためにドリルが欲しいのだ」といった考え方に変わるかもしれない。

Ⅳ．おわりに

　最後に，コトラーの貢献を整理し，まとめとしたい。コトラーは，当初，個別経済（ミクロ）的研究から研究者として参入したが，マーケティング概念拡張論を展開することで，非営利組織・公共部門，社会的責任へと研究領域を拡大した。その結果，ミクロとマクロの全体的研究を体系化できる大家となった。彼は，前述のとおりマーケティングを他の分野へ適応拡大したこと，他の学者や学問の理論を借用して統合を図ったこと，時代の変化へ適応する理論を構築したことの3点では，評価されている。ただし，ドラッカーをはじめ他の学者や学説の応用が多いため意外とオリジナルな理論が少なく，「教科書の神様」と皮肉られ，批判もされている。

　それでも，ミクロとマクロの統合，すなわち個別経済と社会経済の両面から現代マーケティングの体系化を行った点や，マーケティングをメジャーな学問に高め，普及を図った点など，多大な学問的貢献は顕著である。さらに，非営利組織や公共部門，個人のマーケティングへの応用で，実務や社会面で大いに貢献した点や，マーケティングの教科書づくりで，実務家や学生・院生に貢献し，社会的にマーケティングが認知されイメージアップにも貢献した点で多大な社会的貢献でも高く評価されている。

　こうしたコトラーのマーケティング適応拡大の努力の結果は，非営利組織や団体，個人でも使われ，例えば，病院や学校，官公庁，NPO，スポーツ，宗教団体ばかりでなく，就活のマーケティングや恋愛のマーケティングのように，学生や若者まで広くマーケティングが認知されるようになっている。

● **参考文献**

Drucker, P.F.（1957）*The practice of management*, Harper & Row.（現代経営研究会訳『現代の経営〈正編〉』自由国民社，1956 年）

Drucker, P.F.（1969）*The age of discontinuity*, Butterworth-Heinemann.（上田惇生訳『断絶の時代』ダイヤモンド社，2007 年）

Drucker, P.F.（1973）*Management : Tasks, Responsibilities, Practices*, Harper Collins Publishers.（『マネジメント：課題，責任，実践〈上〉』ダイヤモンド社，2008 年）

Drucker, P.F.（1985）*Innovation and Entrepreneurship*, Harper Business.（上田惇生訳『イノベーションと企業家精神』ダイヤモンド社，2015 年）

Drucker, P.F.（1990）*Managing the Nonprofit Organization*, Harper Business.（上田惇生・田代正美訳『非営利組織の経営：原理と実践』ダイヤモンド社，1991 年）

Barney, J.B.（2001）*Gaining and Sustaining Competitive Advantage*, Prentice-Hall.

Grant, R.M.（1991）*Contemporary Strategy Analysis : Conceots, Techniques, Applications*, Blackwell.

Kotler, P.（2009）*Marketing Management, Analysis, Planning and Control*, 13th ed., Prentice Hall, Inc.（村田昭治監修，小坂恕・疋田聡・三村優美子訳『マーケティング・マネジメント：競争的戦略時代の発想と展開』プレジデント社，1983 年）

Kotler, P.（2010）*Marketing 3.0: From Products to Customers to the Human Spirit*, Wiley.（恩藏直人監訳，藤井清美訳『コトラーのマーケティング 3.0：ソーシャル・メディア時代の新法則』朝日新聞出版，2010 年）

Lusch, R.F. and S.L. Vargo（2006）*The Service-Dominant Logic of Marketing : Dialog, Debate, and Directions*, M.E.Sharpe.

McCarthy, E.J.（1960）Basic Marketing, McGraw-Hill Inc.（粟屋義純監訳『ベーシック・マーケティング』東京教学社，1984 年）

渦原実男（1990）「商品及びマーケティング概念拡張論の吟味：Kotler の所説を中心に」『旭川大学紀要』第 30 号，1-39 頁。

上沼克徳（2008）「P. コトラー：現代マーケティング学界の第一人者」マーケティング史研究会『マーケティング学説史 アメリカ編（増補版）』同文舘出版，第 6 章，97-122 頁。

上沼克徳（2014）「マーケティング定義の変遷が意味するところ」『商経論叢』（神奈川大学経済学会）第 49 巻第 2・3 合併号，63-84 頁。

コトラー P. ほか著，恩藏直人監訳（2010）『コトラーのマーケティング 3.0：ソーシャル・メディア時代の新法則』朝日新聞出版。

嶋口光輝（1984）『戦略的マーケティングの論理：需要調整・社会対応・競争対応の科学』誠文堂新光社。

ショー A.W. 著，丹下博文訳・論説（2012）『市場流通に関する諸問題：基本的な企業経営原理の応用について』白桃書房。

デイ G.S. 著，徳永豊ほか訳（1998）『市場駆動型の戦略：価値創造のプロセス』同友館。

那須幸雄（2009）「AMA によるマーケティングの新定義（2007 年）についての一考察」『文

教大学国際学部紀要』第 19 巻 2 号，93-99 頁。

南知恵子（2008）「顧客との価値共創：サービス・ドミナント・ロジックを手がかりに」『マーケティングジャーナル』（日本マーケティング協会）第 107 号，2-3 頁。

ラップ S.・コリンズ T. 著，江口馨訳（1992）『個人回帰のマーケティング：究極の「顧客満足」戦略』ダイヤモンド社。

鷲尾紀吉（2009）「マーケティング理論の発展とマーケティング・マネジメント論の展開」『中央学院大学商経論叢』第 24 巻第 1 号，3-12 頁。

流通革新の
企業者史的研究

—— ダイエー中内㓛とイオン岡田卓也の事例 ——

第4章

Ⅰ. はじめに

　ダイエーの中内功氏は，戦後のチェーンストア展開では，ヨーカ堂の伊藤雅俊氏やイオンの岡田卓也氏よりも先行した，流通革新のトップランナーとして取り上げられてきた。しかし，ダイエーの経営破綻の結果，不当に評価が下げられた感がある。そこで本章では，中内功と岡田卓也の自伝・経歴から，独特の人生観や経営哲学，戦略，マーケティング，マネジメントが生み出された源泉を新たに探り直す。その結果，人間臭い視点から，起業家の哲学と戦略を考察し，新たな知見を提示する。

　群雄割拠の流通戦国時代に，既存体制を破壊し，流通革命の先鋒を務めた中内功が織田信長的役割を果たしたとすると，その後ろ姿を観察し，学習効果を得て，着実に地方の小売業者と連携し，持続可能な組織づくりを果たした岡田卓也は徳川家康的である。流通革新での2人の貢献を再評価したい。

Ⅱ. ダイエー中内功の事例

1. 先行研究のレビュー

　まず最初に，主要な先行研究4点を掲げ，要点をレビューする。

　第1に戦後の総合スーパーをはじめ，流通革新に造詣の深い矢作敏行氏によれば，1957年に，全国各地に「主婦の店」運動が起こり，スーパーが相次いで誕生し，その中からビッグストアが出現した。1967年にチェーンストア協会が発足し，ダイエー中内が初代会長に就任した。食品と非食品を総合化したセルフサービス・ディスカウント・デパートメントストアという日本独自の業態をダイエーが神戸の三宮に開店したが，これがモデルとなり，販売革新や組織革新を助長し，流通革命やチェーン展開の原動力になったと評価している。矢作は，日本型総合スーパーを誕生させた最大の功労者として，ダイエー中内を高く評価している（矢作，2004，230-238頁）。

　第2にスーパーマーケットの生成史に詳しい建野堅誠氏によれば，衣食住を品揃えした日本独特の総合スーパーの成長要因として，政府の流通政策や

革新的な企業家の存在，ワンストップ・ショッピングの利便性，新しい経営管理技術導入，郊外立地戦略，資金調達方式，提携・合併戦略を挙げている。当時のダイエーは，中内氏の最も巧みな取り組みで，流通革命推進上，名実ともに業界のリーダー役を果たしていた（建野，2001，59-63頁）。

第3に，大手流通企業の経営戦略の比較研究を行ってきた森田克徳氏によれば，ダイエーの1980年代までの成功要因を次の6点に分析した。

①薬品の現金問屋を起点に，メーカーを経て小売に着手。
②薬品の流通部門合理化改革の動機。品揃えを総合化。
③多店舗化，グループ化，業態多様化，事業多角化。
④日本で最初にPB商品の開発に挑戦。大手メーカーとの闘争。
⑤店舗運営と連携したロジスティックス革新。
⑥人材および資金調達で売上至上拡大主義。

これらの成功要因が，1990年代以降は上手く行かず，後に失敗要因になって経営危機を招いてしまった（森田，2004）。

第4に，流通史の研究者でスーパーの歴史を丹念に調査した瀬岡和子氏によれば，日本初のスーパーといわれる丸和フードセンターを創業した吉田日出男氏が，ボランタリーチェーンとして九州の小倉で始めた「主婦の店」運動に共鳴し，中内は大阪の千林で「主婦の店ダイエー薬局」を開業した。しかし袂を分かち，独立派としてチェーンストアへの道を邁進した。また，ボランタリーチェーンの限界を感じ，レギュラーチェーンにこだわった。中内は米国の先例から学習し，レギュラーチェーンとしての日本型総合スーパーのビジネスモデルや小売業態の基礎を構築したのである（瀬岡，2014）。

2．これからの研究手法としての企業者史的アプローチの重要性

これからは，企業者史的アプローチが重要となると考えている。この企業者史とは，経営史学研究の1つの方法で，経済学者ヨーゼフ・シュンペーター（Joseph Alois Schumpeter）が『経済発展の理論』の中で唱えたイノベーションという概念に関連し，イノベーションの実行者である企業者本人に着目したことから出てきたものである（Schumpeter, 1912）。イノベーショ

ンの担い手として，企業者という経済主体に焦点を当てて，革新のダイナミズムを引き起こす主たる動因との共通認識から生まれている。

よって企業者史は，企業者として経済活動に従事する経済主体を取り扱い，その企業者性能に注目し，企業者の役割と企業の構造を分析・解明しようとする学問的アプローチである。個々の研究においては，具体的な企業家を取り上げ，その人物の経営理念を形成することになった生育環境や，その企業行動を分析する。企業の特性である革新性に注目し，当時の企業家を取り巻く経済環境に注意を払いながら，企業家が関与した事業の内容について具体的に分析を進めていく，比較的新しいアプローチである（瀬岡誠，1980；米川，1985；中川，1981；宇田川，2002）。

3. 中内功の略歴

以下に掲げる内容は，中内功の「私の履歴書」を参考にして作成した（中内，2000）。

中内の略歴

1922（大正11）年　8月2日，大阪生まれ。神戸の下町の薬局店で育つ。
　神戸三中（現・長田高校），神戸高商（元・神戸商科大学，現・兵庫県立大学）を卒業後，神戸経済大学（現・神戸大学）不合格。日本綿花（現・双日株式会社）に入社し，貿易業務担当。
　関東軍に重歩兵として従軍後，フィリピンに転戦。復員後，将来を模索。
1957（昭和32）年　大阪千林に「主婦の店ダイエー」第1号店を開業し，日本最大の流通企業集団に育て上げた。
1988（昭和63）年　神戸市に流通科学大学を創設。ダイエーでは会長と社長を兼任。大学では学園長，理事長を務めた。
　日本チェーンストア協会会長，臨時教育審議会委員，日本経済団体連合会（以下，経団連とする）副会長を歴任。勲一等瑞宝章受賞。

---

4. 生育環境や企業哲学，理念，行動に関わるエピソード

(1) 出自

中内功の祖父・栄（さかえ）氏は，四国の土佐の士族出身であった。孫正

義氏と同じく坂本龍馬に憧れて青雲の志を抱き，神戸で眼科の医院を開業していた知識人であった。この祖父の影響力は大きく，後に功の起業した社名「ダイエー」は，「大阪の栄」から命名している。父は薬剤師で，功は薬の商売に関係した家系であったので，この業界の古い体質を熟知していた。

(2) 奇形児で先天的に異端児

功は生まれつき，人間には珍しく内臓が逆位で，心臓が右にある奇形児として誕生した。功の漢字は，正しくは右半分が，「力」ではなく「刀」である。下に押し込めて力が抜けないという願いを込めて命名された。このように功は，肉体的にも名前の由来も先天的に異端児の宿命を持って世に出てきた。

(3) 弟達との喧嘩ばかりの生育環境

功は長男のため，3人の弟達との兄弟喧嘩や確執を多く経験して育ったために，人間不信の塊であったし，弟達を従えさせる親分肌でもあった。神戸の下町の造船所の労働者相手の手狭な薬局を営む一家で育った。子供のときから家業を手伝うなど，こうした出自ゆえ，ハングリーな商売人の家庭教育から，闘争心が自然と培われた。

(4) 学生時代の挫折

教育熱心な家庭であったために，地元の名門・神戸三中を卒業した。神戸高商では，世界的視野に立った国際ビジネスを考え，貿易論を専攻した。

卒業後，神戸経済大学を受験したが不合格。岡田卓也も同じく挫折している。しかし，向学心は強く，戦後，神戸大学の夜学に通うも，仕事との両立が難しく中退した。日本綿花に入社し，貿易業務担当した。

(5) 地獄の戦争体験

太平洋戦争が勃発し，功は学徒出陣で徴兵されるが，高商卒のため大卒扱いでの幹部将校になれず，下士官で危ない前線へ飛ばされた。何度も死線を

彷徨いながらも，兵隊仲間が死傷する中で，奇跡的に生き残った。地獄の戦争や飢餓体験から，牛肉を腹一杯食べる夢を見，平和を尊重する精神的基盤が形成された。この体験が牛肉の安売り精神のきっかけであった。

(6) 戦後，闇の商売からスタート

医療に関わる家系であったため，戦後，神戸で闇の医薬品ブローカーを始め，次に大阪で現金問屋「サカエ薬品」を開業した。薬品業界の流通を熟知した一族であったため，売ってから仕入れる商法，現金主義経営を熟知していた。功の「へこたれず精神」は，このときから始まっていた。

次に，「大栄薬品工業」を設立して製薬事業に参入したが，失敗してしまった。そこで，小売の道を模索し，薬局から本格的起業へ進めた。生産・卸売・小売の全体的流通構造上の課題を発見した。

(7) ダイエーの創業

1957（昭和32）年,「主婦の店 ダイエー薬局」を，大阪市の千林駅前で創業した。薬品や化粧品，日用雑貨，さらに菓子も袋詰めして薄利多売し，消費者の味方をアピールした。

1958（昭和33）年，神戸市の三宮に2号店を出店し，チェーン店化を開始した。食品や衣料品，家電も品揃えした。特に「牛肉の安売り」が目玉で人気を博し，繁盛店となった。その結果，ドラッグストアからスーパーマーケットへ進化していった。

しかし，大手メーカーや問屋，小売店からの反発が起こった。特に松下電器（現・パナソニック）や花王との価格決定権を巡る闘争が激化する中で，味方である関西主婦連とコラボした。消費者主権の確立を旗印に，いつの間にか功は流通革命の旗手になっていた。

(8) 流通革命のリーダーへ

1962（昭和37）年に,『商業界』の訪米団に中内が団長役で参加し，当時のケネディ大統領のスーパーが豊かさの象徴であるという演説に感銘を受け

た。米国のGMSのシアーズやJCペニー,食品スーパーのA&P,バラエティストアのウールワースを視察調査し,帰国後は,日本流にアレンジしたチェーン店化を開始した。神戸の三宮に日本型総合スーパーの原型を構築した。SSDDS(セルフサービスでディスカウントするデパートメントストア)と呼び,多層式(地下1階,地上6階建)のワンストップ・ショッピングの日本流のモデル店となった。

渥美俊一氏の「ペガサスクラブ」に入会した。チェーン店経営者の研究会であるが,この会から岡田卓也,伊藤雅俊,似鳥昭雄ら優秀な人材が輩出された。

1967(昭和42)年に,日本チェーンストア協会を設立し,初代会長に就任した。名実ともに流通革命や流通近代化推進のリーダーとなり,トップとしてあらゆる業界や役所,制度との闘争も始めた。例えば,大店法の制定過程では,一貫して届出制を主張した。

1969(昭和44)年に,『わが安売り哲学』(日本経済新聞社)を出版した。その中で消費者主権の確立を主張したが,これが林周二『流通革命』(中央公論社)とともに,流通革命ブームに火を付けた。このことから,中内は流通革命の実務の最大の功労者だった。

1970(昭和45)年に,松下電器の松下幸之助の経営思想である「水道哲学」に反撃して,価格決定権を巡り法廷闘争を開始した。松下電器の取引停止に激怒した結果であった。

(9) 流通業界の地位向上に貢献し,カリスマ経営者に

1971(昭和46)年に,三越百貨店を抜いて小売業の売上高で日本一に昇りつめた。以後,長年,小売業界の断トツの王座に君臨した。

1980(昭和55)年,当時の経団連稲山会長による小売業蔑視体験に猛反発した。ここから小売業界の社会的地位向上のために奮闘した。この「見返してやる」精神はまさに「半沢直樹」的である。

1988(昭和63)年に,経団連の広報委員長,1990(平成2)年に,経団連の副会長に就任した。流通業の地位向上にも貢献した。天下で出世し,名声

欲も政治力も強く,親分肌でリーダーシップを発揮した。

1988(昭和63)年,福岡ダイエーホークスを創設した。同年,神戸に流通科学大学も創設し,優秀な人材の育成を図る。また,自身の体験から実践的なキャリア教育も導入した。

1994(平成6)年に,北海道から九州・沖縄までカバーする日本初の全国チェーンを形成した。

(10) 悲運の晩年

1995(平成7)年に,阪神淡路大震災で約400億円の大被害を受け,上場以来最悪の256億円の最終損失に陥った。赤字店舗の閉鎖やコスト削減に取り組まざるを得なくなり,社外の役職を辞任し,自社の経営再建に専念する。低価格指向に対応するために,ハイパーマート業態で安さアピールし,経営再生に取り組むも失敗した。

1999(平成11)年に経営責任から社長を辞任し,2000(平成12)年には会長も辞任した。今まで流通業界に果たしてきた功績への評価が不当に下がり,バッシングの悲哀を味わった。

5. 人生哲学

中内の知的好奇心や向上心は強く,勉強家であった。終戦後,神戸大学の夜学に通うも,仕事との両立困難で中退したが,絶えず最先端のビジネスやマーケティング,経営学を身に付けていた。例えば,ドラッカーの『現代の経営』を愛読しており,彼の名言「事業の目的は顧客の創造」を信条としていた。これは,ユニクロの柳井正会長と同じであった。

米国のスーパーをはじめ,先進的な小売業を視察調査して,日本型にアレンジし,総合スーパーの原型を構築した。それは,流通業は社会のインフラで重要な産業との認識からである。

また,地方経営者の勉強会で相互交流をし,人脈をつくった。特に中内は親分肌で人望があり,リーダー役であった。また,政官財の広い人脈や破天荒な生き方が肥やしになり,大器となった。

神戸市に私財を投じ，流通科学大学を設立。後継者を含め，人材養成のキャリア教育を実践した。流通科学大学では，大学の長として，毎週ハガキを学生に郵送したが，それは学生の父母にも効果があった。中内は流通業での優秀な人材の育成やキャリア教育に非常に熱心であった。

　流通科学大学の学内に博物館を設置した。収集したキャッシュレジスター機器を並べ，売上管理の変遷を展示している。

　日本の戦後の流通革命において，理論面では，林周二『流通革命』（中央公論社）が第1次流通革命（太いパイプ論）を先導した。そして，実践面では，中内功『わが安売り哲学』（日本経済新聞社）が，第2次流通革命（消費者主権論）をリードした。これはハウツー本ではなくものの考え方を記した哲学書であり，時代を超えた普遍性を持っている。中内は，商人や小売業，流通業の役割とは何か，それぞれの存在意義を厳しく追究した。

　チェンジ，チャレンジ，コンペティションをモットーにして，渥美俊一のチェーンストア理論を活かした。

Ⅲ．イオン岡田卓也の事例

1. 本節の問題意識

　本節では，封建的な慣習が重要視され，古典的な流通制度がはびこる呉服店業界で，四日市の地方老舗呉服店の嫡男の重圧に耐え，イノベーター（革命児）である岡田卓也が誕生した経歴的源泉を解き明かし，他の流通革命を牽引してきた企業者との相違を明確にする。従来から，イオンの岡田卓也は，ダイエーの中内功，ヨーカ堂の伊藤雅俊に次いで戦後のチェーンストア展開により流通革新の3番手のリーダーとして取り上げられてきた。また今日のイオン成長の要因として，岡田卓也に関する従来の研究では，イオンをトップ企業にしたカリスマ経営者としての視点から，国内はもちろん海外の政官財の人脈を活用した政治力を持ったしたたかな策士であるとか，総合スーパーのビジネスモデルの強みを活かせる視点へいち早く転換し，郊外型ショッピングセンター展開を強化した先見性が強調されてきた。ダイエーな

どのように，一代で大手小売企業をつくりながら，次々と経営不振に陥り，経営統合や合併，身売りされて消えていく企業が多い中で，イオンは日本最大の売上高を誇るトップ企業の地位を維持し続けており，現在は名誉会長に退いたといっても，岡田卓也は，長男元也社長の後ろ盾として今も影響力を保持している。

そこで本節では，岡田卓也の自伝・経歴から，独特の人生観や経営哲学，戦略，マーケティング，マネジメントが生み出された源泉を，企業者史的アプローチから新たに探り直す。その結果，人間臭い視点から起業家の哲学と戦略を考察し，新たな知見を提示したい。

2. 先行研究レビュー

これまでの主な先行研究を見ていくと，前節のダイエー中内功の事例で見たのと同様に，イオンなど総合スーパーの成功要因，分析に関しては，実務書を含め，学術書も多数の先行研究がある。総合スーパーは，戦後の日本の高度成長期にはまさに流通革命の象徴的新業態であり，牽引者・リーダー的企業群であったために，新聞や雑誌などで話題になり続け，多くの論文やレポート，記事が多数掲載されてきた。その中で，代表的な学術書をいくつか挙げていきたい。

まず最初に，矢作（2004）は，今日のイオンの成功要因の1つとして，1960年代に，岡田屋やフタギなど地方経営者達の勉強会での相互交流や人脈づくりが，販売革新や組織革新，合併を助長し，流通革命やチェーン展開の原動力になったことを挙げている。

次に，建野（2001）は，衣食住を品揃えした日本独特の総合スーパーの成長要因として，政府の流通政策での支援，郊外への立地戦略，資金調達方式，提携・合併による成長，革新的な企業家の存在を挙げている。当時のイオンは，岡田の最も巧みな取り組みで，現在の下剋上の下地を構築していた。

また，イオン出身で，現在，神戸大学の経営学部教授を務めている平野光俊氏らの体験からの研究（2009）では，総合スーパーや食品スーパー，ド

ラッグストア，コンビニ，専門店などマルチフォーマットを内包するショッピングセンターの開発が成功の主因であり，グループシナジーの最大化が成長の原動力となっているとまとめている。

最後に渦原（2012）は，特にイオンの成功要因として①組織改革や新業態開発（提携・合併，多様な事業モデル），②スクラップ・アンド・ビルドの出店戦略とイノベーション，③独自規格商品であるPB商品開発，④郊外型ショッピングセンターの開発，⑤先端的なICTシステム化への取り組み，⑥グローバルSCM構築によるロジスティックス革新の6点を挙げている。

これらの先行研究に共通していえるのは，企業組織として，消費者支持を得られるビジネスモデルを構築したか，という視点であった。起業から立ち上げ時代に至るまでの，取り巻く企業者個人の属人的出自や家庭環境など源泉についての研究の深堀が弱いという難点が散見されたと思われる。そこで，これからの研究手法としては，前節でも見たように，企業者史的アプローチが重要となると考えている。

3. 岡田卓也の「私の履歴書」から主な略歴とエピソード

日本経済新聞に30回連載された「私の履歴書」（岡田，2004）を参考にして，主な略歴とエピソードを整理していく。

(1) 主な略歴

1925（大正14）年　岡田屋6代目の岡田惣一郎の長男として，三重県四日市で生まれた。老舗の呉服商岡田屋の7代目当主である。
- 旧制富田中学（三重県立四日市高等学校）時代，卓也は野球部員で捕手であった。
- 従業員の指導で世話になった平井泰太郎教授（経営学）に憧れ，旧神戸商大予科（現在の神戸大学経営学部）に挑むも，受験に失敗した。
- 早稲田大学に合格したが，学徒出陣で陸軍に入隊した。
- 士官への近道の予備学生ではなく，実践を学ぶ少年兵になり，こん棒で頭をぶん殴られる地獄の訓練に耐えた。
- 敗戦で，店は焼け野原になってしまった。次姉や叔父とあらゆる商品の行商から再建を開始した。半年で店舗を再開した。

1946（昭和21）年　社長に就任した。「焦土に開く」チラシのキャッチコピーを配布した。小売業は平和の象徴であることを実感する。

1948（昭和23）年　早稲田大学を卒業した。

1949（昭和24）年　先祖伝来の四日市市辻の店を閉鎖し，新道に移転した。まさに「大黒柱に車をつけよ」の家訓を実践した。以降，人の流れの変化に対応して，店舗のスクラップ・アンド・ビルド（閉店と出店）を推進した。

1954（昭和29）年　四日市商工会議所の商業部会長に選出された。そこで工業系の委員達から，「小売りは雑魚」の暴言を浴びせられ，怒るとともに「見返してやる」と報復に向けて発奮した。これが小売業者の社会的地位の向上を図る第一歩となった。

1959（昭和34）年　株式会社岡田屋に商号を変更した。スーパーを業務とする子会社・マルオカを設立した。同年，米国GMSのシアーズや食品スーパーのA&P，バラエティストアのウールワース，百貨店のJCペニーを視察調査した。そしてチェーンストアの立ち上げを決意した。

1961（昭和36）年　奨学金や交通遺児支援，文化講演会など地域社会への貢献が認められた結果，四日市流通戦争で近鉄に逆転勝ちした。夜討ち朝駆けで，陳情を繰り返し，不屈の闘争心で小が大資本に勝った。まさに奇跡的な出来事であった。

1962（昭和37）年　衣料品に加え食品も扱うスーパーストアの実験店を，桑名に出店した。東京や大阪を目指し，事業拡大を開始した。

1967（昭和42）年　チェーンストアの健全な発展を図るために，日本チェーンストア協会を創設することに尽力した。初代会長には，業界トップのダイエー中内功が就任した。その後，業界の序列ではいまだ大手ではなかった岡田屋の岡田卓也が2代目の会長になり，政治力を発揮した。イトーヨーカ堂の伊藤雅俊は3代目の会長になった。

1969（昭和44）年　岡田屋と，兵庫県姫路市を拠点とするフタギ，大阪府吹田市を拠点とするシロの3社が提携し，合併してジャスコ（株）となった。全国的な経営をする必要から大阪に移住した。次々と地方の小売会社を合併し，ゆるやかな連邦経営を実践した。これが現在のイオングループの基礎を作った。

2000（平成12）年　イオングループの会長職を退任した。イオン環境財団理事長として，植樹活動など文化や環境保護で貢献を続けている。

（2）主なエピソード

・江戸時代に創業し，250年以上の歴史を持つ老舗岡田屋呉服店の嫡男という出自で

あった。ハングリーな家庭教育から，闘争心が培われた。幼少期に父母や長姉を亡くしたため，9歳年長の次姉千鶴子が岡田屋のパートナー役を務めた。千鶴子が23歳のときに旧岡田屋呉服店の社長になり，60歳で現場を引退するまでグループを支え続け，その後も後見役としてグループを見守り続けた。千鶴子の支えが，岡田屋断絶の危機を救ったといえる。

- 戦時中に，卓也は早稲田大学の学生として学徒出陣した。彼は大学生であるから，幹部将校の道もあったが，敢えて現場の危険な最前線で戦う少年兵扱いの道を選んだ。そのため軍隊内の上官から鉄拳制裁の暴力を受けた。楽して出世するエリートではなく，むしろ苦労して自ら窮地から這い上がる雑草魂を培っていた。
- 終戦前（昭和20年）に弟を心配した次姉の千鶴子が，茨城県内の陸軍基地まで面会に来たことがあったが，こうしたことにより姉弟の絆が一層深められた。両親も身寄りもない中で，苦労を共有した良きパートナーであった。
- 1945（昭和20）年の敗戦で，卓也は9月21日に四日市に復員した。一面焼け野原で廃墟になった町や店舗跡をみて，喪失感や不安にさいなまれたが，まさにゼロから復興に取り組み始めた。修羅場であった。その頃，それまで一度も入室したことのなかった1つの土蔵に入り，倉庫を開いたときに，父親である惣一郎の早稲田大学在学中の日記や，四日市商業学校16歳のときの東海道徒歩旅行記，岡田屋の帳簿，店規則を発見した。両親を幼児期に亡くしていたために，記憶になかった父の日記や旅行記から，父が大志を抱いて仲間と東京商工会議所会頭の渋沢栄一に面会に行ったこと，同じ早稲田大学の学生だったことを実感した。これらを読んだことにより，1927（昭和2）年に病死した亡父と精神的に再会したことから，卓也は岡田屋再建の決意を新たにした。父親の無念さや事業を後継に委託する願いを共有し，人生のロマンと大志を立てた。
- こうした亡父との再会により大志を抱き，1945（昭和20）年12月に40坪の呉服店を改装して，翌年3月に店開きを迎えた。6月には戦前の岡田屋呉服店を新たに株式会社岡田屋に改称した。社長の卓也自身が赤い自転車に乗って四日市市内外を駆け巡り，岡田屋の名前を宣伝して，庶民的な印象と安値販売で顧客を拡大していった。
- 1949（昭和24）年12月には，姉の千鶴子と相談して，店舗を四日市市の辻の中町通りから諏訪新道に移転した。これが店舗の閉店と出店，スクラップ・アンド・ビルドの初めとなった。以降，着々と岡田屋の店舗拡大路線を突き進んでいった。
- 三重郡菰野町の地主である高田家の娘で，金城学院大学の女子学生だった保子と結婚し，三人の子を授かった。長男の岡田元也はイオン代表執行役社長に，次男の岡田克也は，2016年9月まで民進党代表を務めた。三男の昌也は養子として，母の実家である高田家の跡継ぎとなり，高田昌也に改名した。このように3名の男子が事業の相続争いになることを防ぐために，別々の道に進ませている。

- 1989（平成元）年9月にグループ名称をジャスコグループからイオングループに変更した。ジャスコ時代から，イオンは平和産業・人間産業・地域産業であり続けることを基本理念としてきたが，今もなお革新を続ける流通企業グループを目標としてきている。

4. 出自と生育環境からハングリー精神の見直し

　岡田屋は江戸時代の中期，1758年に，初代岡田惣左衛門が四日市近隣の醤油屋の屋号である篠原屋を借りて，太物（綿と麻織物）の小間物商を行商で営んだのが創業といわれている。約260年の老舗であるが，天秤棒を担いだ地方の中小商人に過ぎず，伊勢松坂出身の越後屋呉服店や近江商人の高島屋，大丸のように，江戸や京都，大坂のような大都市に進出し，明治時代以降に都市型百貨店になるような大手とは格が異なっていた。

　明治以降，行商方式から出張売り出し方式に転換，1900年に正札（定価）販売や見競勘定という複式簿記の会計制度をいち早く導入，個人商店から株式会社に改組，戦前には旧神戸商大の経営学の平井泰太郎教授に従業員教育や経営管理方法の指導を受けるなど，地方の中小商店としては，時代に先駆けて近代化に取り組んできており，チャレンジ精神やベンチャー精神，イノベーションに溢れた企業文化を持った企業であった。卓也はこうした行商人のDNAを持った血筋，家系から生まれている。

　卓也が生まれて2歳のときに，6代目当主である父親が42歳で逝去し，さらに母親も若死にしたため，岡田屋は経営トップを失い，危機状況にあったが，卓也が成人するまで姉らが中継ぎをして凌いでいた。

　男の子1人で嫡男であった卓也は，岡田屋の次期後継者という周囲の期待とプレッシャーを受けながら生育していった。女ばかりで男兄弟がいなかったことは，メリットとデメリットがあった。男兄弟がいる場合，同業では兄弟は競争関係に陥り，確執の結果，骨肉の争いになることがある。例えば，ダイエーの中内功は，弟達との戦いで苦労を重ねてきた。しかし，戦前時代では，天皇家と同様，男子相続が慣例で女子は他家に嫁ぐものと想定されていたために，岡田家には競争相手がいなく，一人息子の卓也は，岡田屋の相

続を独占できたメリットがあった。それどころか,姉達は実家の危機を感じて,後見役としてサポートしてくれてきた。他に男兄弟がいないので,岡田屋を1人で担うというプレッシャーが大きかったのがデメリットではあったが,姉達が支援してくれるという幸運にも恵まれた環境であった。

　こうした生育環境の中で,卓也は逞しい子に育った。子供の頃から,卓也も姉の千鶴子も負けず嫌いな性格であった。「やられたら,やり返す」それも倍返しして報復するなど,喧嘩が好きで,ここから相手との駆け引きや交渉術を会得してきた。こうした素地があったために,成人になり社長になった四日市商工会議所時代に,工業系の議員から「小売業は雑魚である」と小売業蔑視された体験をするが,人気ドラマの主人公の半沢直樹的に「見返してやる」の精神で,商業系の議員を増やし,雪辱した。これがきっかけとなり,チェーンストア業界団体でも結成に政治力を発揮し,業界トップのダイエー中内功を初代会長として陰で支え,2代目会長になった。天下をねらい,出世欲や名声欲も人一倍強いが,卓也の性格はこうした生育環境から培われた。

　中学時代には,野球部で捕手(キャッチャー)を担当し,ボス的存在であった。捕手は「監督代理」とも呼ばれるように,チームの司令塔としてリーダーシップを発揮し,戦略や戦術を立て,チーム仲間をまとめ,調整するなどを行い,「マネジメント」能力を存分に発揮する体験をしてきた。こうした素質が,後に経営者として大成するのに大いに役立っている。

　社長になってからも,親分肌であったことにより,統率力(リーダーシップ)で能力を発揮し,姫路のフタギ,大阪のシロと合併し,ジャスコを誕生させた。さらに人望もあって,地方の経営者の勉強会で相互交流や人脈づくりに長けており,全国各地に知人を増やした。政官財の人脈や破天荒な生き方も肥やしになり,財界や政治権力とのパイプを活用して,海外への出店を成功させている。

5. 岡田卓也の人生哲学

- 岡田屋呉服店創業以来の家訓である「大黒柱に車をつけよ」を実践している。この家訓は，「店の屋台骨を支える大黒柱に車をつけて，いつでも動かせるようにしておく」という意味である。店を構えるのは「場所」ではなく「人」に対してであり，時代や人の変化に応じて，「人の集まる場所に店舗を移動せよ」を企業経営の理念としてきた。さらに過去の成功体験にこだわるなという戒めも含んでおり，そのため大胆に「スクラップ・アンド・ビルド」の精神で，閉店と出店を繰り返し，絶えずイノベーションを果たしてきた。

- もう1つ重要な家訓は，第1次世界大戦後の1920年頃，株式市場の株価と綿糸や生糸などの物価が大暴落したときに，「上げで儲けるな，下げに儲けよ」の教えである。当時，祖父が父に対して，「今持っている商品は，只になったと思え」と指示し，手持ちの商品を見切って売りさばき，その売上金をもって，もっと安くなった商品を仕入れ，再び売ることを繰り返したが，この体験からこの家訓が生まれた。値段を下げて儲けるということで，「暴落大安売り出し」を実施した。

- 地獄の戦争体験から，平和主義や環境保護尊重の理念が形成され，それを企業経営に実践してきた。「楽は苦の種，苦は楽の種」の格言のとおり，人生の修羅場，苦しい道を選び，どん底から這い上がる馬力とど根性を持ち合わせてきた。大学時代に徴兵されたときも，現場での体験をしたいとの思いがあって，将校への道ではなく，敢えて少年兵扱いの道から入っている。エリートや上から目線で人を見るのではなく，下から一兵卒として，叩き上げの道を選んでいる。こうした人生観により，色んな現場で働く人の気持ちがわかり，人生の引き出しが多くなる素地を形成した。まさに「大器晩成する」の手本である。

- 企業家精神とは，新しい事業や企業を創造するために要求される態度や発想，能力を総称され，独立心，達成動機，野心，常識にとらわれない自由な発想などが中核をなすものと考えられているが，卓也は企業家精神を，生育環境から先天的に会得している。チェンジ，チャレンジ，コンペティションの3つのCや冒険心が重要であるが，育まれる環境に恵まれていたと言える。

- こうした努力が実り，ダイエー中内の後追いながら，学習効果があって，下剋上を果たし，今や流通革命のトップに上り詰めている。流通革命の旗手といわれたダイエーの中内功を後追いしながら，反面教師として学習した，したたかな戦略家である。長期持続する組織化を考え，後継者づくりでは，長男だけ社長にし，次男は民主党代表（現在の民進党），三男は妻の実家高田家の養子でマスコミ関係に従事させ，相続争い予防に成功している。

Ⅳ．おわりに―発見事実と今後の課題

1. 再認識した発見事実

　イオン岡田卓也の企業者史的アプローチの結果，発見し，あるいは再認識した点を整理しまとめたい。出自を紐解くと，卓也は四日市の地方出身の行商人のDNAを持った血筋，家系から生まれている。ハングリーな生い立ちから，貧困や差別，いじめに屈伸ない反骨精神やチャレンジ精神が培われていった。子供のときから喧嘩上手で，交渉術や調整術など政治力も磨き，受験に失敗しても挫けない逞しさを持ち，常識にとらわれない新しい発想，奇抜で破天荒な生き方をし，アンチ・エリートでベンチャー精神，イノベーションに溢れた企業文化を具現化していったといえる。

　戦後の社長就任時にも，姉や叔父という強力なパートナーとの価値共創をし，さらに地方での交流会や勉強会の会員を味方にして，多彩な人脈をつくり，人生の裏ワザも熟知した多い引き出しにより，下剋上を果たし天下の覇者となった。まるで戦国時代の徳川家康のような大器で，長期政権のための組織も構築した。

2. ダイエー中内功とイオン岡田卓也の類似点

　2人の類似点を整理したい。

①出自

　中内は医薬品，岡田は呉服品の商売人のDNAを持った家系であった。

②出身

　中内は土佐から神戸，岡田は四日市の地方出身であった。坂本龍馬，渋沢栄一に憧れ，天下をねらう大志・ロマンを抱いていた。

③生まれながらのハンディ

　中内は内臓が左右逆位，岡田は父母を幼くして亡くしていた。下町の庶民

相手の商人を，子供のときから見つめてきた。

④兄弟姉妹関係
　中内は長男として弟達と喧嘩，確執の中で育った。その結果，喧嘩から人との交渉術を学び，親分肌になりリーダーシップも身に付いた。岡田は，姉達に囲まれた一人っ子の嫡男であったが，意外と逞しく鍛えられ，負けん気が強く喧嘩上手であった。野球部で捕手を務め，チームの司令塔，まとめ役，リーダーシップも身に付けた。

⑤受験の挫折
　中内も岡田も旧制の神戸商大・現在の神戸大学経営学部を不合格に終わった。悔しさを胸に，中内は旧神戸高商で貿易論を学び，戦後は神戸大学の夜間で学ぶも中退したが，最新の経営学やマーケティングの勉強は熱心であった。岡田は早稲田大学で学んだ。

⑥戦争体験
　ともに下士官扱い，アンチエリートとして前線で死線を彷徨う地獄の体験をした。中内はこの体験から「腹一杯牛肉を食べたい」という夢を抱き，スーパーの品揃えにこだわった。岡田も地獄の体験から，「小売業は平和産業」という企業理念の土台を築いた。

⑦起業
　戦後，中内は家系で詳しかった「ヤミの薬の問屋」からスタートした。岡田も戦後，呉服屋の大学生社長として，焼け跡からスタートした。中内は弟達と助けあい，時には喧嘩しあいながら，岡田は姉のサポートもあり，事業を始めた。

⑧総合スーパーの創業
　中内は「主婦の店　ダイエー薬局」から品揃えを広めたスーパーマーケッ

ト，そして総合スーパーへと進化させた。岡田も，呉服店からスーパーのマルナカ，さらに総合スーパーへと進化させた。一緒に米国視察に出かけ，日本型にアレンジし，工夫した。

⑨業界のリーダーとして

売上高トップのダイエー中内がチェーンストア協会の初代会長を務め，まだ中小スーパーであった岡田は脇役として中内を支えた。意外にも2代目会長に岡田が就任するなど，したたかであった。ともに地方のスーパーを束ねるなど，政治力に優れ，業界のボスであった。

⑩小売業の社会的地位の向上に貢献

中内は，経団連の当時の会長からの「流通業は雑魚」発言に猛反発し，半沢直樹的に見返してやると奮闘した。同じく岡田卓也も，四日市商工会議所時代に，工業系の議員から「小売業は雑魚」と蔑視されてことから，見返してやると奮闘し，小売業の地位向上に努めた。

⑪人材育成にともに熱心

中内は神戸に流通科学大学を創立し，キャリア教育に取り組んだ。岡田もイオンDNA伝承大学をつくり，従業員の研修強化に努めてきた。

3. ダイエー中内功とイオン岡田卓也の相違点

ともに流通革命に貢献してきたのではあるが，2人の相違点を整理したい。

①大手メーカーとの取引関係性

ダイエー中内は，松下電器や花王石鹸と価格決定権を巡り，長年の闘争を続けた。松下幸之助とのトップ対談でも妥協しなかったように，中内は過激な革命家であった。よって中内は多くの敵をつくってしまった。一方，中内を反面教師として観察してきた岡田は，その学習効果があり花王と製販同盟を結ぶなどしたたかであった。

②後継者選び

　中内は長男を副社長に，次男をダイエー球団のオーナーに託したが，功を支えてきた参謀達は，ダイエーの経営悪化時には協力してくれなかった。阪神大震災の被害もあって経営再生できず，悲運の経営者であった。皮肉なことに，後年，イオンの子会社になり，今ではダイエーの店名も消滅しつつある。

　一方，岡田は長男元也だけに社業を任せ，次男克也は民進党前代表，三男昌也は妻の実家に婿養子させ，マスコミ分野で働くように，兄弟争いにならないように，棲み分けさせた。長期政権の持続可能な組織づくりに先手を打つなど，戦略的であった。

③政官財とのつながり

　中内は緊張関係が多発したのに対して，岡田は人脈をうまく利用することが目立った。例えば，東南アジアへの出店でも，海外の政治家との関係を活用した。

　以上を総括すると，ダイエーの中内功は，戦国武将の織田信長のように先陣を切った革命児であった。メーカーなど多くの敵をつくってしまい，参謀からも裏切られ，後継者や長期的な組織づくりが不十分であった。

　対照的に，イオンの岡田卓也は，徳川家康のように，先輩格の中内の成功と失敗体験を学習し，地方に人脈を広げ，後継者の争いがないように組織づくり，今や「下剋上」を果たした。

4. 新たな知見と今後の課題

　内外の流通関係業界で起業して成功した創業者には，中内功や岡田卓也と同じような，出自からのハングリー精神の源泉に類似性が見受けられる。ユニクロやニトリ，ドンキホーテ，ダイソーなどの国内組だけではなく，海外でも，サム・ウォルトン（ウォルマート），チャールズ・ラザラス（トイザらス），ジェフ・ベゾス（アマゾン），イングヴァル・カンプラード（IKEA），馬雲（アリババ）ら，地方出身のハングリーな出自から立ち上がっており，

小売業では共通した起業家精神の源泉の類似性があるのではないかと思われる。こうした研究を今後の研究課題として結びとしたい。

●参考文献

Schumpeter, J.A.（1912）*Theorie der Wirtschaftlichen Entwicklung*, Duncker & Humblot.（中山伊知郎・東畑精一訳『シュムペーター 経済発展の理論』岩波書店，1937年）
安土敏（2009）『スーパーマーケットほど素敵な商売はない』ダイヤモンド・フリードマン社。
渥美俊一（2007）『流通革命の真実：日本流通業のルーツがここにある！』ダイヤモンド・フリードマン社。
渥美俊一（2008）『チェーンストア組織の基本：成長軌道を切り開く「上手な分業」の仕方』ダイヤモンド社。
渥美俊一（2010）『チェーンストアのマネジメント［新訂版］』実務教育出版。
井上達彦（2012）「イノベーション実践論」『ハーバード・ビジネス・レビュー』ダイヤモンド社。
渦原実男（2012）「第6章 イオンの小売業態の展開とイノベーション」『小売マーケティングとイノベーション』同文舘出版。
宇田川勝・法政大学産業情報センター編（2002）『ケース・スタディー 日本の企業家史』文眞堂。
大友達也（2007）「あの弱かったイオンがダイエーを呑み込んでしまった。何故？」『社会科学』（同志社大学）第79巻，187-203頁。
岡田卓也（1983）『大黒柱に車をつけよ：私の体験的経営論』東洋経済新報社。
岡田卓也（2004）「私の履歴書」『日本経済新聞』3月1日～3月31日連載（休刊日3月15日を除く）。
加護野忠男・井上達彦（2004）『事業システム戦略：事業の仕組みと競争優位』有斐閣。
菊地正憲（2004）『イオン大躍進の秘密』ぱる出版。
佐野真一（2006）『戦後戦記 中内ダイエーと高度経済成長の時代』平凡社。
ジャスコ株式会社編（2000）『ジャスコ三十年史』ジャスコ。
瀬岡和子（2014）「昭和30年代におけるスーパーマーケットの誕生と「主婦の店」運動：吉田日出男と中内功を中心にして」『社会科学』（同志社大学）第102巻，1-34頁。
瀬岡誠（1980）『企業者史学序説』実教出版。
鈴木孝之（2002）『イオングループの大変革―新たなる流通の覇者』日本実業出版社。
田島義博（2004）『歴史に学ぶ流通の進化』日経出版販売日経事業出版センター。
田中俊明（2005）『ダイエーの蹉跌：企業参謀の告白』日経BP社。
建野堅誠（2001）「第2章 スーパーの日本的展開とマーケティング」マーケティング史研究会編『日本流通産業史：日本的マーケティングの展開』同文舘出版。

長戸毅（1991）『流通革新：日本の源流』同友館。
中内功（2000）「私の履歴書」『日本経済新聞』1月1日～1月31日連載（休刊日1月2日を除く）。
中内功述，流通科学大学編（2006）『中内功回想録』流通科学大学。
中川敬一郎（1981）『比較経営史序説』東大出版会。
日本経済新聞社編（2004）『ドキュメント・ダイエー落城』日本経済新聞社。
日本チェーンストア協会編（1998）『先達に聞くチェーンストアのポテンシャルと歴史的革命：チェーンストアの経営革命証言集』日本チェーンストア協会。
林周二（1962）『流通革命：製品・経路および消費者』中央公論社。
林周二（1964）『流通革命新論』中央公論社。
林周二・田島義博編（1970）『流通システム』日本経済新聞社。
一橋大学イノベーション研究センター（2001）『イノベーション・マネジメント入門』日本経済新聞社。
平野光俊・厨子直之・朴弘文（2009）「イオンのGMSのマーチャンダイジング・プロセス改革とコミュニティ社員制度」『神戸大学経営学研究科 Discussion paper』2009・36。
森田克徳（2004）「第2章 ダイエー売上至上拡大主義と企業合併・買収」『争覇の流通イノベーション：ダイエー・イトーヨーカ堂・セブン‐イレブン・ジャパンの比較経』慶応義塾大学出版会。
矢作敏行（2004）「第6章 チェーンストア：経営革新の連続的展開」石原武政・矢作敏行編『日本の流通100年』有斐閣。
吉田時雄（1969）『スーパー・ダイエーの秘密：はたして流通界を制覇しうるか』日本実業出版。
米川伸一（1985）「企業者史」経営史学会編『経営史学の二十年―回顧と展望』東大出版会。

イオン公式ホームページ http://www.aeon.co.jp/

流通部門の構造的変化と新しいビジネスの成長

第5章

Ⅰ. はじめに

　本章では，現代流通の特性を明らかにした上で，流通業を取り巻く環境の変化により，流通が構造的に変化している実態を解明する。卸売部門と小売部門の双方で大変動が起こり，事業所数や売上高，従業員数のそれぞれの指標でみても大幅に減少し，中小企業が自然淘汰されている現状を明らかにする。そしてこれらとは入れ替わり，1990年代後半以降，新しいビジネスが成長していることを事例を挙げて検証する。

Ⅱ. 現代流通の特性と市場構造

1. 流通の特性と経済的意義

　まず最初に，流通など専門用語の定義を明確にしてから，現代流通の特性を挙げていく。一般的に言えば，「流通」とは，「生産と消費を連結する活動」「生産から消費に至る継起的段階」「商品が生産者から消費者へ移転する現象ないし活動」などと定義されている。国民経済的ないしマクロ経済的な視点からみると，流通は生産と消費との間の懸隔を人的，場所的ならびに時間的に架橋する活動であるといえる。そして，流通活動は人的架橋に焦点を合わせるならば，商品の所有権の移転に関わる商的流通（商流）ないし取引流通であり，場所的・時間的懸隔の架橋の面では，商品の場所的・時間的移転としての物的流通（物流）である。このように広義の流通は，商流と物流の両者を包摂した概念であるが，流通活動において中核的な位置を占めるものは，商品の社会的・人的移転に関わる商流であり，本章においても，取引活動としての流通活動に焦点を絞って考察していく。

　取引活動としての流通活動は，生産された多様な商品を社会的に品揃えすることによって多様な消費需要に対応させるという「商品需給を整合する活動」であり，生産段階と消費段階とを継起的ないし段階的に結合する媒介活動である。このため流通特性として，第1に，流通は生産条件および消費条件の変化に伴う可及的迅速かつ円滑な機能対応を常に要請されるという特性

を有している。第2に，流通は生産者と消費者の媒介だけに留まらず，卸売業者や小売業者といった商業者が継起的ないし段階的に介在するという垂直的関係における調整という特性も有している（鈴木・夏，2002，4-5頁）。

こうした流通の特性をもとに捉えるだけでは，現代の流通を十分に解明しているとはいえない。そのため流通への接近方法として，制度的視点からのアプローチと機能的視点からのアプローチが行われている。

前者は，流通を担当する組織体ないし制度体としての個別経済主体に注目して，再販売購入を事業とする商業企業や流通過程に介入している生産企業，これら流通関係企業の相互関連ないし集合的関連として捉える流通機構をもって流通とみなしている。これに対して，後者では生産企業や流通企業あるいは流通機構によって遂行される活動の社会的機能や役割に注目して流通に接近している。もちろん，流通に関わる組織体ないし企業とその営む流通活動との間には密接な関連があり，流通では両者が重要であることは当然のことである。

よって，流通活動は生産と消費との間の懸隔を架橋することによって，経済財の効用を高める経済活動であり，流通を把握する場合には，機能的側面とともに流通を担当する組織体ないし企業という制度的側面からの研究が必要である。

2. 現代流通の市場構造

現代資本主義における競争構造を規定するものは，高い資本集中度と高い生産集中度によってもたらされ，高い参入障壁を形成して長期にわたる寡占的支配を可能とする市場構造，すなわち「寡占的市場構造」である。このような寡占的市場構造により，市場内部で流通過程に介在する企業の構造や行動に対しても，規定的な役割を果たしている。生産と資本の集積・集中過程の進展は，巨大な資本力と生産力を占有する少数の巨大企業を成立させ，自由競争を制限することが一般的傾向となっている。そのため，寡占企業相互間には協調によって価格維持を図るなど，価格が競争手段としての重要性を失っており，非価格競争が常態化している（鈴木・夏，2002，7-10頁）。

こうした非価格的手段による寡占企業の市場競争が普遍的な競争活動として展開されてきた結果、商業構造との関連において重要な意義を持つのは、「製品差別化」と「流通系列化」などの市場競争手段である。製品差別化は、商標（ブランド）その他の手段により、寡占企業が独自の消費者選好を獲得し、市場支配力を行使して市場における寡占的地位を確保するものである。元々、製品差別化は競争的広告と密接不可分の関係があって、寡占企業は広告によって商品を直接的に消費者に訴求し、市場需要を操作するため、流通部門に介在する商業企業の活動領域は狭められ、その独立性も制限され、「流通支配効果」をもたらしている。寡占企業にとって流通過程を自己の意思のもとで統括し、流通末端での価格維持と販路拡大を図ることが不可欠の要請となり、さらに特定の商業企業との間に個別的な支配従属関係を打ち立てるために、流通経路手段として流通系列化を推進している。

3. 日本の流通の特性―古典的モデル

1980年代までのわが国流通機構の特徴として、伝統的に、小売段階での零細性・生業性・過多性、卸売段階での多段階性、取引関係での日本型取引や流通系列化など不合理な商慣行が挙げられ、古典的な日本型流通モデルが形成されてきた。田村正紀氏の『日本型流通システム』（千倉書房、1986年）を参考にして、古典的モデルについて説明を加えていく。

日本の小売段階について流通構造上の特徴として、第1に、1事業所当たりの売上規模でみたときに経営規模が零細であるという事実から「零細性」が挙げられる。田村氏の国際比較データによると、1店当たり販売額（単位は百万円）は、米国92.2、英国75.7、フランス54.3であるのに対して、日本が43.9と欧米先進国よりも経営規模が小さくなっている。第2に、常時従業者を雇用しない個人事業所の比率が、米国33.0％、フランス41.5％であるのに対して、日本が56.4％と非常に高いという事実から「生業性」が挙げられる（英国は不明）。第3に、欧米と比較して、人口当たり、あるいは面積当たりの事業所数が多いという事実から「過多性」が挙げられる。同氏によると、人口1,000人当たり店舗数は、米国5.9店、英国6.5店、フランス11.3である

のに対して，日本が13.6店と店舗密度が高くなっている。このように零細性・生業性・過多性という3つの要素が，小規模分散的な日本の小売部門の構造を特徴付けてきた。その原因は，第1に，大規模小売店舗法による大型店規制のために大型店の発展の遅れにあること，第2に，高度経済成長がもたらした小売競争の緩和により伝統的なタイプの流通を存続させたこととし，その結果，マイナスの流通成果として低生産性を引き起こしていると批判されてきた（田村，1986；張，2000）。

　卸売段階での「多段階」な流通構造も，小規模分散的な小売段階の流通構造との相互依存関係の中で存続してきた。零細で生業的な小売商を多数かつ広範に抱えているために，それへの商品供給を行う種々の分散型卸売商を発生させてきた。一方，生産段階での大企業と多数の中小零細事業所の存在による「二重構造」は，下請制に代表される特殊な生産分業形態による生産段階の著しい分化を生み出したが，これが収集型卸売商や種々の産業卸を発生させてきた。更に卸売業界では日本独特の「仲間取引」の存在により，迂回的な卸売構造が形成されてきた。こうしたことから，中小零細な規模の卸売事業所が多数存在するため，卸売段階においても小売段階と同様，「零細性」「過多性」が挙げられている。日本では卸売商の再販売先は小売商だけではなく，2次卸やメーカー特約店，代理店であることが多く，このことが卸売の「多段階性」を特徴付けている。卸売の多段階性によって生み出される長い流通経路が，マイナスの流通成果として，流通費用を不当に高く引き上げ，小売価格を高くし「日本の物価高を引き起こしている主因」と批判されてきた。

　日本型商慣行や取引関係では，次のように販売業者を直接的に拘束する手段がある。

①再販売価格維持制：メーカーが卸売や小売価格を指示し，遵守させる行為。

②一店一帳合制：「いってんいちちょうあいせい」と呼び，小売店に対して，仕入先卸売業者を指定する行為。

③テリトリー制：販売業者が棲み分け，競合しないように，特定の代理店が独占的に販売地域を設定する販売組織。1地区1販売会社制。

④専売店制：自社製品に限定する制度。

さらに日本型商慣行では，次のように販売業者を間接的に拘束する手段も用いられている。

① メーカー希望小売価格制：「上代（じょうだい）」とも呼ばれ，商品を製造するメーカーが，自己の供給する商品に設定する販売参考小売価格。
② 建値制：卸売や小売店など流通段階でのマージンを見込んだ上で，最終小売価格を決める制度。
③ 各種差別的リベート制：売上代金の一部を，謝礼金や報奨金などとして支払人に戻すこと。
④ 委託販売制：小売店がメーカーから商品を買い取りではなく，返品可能な委託という形で仕入れること。

このような直接的または間接的な流通経路支配手段が多用され，日本型取引慣行が浸透し，流通系列化が定着してしまった。1980年代末まで，こうした日本型取引や流通系列化が，大規模小売店舗法とともに外国企業への参入障壁となっているとの国際的な批判を浴びてきた（久保村，1994，113-140頁；鈴木，1994，197-199頁）。

III. 小売業を取り巻く環境の変化

近年，わが国の小売業を取り巻く環境は急速に大きく変化している。その要因はいくつか挙げられるが，以下のように4つに集約できる（中小企業庁，1998，136-180頁）。

1. 需要構造の変化

(1) 長期の消費不況

小売業に最も大きな影響を与える外部環境は経済的条件であろう。1980年代後半から続いたバブル経済は，91年の後期以降の株価や地価の下落により崩壊した。このバブル崩壊を契機に始まった平成の不況は，様々な要素が複雑に絡み合って消費不振が長期化している。しかも，資産価格の下落や所得

の伸び悩み，失業率の増加という通常の景気循環的なデフレーションの現象だけではなく，産業の空洞化や企業のリストラクチュアリング（事業の再構築），価格破壊の進行による競争の激化など，わが国の産業全体の構造的変化を引き起こしている。よって小売構造も大幅な変化を余儀なくされており，業種・業態を問わず，構造的な調整過程にある。この長期の消費不況により，小売業は全般的に売上げが伸び悩んでおり，名門の百貨店や総合スーパーでも店舗閉鎖が相次いでいる[1]。

(2) 社会構造の変化

社会構造面でみると，人口の減少化や少子高齢化が経済社会に及ぼす影響は極めて大きく，消費の面でも，高齢者関連の商品・サービスに対する消費の増加をもたらすとともに，「ゆとり」や「安らぎ」のある買物場所の提供が不可欠となっている。また，女性の社会進出や共働き世帯の増加は，購買パターンの変化をもたらすだけではなく，家事の外部化を通じて消費構造にも影響を与え，総菜型食料品や外食，家事代替サービスへの支出増を引き起こしている。世帯規模の縮小や単独世帯の増加は，購買単位の小口化やコンビニエンスストアへの需要を高めている。

(3) ライフスタイルと消費者行動の変化

消費者の価値観の長期的な推移をみていくと，最近の消費者は物質的な欲求を超えて「精神的な欲求の充足」を求めるようになってきている。しかも人並み意識から脱却して，多様な選択肢の中から自分自身の価値観に基づいて，自分なりのライフスタイルを築く傾向にある。「生きるため」の消費から，「豊かさ」のための消費へ変わっており，生活の力点がレジャー・余暇生活に置かれ，時間消費型行動が多様化している。

消費者の価値観やライフスタイルの変化の影響を受けて，消費者の意識や行動にも変化が見られる。主な特徴を挙げると，次の5つが顕著になっている（博報堂生活総合研究所，1994；大阪府立産業開発研究所，1993）。

①価値志向：品質・価値と価格のバランスを見極めて購入する。

②節約志向:不況のために選択的消費支出を削減する。

③個性化志向:個性化・高級化している。

④利便性志向:アクセスやワンストップショッピング面などでの便利さを重視して店舗を選択する。

⑤時間消費志向:商業集積を単に買物の場としてのみ捉えるのではなく,レジャーや文化,地域交流の「楽しい時間を過ごす場」として捉えようとする。

2. 都市構造と交通体系の変化

(1) 都市構造の変化

　都市計画や道路・交通体系などの変更により,立地環境条件の変化が見られる。かつて都市の中心部で人口や事業所の密集地域であった場所が,住宅・事業所・施設の郊外移転のために,都市構造が変化し,にぎわいの喪失や空洞化現象が見られるケースが多くなっている。その上,大型店も店舗閉鎖してしまい,商店街は空き店舗で歯抜け状態になって衰退に拍車をかけているケースもしばしば見受けられる。この結果,都市の中核である商店街の衰退により,住民の連帯感の希薄化や伝統的催事の形骸化が進行しており,住民としてのアイデンティティの維持や「街づくり」が地域社会の課題となっている。

(2) 交通体系の変化

　商業に大きな影響を与える道路整備の形態は2つある。1つは都市間競争の激化をもたらす高速道路網の整備である。もう1つはロードサイド・ビジネスの集積を形成し,都市内部の商業集積との都市内競争の激化をもたらすバイパス道路の整備である。これらは今後も積極的に整備される計画であるので,都市間競争,都市内競争,商業集積間競争は,益々激化する可能性が高い。

　交通問題として商業に大きな影響を与えるモータリゼーションには,2つの側面がある。1つは来店客のモータリゼーションであり,駐車場不足

や交通混雑，騒音などの問題を引き起こしている。もう1つは物流におけるモータリーゼーションであり，調達物流での多頻度小口配送の普及が，交通問題や環境問題を発生させている。

　一般家庭における乗用車保有率は，1997年で82.6％と高まっており，特に郊外や農村部では必需品扱いで1軒に複数保有も多くなっている（農家の保有率は89.8％）。女性（特に主婦）のマイカー客が増加しており，通産政策モニターの「流通と消費に関する消費者意識調査」（1995年1月）により商品別の交通手段を見ても，全ての商品で自動車利用が最も多くなっている[2]。こうした現状から，マイカー客の受け入れ対策が重要である。

3. 情報化・国際化・業際化の進展

(1)　情報化の進展

　現在，電子商取引（エレクトロニック・コマース）やバーチャル・コーポレーションという全産業電子化の波が押し寄せており，産業の情報化が急速に進展している。流通分野の効率化や高度化を進める上で，情報ネットワーク化は不可欠であり，消費者ニーズに的確に対応した商品・サービスの提供や取引コスト低減の実現に役立っている。

　(財)流通システム開発センターの調べによると，小売業ではPOS（販売時点情報管理）システムの普及率が世界第1位の水準にある（産業構造審議会流通部会ほか，1995）[3]。企業間取引の情報化については，受発注，請求支払いなどの取引データをオンライン化するEDI化が多様な業種に導入されており，リードタイム短縮による在庫削減，作業効率の向上による省力化，機会損失の削減が図られ，効率化が向上している。小売業と卸売業の間では，EOS（自動受発注システム）が普及し，地域流通VAN（付加価値通信網）の利用も進展が見られる。

　近年，米国よりQR（クイック・レスポンス）やECR（エフィシエント・コンシューマー・レスポンス）といった迅速かつ効率的な消費者対応の手法が導入された。製造・配送・販売三層の連絡によって，商品開発や在庫物流管理の共業化を目指した戦略同盟の動きも広がっており，「取引」から「取

組」重視の時代に移行している。

(2) 国際化の進展

わが国経済の国際化が進展する中で，流通業も商品の品揃えや価格競争推進のために，製品輸入への取り組みが活発化している。特に日米構造協議での市場開放要求を受け入れてからは，製品輸入が急増し，開発輸入や並行輸入，逆輸入，個人輸入など輸入形態の多様化が見られる。中でも開発輸入は，価格破壊と関連してグローバル・ソーシング（国際調達）による低価格品の供給によって，既存の流通機構や経済社会に大きなインパクトを与えている。

また，海外の流通企業のわが国への進出も活発化している。わが国の流通経済は，系列取引が横行して閉鎖的であると批判されてきたが，米国の大型玩具専門店「トイザらス」の進出が話題となって徐々に対外的に開かれた形に変化しており，外国資本の参入が増加している[4]。

(3) 業際化の進展

新業態・新事業の進出といった，いわゆる「業際化」も進展している。業際化は，情報・人材・ノウハウの有効活用によるコスト低減や消費者の利便性向上などのメリットをもたらすとともに，その市場における新しい活力となることから，新たな競争を生み出している。小売業では信販やクレジット，スポーツ，対事業所サービスに進出したり，商品の差別化の観点から製造分野への進出を図る企業も出てきている。一方，製造業がパイロット店舗から無店舗販売，卸売分野へ進出したり，物流業が流通機能全般へ進出するなど，相互乗入れにより競争が激化している。

4. 規制緩和と競争促進政策

(1) 規制緩和

法律・制度的側面では，国際化の進展に伴い，わが国でも消費者利益の拡大や国際的な調和を目指して，開かれた流通機構への改革が進められてい

る。これによって従来からの公的規制の緩和や日本的商慣行の見直しによる競争促進，情報の公開と活用の推進などの施策が行われている。また，官民の分担関係の見直しや地方分権の推進，住民参加の促進を図ることを踏まえて，例えば，大規模小売店舗法（以下，大店法と略称する）が廃止され，大規模小売店舗立地法など街づくり3法によって調整されている[5]。販売規制については，酒類・医薬品・米穀・食品・古物などで見直しがされている。

(2) 競争促進政策

公正取引委員会による独占禁止法運用のガイドライン周知徹底により，返品制・派遣店員制・建値制・リベート制・再販売価格維持行為など，従来からの閉鎖的・排他的な日本型取引慣行も，国際的ルールとの整合性の観点からかなり改善が進んでおり，公正な競争が促進されている。さらに，効果的なプロモーションを実施する上から，景品表示法も緩和された。

このように，内外からの厳しいマーケティング競争に晒されているのが，流通業界の実情である。

Ⅳ. 卸売部門の構造

1. 概要

本節では，流通部門を，大きく卸売部門と小売部門とに分けて，その構造を分析する。分析の基礎となる資料は，経済産業省が直近の2014（平成26）年7月1日現在で調査を実施した「商業統計表」である。この「商業統計表」は，商業の国勢調査ともいわれ，わが国の商業活動の実態を明らかにすることを目的に，全国の卸売業と小売業の全ての事業所を対象として，1952（昭和27）年から1976（昭和51）年までは2年ごとに，以降は3年ごとに実施してきた。1997（平成9）年以降は，5年ごとの調査とし，その中間年（調査の2年後）である1999（平成11）年に，簡易な調査を実施している（通商産業省大臣官房調査統計部，1977，59-152頁）[6]。

しかし，2007年の調査以降は，日本標準産業分類の改定，調査設計の大幅

な変更を行ったことに伴い,2012年,2014年の調査結果は,2007年とは接続しない状態になってしまった。この旨を経済産業省は「商業統計調査の利用上の注意」で呼びかけている。こうした理由から,主として変更前の調査結果で説明していいき,変更後の調査結果でおおまかな傾向を示すに留めたい[7]。

2. 事業所数

卸売業の事業所数は,1982年に428,858店であったが,1991年の461,623店をピークに減少傾向にあり,2002年には379,549店となって,過去20年間で11.5％減小している。特に1999年からの過去3年間で10.9％減少と,かなり際立った減少を示している。

(1) 業種別の事業所数

業種別にみると,1982年と比較して増加したのは,各種商品卸売業,医療品・化粧品卸売業,機械器具卸売業に含まれる自動車卸売業,電気機械卸売業,その他の卸売業だけで,多くの業種が2桁減と大幅な減少となっている。「車社会」や「情報化社会」「高齢化社会」「健康志向の高まり」などを反映して,成長分野で事業所数が増加している。一方,構造的に不況業種である繊維品卸売業（49.4％減）と再生資源卸売業（46.0％減）は大幅な減少となっている。ただし,総合商社が含まれる各種商品卸売業は,近年の企業再編や取扱商品の絞り込みなどにより,過去3年間で3割近く減少しており,「総合商社冬の時代」となっている。

(2) 就業者規模別の事業所数

就業者規模別に構成比をみると,5～9人規模（28.1％）,3～4人規模（23.1％）,2人以下規模（21.2％）,10～19人規模（16.2％）の順に多く,就業者20人未満の事業所が卸売業全体の9割近くを占めている。特に4人以下規模の零細事業所が多い。

1982年と構成比を比較すると,1～4人規模が4.2％減となったのに対し

て，20人以上規模が3％増となり，中小零細規模の事業所数の大幅減少によって相対的に大規模化が徐々に進行している。

(3) 経営組織別の事業所数

　経営組織別に構成比をみると，法人事業所81.0％，個人事業所19.0％の割合となっている。3年前と事業所数を比較すると，法人事業所は9.6％減，個人事業所15.8％減と，個人事業所が大幅に減少している。業種別には法人事業所は，全ての業種で減少している。個人事業所は自動車卸売業を除く全業種で減少している。

3. 年間商品販売額

　年間商品販売額は，1982年の398兆5,362億円から80年代は順調に伸びたが，1991年の571兆5,116億円をピークに減少が続いている。2002年は413兆3,548億円で3年前（1999年）と比べて16.6％減と，さらに大幅な減少となっている。この理由には，長引く不況や消費低迷，卸売価格の低下，企業の組織再編，本社への機能集中等中間流通コスト削減の動きなどが考えられ，卸売業に大きな構造変革が生じているといえる。

(1) 業種別の年間商品販売額

　業種別に構成比みると，電気機械器具卸売業（12.0％），各種商品卸売業（11.6％），食料・飲料卸売業（10.6％），鉱物・金属材料卸売業（10.6％），農畜産物・水産物卸売業（9.7％）の順に多く，これら上位5業種で卸売業全体の55％を占めている。

　過去20年間の構成比の推移をみると，パソコン，携帯電話など，IT関連の新商品や家電の好調もあって，電気機械器具卸売業や，自動車卸売業，医療品・化粧品関連が拡大している。一方，総合商社が含まれる各種商品卸売業は，ピーク時の1976年には約2割を占めていたが，現在は1割程度に縮小している。1991年と比べても販売額が半減している。

(2) 就業者規模別の年間商品販売額

就業者規模別に構成比をみると，100人以上規模が36.8％と4割近くを占め，次いで10～19人規模（14.7％），50～99人規模（12.6％）の順となっており，4人以下規模の小規模事業所は5％に満たない。よって，総合商社など少数の大規模事業所と中規模事業所とで販売額の大半を占めている。ただし，100人以上規模の事業所は，1982年と比較すると，4.6％も縮小しており，総合商社の販売不振の影響が出ている。

(3) 経営組織別の年間商品販売額

経営組織別に構成比をみると，法人事業所が99.2％と卸売業のほとんどを占めている。

4. 就業者数

就業者数は，1982年に409万人であったが，1991年の471万人をピークに減少し続けている。2002年は417万2,696人で，3年前（1999年）と比較して10.8％の大幅減少となっており，最近の従業者のリストラや削減の厳しさが表れている。

就業者数の内訳について構成比をみると，正社員・正職員が283万3,873人（67.9％），パート・アルバイト等575,808人（13.8％），有給役員472,284人（11.3％），個人事業主及び無給家族従業者119,996人（2.9％），出向・派遣受入者119,952人（2.9％），臨時雇用者50,783人（1.2％）となっている。近年の状況をみるために3年前と比較すると，個人事業主及び無給家族従業者と出向・派遣受入者がやや増加したが，他は全て減少しており，正社員・正職員（13.1％減）と臨時雇用者（23.5％減）が大幅に減少している。

(1) 業種別の就業者数

業種別に構成比をみると，食料・飲料卸売業（12.6％），他に分類されない卸売業（12.1％），農畜産物・水産物卸売業（10.3％），電気機械器具卸売業（10.1％）の上位4業種で卸売業全体の45％を占めている。

3年前と比較すると，化学製品卸売業を除き，全ての業種で減少している。特に事業所数の減少幅の大きい繊維品卸売業（26.1％減），各種商品卸売業（21.3％減）は，2割を超える大幅な減少となっている。

　就業者数の内訳について業種別にみると，ほとんどの業種で正社員・正職員の割合が低下し，パート・アルバイト等や出向・派遣受入者の割合が拡大している。特に各種商品卸売業は出向・派遣受入者の割合が3年前の3.0％から7.8％へと激増している。

(2) 経営組織別の就業者数

　就業者数を経営組織別にみてみると，法人事業所が94.8％，個人事業所5.2％と法人がほとんどを占めている。

(3) 1事業所当たりの就業者数

　1事業所当たりの平均就業者数は，1982年の9.5人から現在10.7人へ拡大した。業種別にみると，総合商社を含む各種商品卸売業は38.2人，電気機械器具卸売業17.0人，医薬品・化粧品等卸売業13.2人，鉱物・金属材料卸売業12.2人の順となっている。

V. 小売部門の構造

1. 概要

　小売業の事業所数は，1982年の172万店をピークに，一貫して減少傾向が続いており，自然淘汰の時代となっている。過去3年間でも，1999年の140万6,884店から2002年の130万0,057店へ10万店以上（減少率7.6％）減少し，2007年には113万7859店に減少してしまった。

　その後，2012年以降は，日本標準産業分類の改定や調査設計の大幅変更に伴い，商業統計調査結果は時系列に接続しなくなっているので注意をする必要があるが，2012年に103万3,358店，2014年に102万4,881店へと減少傾向に歯止めがかからない状態である。出店数と閉店数の差し引きとして，32

年間で70万店という大量の小売店が市場から消えたということである。

同様に商品販売額に関しても、長期衰退化・縮小傾向にある。小売業の年間商品販売額は、1996年に約147兆円であったが、その後、2001年には約135兆円、2006年に約135兆円、これ以降は産業分類の変更などにより接続していないので参考でみていくと、2012年約115兆円、2013年に約122兆円とやはり減少傾向にあることが伺える。

2．事業所数

(1) 業種別の事業所数

業種別に構成比をみると、飲食料品小売業（35.9％）、織物・衣服・身の回り品小売業（14.3％）、他に分類されない小売業（10.9％）、家具・じゅう器・機械器具小売業（9.3％）、自動車・自転車小売業（6.9％）、医薬品・化粧品小売業（6.7％）、燃料小売業（5.0％）の順となっている。業種別構成比の推移をみると、1966年に小売業全体数の51.2％を占めていた飲食料品小売業が約36％へと大幅に低下している。一方、1968年と比べて、構成比が高まったのは、自動車・自転車（3.1％）、医薬品・化粧品（2.8％）、他に分類されない小売業（5.2％）であり、自家用車保有率の上昇やドラッグストア、調剤薬局、ホームセンターの増加を反映している。

ただし、長引く消費不況のために3年前と比較すると、医薬品・化粧品小売業だけが3.5％増加しただけで、全ての業種で事業所数が減少している。中でも総合スーパーや百貨店の閉店・撤退が相次いだ結果、各種商品小売業は25.3％の大幅な減少となっている。

(2) 就業者規模別の就業者数

就業者規模別に構成比をみると、2人以下規模（45.2％）が半数近くを占め、次いで3～4人規模（23.9％）、5～9人規模（17.3％）の順となっており、就業者10人未満の小規模零細事業所が小売業全体の8割5分を占めている。

2人以下規模は、1958年には構成比70.0％を占めていたが、年々、零細事

業所の大幅な減少のために低下し続けている。逆に，50人以上の規模は0.1%から1.2%へ拡大しており，小売事業所の大規模化が進展している。

(3) 経営組織別の事業所数

　小売業の事業所数を経営組織別に構成比でみると，法人事業所が44.9%，個人事業所が55.1%となっており，小売業は卸売業に比べて個人事業所の割合が非常に高くなっている。しかし，その割合は1958年の90.1%をピークに縮小が続いている。

　業種別に経営組織別の構成比をみると，百貨店，総合スーパーを含む各種商品小売業や販売店の系列化がみられる燃料小売業では，法人事業所の割合が約8割と高くなっている。

　逆に，飲食料品小売業では6割以上（63.8%）が個人事業所である。

3. 年間商品販売額

　小売業の年間商品販売額は，1958年以降ほぼ順調に増加した。80年代も，1982年の93兆9712億円から上昇を続けたが，1997年の147兆7,431億円をピークに1999年には景気低迷に伴う消費不振に加え，価格の低下などから初めて減少し，その傾向が2002年にも引き続いている。2002年は，135兆1,093億円で3年前（1999年）と比べて6.1%の減少となっている。

(1) 業種別の年間商品販売額

　業種別に構成比をみると，飲食料品小売業（30.5%）が最も多く，以下，各種商品小売業（12.8%），自動車・自転車小売業（12.0%），家具・じゅう器・機械器具小売業（8.8%），燃料小売業（8.2%），織物・衣服・身の回り品小売業（8.1%），他に分類されない小売業（6.0%），医薬品・化粧品小売業（5.0%）の順となっている。

　1968年から業種別の構成比の推移をみると，織物・衣服・身の回り品小売業（5.7%減），家具・じゅう器・機械器具小売業（2.1%減）の割合が縮小し，ドラッグストアなどの含まれる医薬品・化粧品小売業（2.0%増），ホームセ

ンターの含まれる他に分類されない小売業（3.6％増）の割合が拡大している。また，日常生活の必需品を扱う飲食料品小売業は，生鮮品を扱う事業所の減少から事業所数の割合（1968の49.5％が2002年の35.9％へ）では縮小が続いているものの，コンビニエンスストア，料理品小売業等の販売額増もあって，販売額の割合は約3割と比較的安定した推移をみせている。

業種別に3年前と比較すると，ドラッグストアなどの業態で商品販売が好調な医薬品・化粧品小売業は約3割（28.8％）の増加，ペットショップやガーデニングショップなどを含む他に分類されない小売業（2.3％）も増加，燃料小売業も製品価格の上昇から増加（1.0％）となっているが，他の全ての業種で減少している。とりわけ不振が続く織物・衣服・身の回り品小売業は15.6％もの大幅減少となっている。

(2) 就業者規模別の年間商品販売額

年間商品販売額を就業者規模別に構成比でみると，10～19人規模（19.8％），100人以上規模（18.6％），5～9人規模（18.0％）の順に多い。

1958年からの構成比の推移をみると，4人以下規模は51.6％から15.7％へと大幅に低下する一方，50人以上規模は11.8％から28.4％へ大幅に上昇しており，大規模化の動きが明らかとなっている。

(3) 経営組織別の年間商品販売額

経営組織別に構成比をみると，法人事業所が88.5％，個人事業所が11.5％の割合となっている。個人事業所は，1958年には年間商品販売額の51.7％を占めていたが，2002年には約1割まで縮小している。

4. 就業者数

就業者数は，1982年に637万人から増加傾向で推移したが，1999年の852万人をピークに減少に転じている。長引く不況による雇用情勢の悪化を反映して，2002年は844万574人で3年前と比べると約8万人の減少となっている。

(1) 業種別の就業者数

　就業者数を業種別に構成比でみると，飲食料品小売業（38.6％）が4割近くを占め最も多く，次いで，織物・衣服・身の回り品小売業（9.0％），各種商品小売業（9.0％），書籍・文房具小売業（8.6％）の順となっている。

　最近の動向をみるために3年前と比較すると，医薬品・化粧品小売業（ドラッグストアや医薬分業に伴う調剤薬局の新設など）が20.1％，時計・眼鏡・光学器械小売業（眼鏡量販店や大型店への出店など）が2.9％の増加となっている。

　就業者数（844万人）の内訳について構成比をみると，パート・アルバイト等が384万7805人（45.6％）と小売就業者全体の半数近くを占め，正社員・正職員が239万4242人（28.4％），個人事業主及び無給家族従業者が113万5049人（13.4％），有給役員が59万5709人（7.1％），出向・派遣受入者が30万65人（5.8％），臨時雇用者が16万7704人（2.0％）となっている。小売業においては，店舗の大型化，営業時間の長時間化が進む中で，パート・アルバイト等が小売業就業者数の5割弱を占めるに至っている。

　就業者数の内訳について業種別にみると，正社員・正職員の割合が高いのは，販売商品に関する専門知識を要する自動車・自転車小売業（69.9％），農耕用品小売業（55.8％）で，他の業種では5割以下の低い割合となっている。

　近年の状況をみるために3年前と比べると，全ての業種で正社員・正職員が縮小し，パート・アルバイト等の割合が農耕用品小売業を除く全ての業種で高まっている。小売業においては，織物・衣服・身の回り品小売業，各種商品小売業を中心に，正社員・正職員からパート・アルバイト等への転換が進んでおり，就業者構造が大きく変化している。

(2) 経営組織別の就業者数

　経営組織別に構成比をみると，法人事業所が74.9％，個人事業所が25.1％となっている。3年前と比較すると，法人事業所は0.5％増加，個人事業所は5.1％減少している。

　小売業の1事業所当たりの就業者数は，5.3人（パート・アルバイト等を8

時間換算）であった。業種別にみると，百貨店，総合スーパーを含む各種商品小売業が125.3人と群を抜いて多く，以下，書籍・文房具小売業が7.4人，自動車・自転車小売業が6.3人，燃料小売業が6.0人の順となっている。

5. 売場面積

小売事業所の売場面積は一貫して増加傾向にあって，2002年に1億4,062万m^2で1982年の9,543万m^2と比較すると，20年間で1.47倍増加した。

(1) 業種別の売場面積

売場面積を業種別に構成比でみると，飲食料品小売業が28.4％，各種商品小売業が15.8％，織物・衣服・身の回り品小売業が13.8％，家具・じゅう器・機械器具小売業が12.9％の順となっている。

近年の状況をみるために3年前と比べると，ホームセンターの含まれる他に分類されない小売業が44.0％の大幅増，ドラッグストアの含まれる医薬品・化粧品小売業が20.2％増，コンビニエンスストアの含まれる飲食料品小売業が2.5％増，総合スーパーの含まれる各種商品小売業が3.7％増となり，出店増を反映して売場面積も増加している。

(2) 1事業所当たりの売場面積

1事業所当たりの売場面積をみると，1972年42.6m^2，1982年59.7m^2，2002年127m^2で，店舗規模の大規模化が進展している。1事業所当たりの売場面積を業種別にみると，各種商品小売業が4,549m^2と圧倒的に大きく，次いで，家具・じゅう器・機械器具小売業が186m^2，スポーツ用品・玩具・娯楽用品・楽器小売業が158m^2，農耕用品小売業が130m^2，書籍・文房具小売業が129m^2となっている。最近は，過去3年間で各種商品小売業が38.8％増加し目立っているが，ほとんどの全ての業種や業態で，ワンストップ・ショッピングの便宜性を実現するために品揃えを豊かにし，商品構成の総合化や店舗規模の拡大を図る傾向にある。

Ⅵ. 流通構造の変化のまとめ

　卸売部門の構造と小売部門の構造でみてきたように，1980年代半ばを境にして，伝統的な日本型流通システムは大きく変化した。1990年代になってバブル崩壊や長期のデフレーション・不況によって，その変化に拍車がかかっている。その結果，本章Ⅱで論じた日本の流通の特徴が，少しずつ解消されつつある。

　まず小売段階での流通構造は，小売事業所数の大幅な減少や経営規模の拡大，経営近代化の推進で変化した。1958年に，小売の事業所数で9割を超えていた個人事業所が，2002年に55％まで大幅低下したことで象徴されるように，「零細」な「生業店」は自然淘汰が進んでいる。後継者難や経営難，顧客ニーズへの不適応などの問題を抱えている零細な生業店は，今後，益々生き残りが厳しくなり，激減する状況である。よって古典的モデルでの「零細性」「生業性」「過多性」という特徴は薄れつつある。

　経営規模も変化した。1事業所当たりの従業者数は，1970年は3.3人だったが現在は5.3人に増加した。平均売場面積も1970年の37m^{2}だったのが，現在では127m^{2}と約3.5倍になっている。取扱商品の数や販売力も大きく変化している。消費者の価値観やライフスタイル，買物行動が変わり，消費構造も大きく変化した。これに対応するために小売業も経営努力を積み重ねてきた。小売業の業態化やチェーン店化，広域化，情報化，国際競争の激化の流れ，それに大型店規制の緩和による大型店の発展も変化に大きく作用している。

　このような小売段階での事業所の企業化，法人化，大規模化の進展は，卸売段階での流通構造にも変化を与えている。卸売業においても個人事業所が大幅に減少し，現在では8割以上が法人事業所であり，小売業以上に，法人化，大規模化が進展している。小売業の大規模化は，取扱商品の品揃えや価格，物流，取引条件での交渉力の高まりを意味する。要請に十分対応できない中小零細規模の卸売業は当然，大規模卸売業であっても排除される，いわゆる「流通の中抜き現象」の危機に瀕している。そのため，消費財部門につ

いて多段階性の指標であるW/R比率（卸売販売額÷小売販売額）をみると，1982年当時約3倍であったが，次第に減少している（例えば，飲食料品の場合，W/R比率は，2002年に2.04まで低下している）。流通経路の短縮化が生じ，小売への再販売が増大しており，古典的モデルでいう「多段階性」も薄れている[8]。

また，近年，取引関係も変化している。小売段階では化粧品も家電も併売や総合的な品揃えが主流となり，流通系列化も自動車や新聞を除いて，ほとんどなくなりつつある。販社制度や特約店・代理店制度は残っているが，形骸化もみられる。リベートの簡素化や廃止，オープン価格化の動きもみられ，伝統的な「日本型商取引慣行」も変化している。その結果，外国企業も含めた参入障壁も低下し，流通外資の参入が活発化している。

こうした小売段階，卸売段階，取引関係の流通構造の変化を受けて，流通成果においても，流通の生産性向上の結果，流通費用が下がる要素が出てきている。現在進行している価格低下現象の背景には，以上のような長期的な流通構造の変化があり，流通の仕組み自体が変化していることを認識すべきである（矢作，2003，6-7頁；及川，2003，20-27頁）。

VII. 新しいビジネスの成長の事例

以上，述べたとおり，中小企業だけではなく大企業も含め，流通部門の構造的変化が起きている。流通部門が全般的に業態の成熟期に入り，衰退している小売業態が多い中で，1990年代後半以降，新しく成長しているビジネスが，SPA（製造小売業）のビジネスモデルを構築した専門店とインターネット活用した通販ビジネスであろう。後者は後の章で取り上げるので，ここでは，前者を取り上げる。

SPAのビジネスモデルは，アメリカのアパレル専門店GAPが開発した商品企画から生産（製造），流通，販売までを一貫して自社でマネジメントする仕組みである。これを参考にして，日本流にアレンジして成功したのが，柳井正が率いるアパレル最大手「ユニクロ」ブランドのファーストリテイリン

グ社である。海外でも,「ファストファッション」と呼ばれるスペインのZARAやスウェーデンから誕生したH&Mなど,世界のアパレル上位はSPAのビジネスを導入して低コストオペレーションで経営し,その成果を低価格販売という形で還元し,消費者の支持を集めて成功している。今では,アパレル業界だけではなく,例えば,家具インテリア大手のニトリ,IKEAなど他の業界にまで,SPAのビジネスモデルが広がっている。こうした先行事例を参考にして,現在,急成長している企業株式会社ストライプインターナショナルを取り上げる（WEBサイト,stripe-intl.com 参照）。

1. 株式会社ストライプインターナショナル（旧クロスカンパニー）

(1) 会社概要

　株式会社ストライプインターナショナル（Stripe International Inc.）[9]は,アパレルの製造・販売を展開する企業である。旧クロスカンパニーが,2016年に社名を変更した。創業者である石川康晴（いしかわやすはる）氏が1994年に,岡山市に開店したセレクトショップ「CROSS FEMME」がスタートであった。1999年に後の主力ブランドとなる「アース ミュージック＆エコロジー「earth music & ecology」（以下,アースと略称する）を立ち上げたのを機にSPAに転換し,成長軌道に乗った。直営店舗は2009年に200店を突破し,今や期待を込めて「ポスト・ユニクロの一番手」とも呼ばれている。

　2010年2月から広告戦略を強化し始め,アースのCMに宮﨑あおいを起用してから,全国的に知名度がアップした。「E hyphen world gallery」のブランドキャラクターに2011年2月から2012年8月まで上野樹里,2012年9月よりトリンドル玲奈を起用している。

　年商は,2014年度実績で,単体826億円,グループ1,103億円となっている。また,台湾や中国の上海,香港,米国ニューヨークで海外事業展開している。

(2) 企業理念

　社長のメッセージ「自分の夢のために挑戦者であれ。挑戦なくして成長は

ない。私たちは挑戦し続ける集団です。」を掲げ，チャレンジ精神の溢れる企業である。会社名の「ストライプ」が象徴する「自由」と「革新」そのままに，自由に新しい領域の事業に挑戦し，新しい価値を生み出し続け，全員が共通の価値観を持って行動できるように企業理念を次のように定めている。

　経営理念としてはセカンドファミリーを掲げ，社員同士，関係各社，顧客，関わる全ての人々が，家族の次に大切な存在であるとして，長期的良好な関係の構築を築く，まさに「リレーションシップ・マーケティング」の実践を導入している。

　事業領域は，「ライフスタイル&テクノロジー」を掲げ，20年間アパレル企業として培ったノウハウを活かし，アパレルという事業領域から，ライフスタイル（衣食住）の事業領域へ，未来を考え抜き，ITを中心とした投資を積極的に行うとしている。近年，宅配クリーニングや日常着のレンタルサービスに事業の多角化を進めている。

　社長自身が，人にやさしい，地球にやさしい企業，新しい価値を生み出す企業として進化する方針を述べている。そして，運営方針として「ユーザードライブ」（顧客利益），「スタッフドライブ」（従業員利益），「ソーシャルドライブ」（社会的利益）の3つの視点を挙げ，企業の社会的責任（CSR）経営をうたっている。

（3）　満足度向上の仕組み

　従業員の満足度，顧客の満足度を向上させる仕組みを用意している。女性の顧客，女性の従業員が多いことから，「女性が活躍できる社会づくり」を志向している。当社の最大の財産は人材であり，その人材の約9割は女性で占められているため，結婚や出産，育児，両親の介護などで，意に反して退職を迫られることがないように，実際に女性従業員の意見を聞きながら様々な支援制度を整備している。

　①産前休暇は，法定6週前を12週前からに拡大している。
　②育児休暇は，条件により，最長で子供が1歳6ヵ月になるまで取得が可能である。

③短時間勤務制度を導入し，結婚や妊娠，育児，介護に利用できる。

④ホリデー休暇制度を導入し，最大6連休が取得可能である。

⑤女性が活躍できる職場づくりを進めており，その結果，2016年3月末現在，女性管理職比率が65％に達している。

さらに既婚者が家族とのコミュニケーションを大切にできるように，特別休暇も導入している。

①3連休休暇制度は，ゴールデンウイークやお盆休み，年末年始の大型連休に使用できる。

②キッズ休暇制度として，公休とは別に，月1回の有給休暇が使用できる。

③キッズ時短制度として，4時間勤務への変更可能である。

④ライフスタイル休暇制度として，年1回7連休の取得が可能である。この制度を利用して海外旅行などをすることにより，従業員のライフスタイルを磨く機会を提供している。

⑤海外留学による休職制度で，1年半まで取得可能。従業員のスキルアップやキャリア支援を行っている。

⑥イクメン推進休暇制度を導入し，10歳までの子供を持つ男性従業員にも，月1回の休暇を与えている。

次に，顧客の満足度向上に対しては，次のように取り組んでいる。

①接客クオリティーの維持・向上を図るために，従業員の研修制度を充実させている。ブランドへの愛情と深い商品知識を従業員が身に着けることが顧客満足向上の前提条件と考え，きめ細かい教育プログラムを組んでいる。入社前からインターンとして行う店舗研修で専門的なスキルを学び，正社員となるタイミングで3泊4日の「新卒社員研修」を実施，入社後は接客に特化した「新卒アドバンス研修」でフォローアップしている。全国の同期とともに学ぶことで，共感や刺激を受けながら成長できる場となっている。

②商品の保証制度として，購入後のアフターフォローで1年間の無料修理と保証制度を導入している。

③全社サービス品質の向上を目指し，コンシューマーリレーションズ室

（CR 室）を設置している。顧客からの意見や提案，感想を収集し，これを各部署へフィードバックし，従業員の応対の向上や商品の改良につなげている。顧客の意見をもとに，全国の店舗従業員に向け，事例 Q&A などを公開し，さらに社内報などを活用して啓蒙に努めている。

④個人情報の保護制度を導入し，事業活動を通じて顧客から取得した個人情報および従業員の個人情報を，個人情報保護方針に従って厳重に管理し取り扱っている。

(4) 創業者の石川康晴

創業者の石川康晴は，「アパレル業界の異端児」や「次世代のユニクロ」などと呼ばれるユニークな経営者である。日頃の大胆な言動から，「ポスト柳井正」の一番手と恐れられている。まさにこれからの「イノベーター」「流通革命の旗手」，リーダーとなる可能性のある経営者である。

石川は，1970 年生まれで現在 46 歳である。

略歴をみると，1989 年に岡山市の高校を卒業し，専門学校に入学した。

1994 年に，23 歳で岡山でクロスカンパニーを創業し，レディスセレクトショップ「CROSS FEMME」オープンした。1995 年に，有限会社クロスカンパニーを設立し，1999 年に主力ブランドアース事業を開始するとともに，衣料の SPA に業態転換している。

2002 年に，株式会社クロスカンパニーへ組織を変更した。その後，事業を全国展開するとともに，香港や台湾，中国の上海，米国など海外にも展開した。

こうした企業経営の傍ら，向学心も強く，2008 年には，働きながら岡山大学経済学部の夜間主コースに社会人入試を経て入学した勉強家でもある。現在はさらに，京都大学の大学院でも勉学に励んでいる。ハングリー精神と知性，教養を兼ね備えており，次期大物経営者になりうる逸材，大器と期待されている。

2012 年には，企業家ネットワーク主宰の「年間優秀企業家賞」において，第 14 回チャレンジャー賞を受賞している。2013 年には，起業家表彰制度「EY

アントレプレナー・オブ・ザ・イヤー・ジャパン 2013」の「ナショナル・アントレプレナー・オブ・ザ・イヤー部門」で入賞した。そして，初の著書『アース ミュージック＆エコロジーの経営学』を，日経 BP 社より発行している。また出身地の岡山で，地域貢献活動にも熱心に取り組み，数々の表彰を受け，地域経済の活性化や若手経営者の育成にも貢献している。現在，7会社，1 財団の代表を務める。

(5) 新しいビジネス展開

石川の立ち上げた旧クロスカンパニーは，彼の経営手腕やセンスの良さでメキメキと頭角を現し，凄まじい勢いで急成長している。売上高はグループで 2015 年 1 月期に 1,000 億円を突破し，店舗数も世界で 1,000 店を超えるまで成長した。1999 年に立ち上げた主力ブランドアースが，ヤングカジュアル衣料の領域で，売上高トップをひた走っている。

石川の成功要因は，第 1 に，業界の常識にとらわれず，人と違うことも恐れず，ユニークさを追求する姿勢にある。子供のときから祖母の影響で服飾に興味があり，好きなアパレル業界に進んでいる。23 歳のときに，欧米から買い付けた派手な衣料を売るセレクトショップを起業した。そして，1999 年当時では，まだ珍しかった衣料の SPA にいち早く業態転換するなど，先見の明があった。

アースは，「カワイイ」をコンセプトにし，カジュアルでシンプルな衣料を目指して若い女性の支持を獲得した。

2000 年代はじめ頃までは，販売チャネルの主流は，パルコやラフォーレなどのファッションビルが人気を集めていた時代であったが，周囲の反対を押し切って，2003 年にアースは，東京・新宿の駅ビル「新宿ミロード」に出店した。これが成功してからは，駅ビルがファッションビルに代わって，人気スポットになった。アースは，集客力の高い駅ビルを，他社に先駆けて次々と先に出店して押さえていった。同時に，ファミリー型の郊外ショッピングセンターへの出店も進めた。

次に，ヤングアパレル業界では前例のないことであるが，テレビ CM を打

つことにした。これも周囲の猛反対があったが，石川は「反対が多いということはチャンスである」と逆転の発想をして，テレビCMにチャレンジした。このテレビCMによって，アースの消費者認知度が一気に高まり，知名度がアップした。さらに従業員にとっても，人から見られているという意識や誇り・プライドが高まり，勤労意欲や接客サービスが向上するという効果がもたらされた。

さらに2011年には，中国に子会社をつくることになっていたので，アジアで人気の高い女優の宮﨑あおいをテレビCMに起用したが，これがヒットして，アースのブランド価値や認知度がさらに高まった。これが売上高など業績に反映されて，過去最高売上高や利益を更新し続けた。今ではアースは，カワイイブランドとして女子高校生や大学生に支持されている。

店舗フォーマットは，他社よりも小型店に集中して，少ない在庫で回転率を上げ，高い収益を上げていることが特徴である。これを実現するために，アースはタイムセールを導入し，大幅な値下げ戦略で売りさばいている。正価販売での消化率は低いが，最終的に売り切る完全消化率は高いといわれている。

さらにアースは，メインブランドであるアースの中に，7つの小さなブランドを交ぜたことにより，顧客が年をとっても20年続くようなマーチャンダイジングを行っている。これは例えば，10代向けであれば，丈を短くして色を派手にし，40代向けであれば，おなかや太ももなど体形を隠すようなテイストに変えるなどの工夫をすることによって，10代から40代までの幅広い年代に対応している。まさに若いときだけの顧客ではなく，30代，40代と長期的良好な顧客関係維持する戦略である。生涯にわたるファンづくりといえる。

石川の採用するマーケティング戦略は，非常に巧みで理に適っている。石川は全国の店長に対して，内装投資を抑える「低資産」，SPAモデルを推進する「高粗利」「在庫回転数」の3点を伝えて，自らの経営戦略の徹底を図っている

第2の成功要因は，従業員のモチベーションを高める人事制度の優秀さで

ある。従来のアパレル業界では，非正規雇用が多く，人材の流出の激しいのが当たり前であったのであるが，石川は創業時から全員正社員制度を導入してきた。この制度のおかげで，社員の定着率が上がり，ノウハウも蓄積された。従業員の大半が女性であることから，女性の立場で，結婚，出産，育児，介護などで退職しないような制度をつくっている。仕事と家事の両立を男女が一緒になって取り組むことを可能にする制度は，広く社会から高く評価されている。

現在，流通業界，特に小売業界では，総合スーパーをはじめ，売場で働く女性の大半は，パート，アルバイト，派遣社員などの非正規社員である。近年，日本の産業界全般で，非正規雇用が4割近くまで増えており，正社員との格差が社会問題になっているが，石川の先進的な取り組みは，小売業界の手本となる経営手法である。

● 注
(1) 福岡市随一の老舗デパート福岡玉屋は，74年の歴史に1999年7月15日幕を閉じた。
(2) 当調査結果によると，全ての商品で自動車がトップであり，特に園芸・大工用品，家電OA機器は65%を超えていた。
(3) 当センターの1999年1月の実態調査結果によると，導入率は全体の42%に達している。
(4) トイザらスのホームページによると，1991年12月に1号店を開店して以来，2005年3月現在，全国に155店舗，売上高1,820億円，玩具で約18%のシェアを獲得している。
(5) 街づくり3法とは，大規模小売店舗立地法，中心市街地活性化法，改正都市計画法である。
(6) 過去の年度も参照した。
(7) 経済産業省の2014年の「商業統計表」では，「利用上の注意」を強調している。繰り返しになるが，日本標準産業分類の改定および調査設計の大幅変更を行ったことに伴い，「2007年と2012年，2014年の結果は接続していない」ので，時系列的なトレンドには特別の注意をする必要がある。
(8) 流通の多段階性の説明に，指標としてW/R比率を用いる点についての問題は，高嶋克義（2002）『現代商業学』有斐閣，64頁および久保村隆祐編（2002）『商学通論（五訂版）』同文舘出版，98-101頁を参照のこと。
(9) ストライプは，次のようなブランドを抱えている。
earth music & ecology ／ E hyphen world gallery ／ KiwaSylphy ／ YECCA VECCA ／ Green Parks ／ SEVENDAYS = SUNDAY ／ Maison de FLEUR ／ L'ATELIER

FENETRE／SCENT OF Varo／BLOCK natural ice cream／KOE／AMERICAN HOLIC／Re: Bonne／Lebecca boutique／THOM BROWNE. NEW YORK

● **参考文献**

及川亘弘（2003）「課題山積の日本の流通産業」『生活起点』（セゾン総合研究所）第58号。
久保村隆祐編（1994）『エレメンタル 流通政策』英創社。
久保村隆祐編（2002）『商学通論（五訂版）』同文舘出版。
経済産業省（各年）「商業統計」（http://www.meti.go.jp/statistics/tyo/syougyo/）。
通商産業省大臣官房調査統計部編（1977）『商業統計表 昭和49年 第1巻（産業編 上）』大蔵省印刷局。
鈴木武（1994）「日本における小売部門の構造と動態」『長崎県立大学論集』第27巻第2・3号。
鈴木武・夏春玉編（2002）『現代流通の構造・競争・行動』同文舘出版。
高嶋克義（2002）『現代商業学』有斐閣。
田村正紀（1986）『日本型流通システム』千倉書房。
張在華（2000）「流通機構の構造変化と社会経済的環境」鈴木武ほか『現代流通の潮流と課題』創成社。
矢作敏行（2003）「グローバリゼーションと流通の変化」『生活起点』（セゾン総合研究所）第58号。

総合スーパーの
マーケティングと
経営戦略転換

―― イオンの事例を中心に ――

第6章

Ⅰ．はじめに

　高度成長期以降の流通近代化で重要な役割を果たしてきた総合スーパー（業界用語では「GMS」とも呼ばれており，以下，同意で用いる）であるが，バブル経済崩壊後は業態の成熟期を迎え，業界全体として売上げの伸び悩み・停滞から経営不振が顕著になり，経営破綻や閉店が相次いでいる。現在，業態自体が存亡の危機に立っており，業界再編の渦中にある。食品スーパーに転換したり，大手の傘下に組み込まれたりしており，もはや総合スーパーは業態としての役割を終えたともいわれている。

　そこで，日本で誕生した独特の総合スーパー業態の概念や特質，流通革命の牽引役での功績を明らかにした上で，今や一転し厳しい状況の下，GMSの解体的改革に取り組んでいるイオンの事例を中心に，今後のマーケティングや経営の方向性，課題を考察する。

Ⅱ．総合スーパーに関する先行研究のレビュー

1．総合スーパー業態の概念と特質

　関根（2016，55頁）によると，総合スーパーとは「衣，食，住にわたる商品を総合的に品揃えした大規模な店舗であり，大衆的百貨店ないし実用百貨店である。」と概念規定されており，これが通説となっている。また量販店やGMS（ゼネラル・マーチャンダイズ・ストアー）とも呼ばれている。そして食品スーパーが取扱商品として，日用雑貨，衣料品，家電製品，家具などの非食品を増やすことによって総合スーパーになったと考えられる。総合スーパーの特徴として，関根は次の4点を挙げている。

①衣，食，住にわたる幅広い商品を扱う。百貨店と同様，総合的に商品を品揃えし個性的商品も扱うが，百貨店とは異なり，非個性的商品が中心である。

②食料品や日用雑貨品など売場のほとんどはセルフサービス販売方式であるが，一部の売場では対面販売方式をとる。

③売場面積，売上高，従業者，資本金からみて大規模である。
④全国的にチェーン展開が行われ，PB 商品の開発が見られる。

しかし，近年，このような業態の概念や特性は不明瞭になりつつある。

2. 日本の総合スーパーの発展形態と特質

「総合スーパー」という呼び方は日本だけで通用するものであり，欧米ではほとんど使われない表現方法である。というのは，日本の総合スーパーという業態は，米国で開発されたスーパーマーケットとチェーンストア，ディスカウントストアの3つの流通革新を同時に受け入れ，日本の風土に合わせてアレンジされたため，米国とは異質な日本的な発展形態を辿ったからである（小山・外川，1992，61-92頁）。

3つの中で最も影響を与えたのは，スーパーマーケット（日本でいう食品スーパー）である。スーパーマーケットの第1号は，1930年に米国でマイケル・カレン（Michael J. Cullen）が開店した「キング・カレン」である。食料品をセルフサービス方式とキャッシュ・アンド・キャリー（現金持ち帰り）方式で販売することにより，人件費の大幅削減と低価格販売に成功した。このようにスーパーマーケットは食料品を低価格で販売する流通革新として登場し，小売業態として消費者に支持され世界各地で普及するに至った。

日本では，1953年に東京・青山の外国人客中心の小規模店である紀ノ国屋食料品店がセルフサービス方式を導入したが，実質的なわが国の大衆向けのスーパーマーケットは，1956年に開店した北九州市（当時の小倉市）の「丸和フードセンター」が最初であったといわれる（鈴木，1991）。

その後，食料品のみならず衣料品や住関連分野でもセルフサービス方式が導入され，多様化とともにチェーン店化，大規模化が進み，食品スーパー，衣料品スーパー，住関連スーパー，総合スーパーなどと呼ばれるようになった。今日まで生き残っている総合スーパーの出自（ルーツ）をみると，イオンは岡田屋呉服店・フタギ洋品店，イトーヨーカ堂は洋品店の羊華堂，ユニーはほていや呉服店・西川屋履物店，ダイエーは大栄薬品工業，西友は西武百貨店の一部門というように，食品以外から品揃えを拡大して成長したも

のが多い。「日本人の食生活には生鮮食品が不可欠で,しかも毎日少量づつ購入する」という日本人の気質や習慣に適合する形で,日本独特の業態として形成されたといえる。そこで,非食料品も積極的に品揃えする日本のスーパーマーケットは,米国からチェーンストア方式とディスカウントストアの小売経営革新を導入した。

　チェーンストア方式は,米国で19世紀末から事例が増え,1920年代から30年代にかけて普及し,発展した。これは単一の企業が同種類の商品を販売するために,各地に多数の店舗網を広げ,中央本部で集中的に管理・統制するための近代的な大規模小売業である（徳永,1992,16-23頁）。仕入れの集中管理と販売の分離管理を統合する経営形態であり,日本には1960年代に本格的に導入され,あらゆる小売業態で急展開を見せた。

　ディスカウントストアは,戦後間もなく米国で発展したディスカウント・ハウスが1950年代に取扱商品を広げ,経営基盤を強化してつくられた業態である。1960年代になってKマートやウォルマート（Walmart）がオープンし,圧倒的な消費者の支持を得て急成長し,現在では小売業界のトップを占めている。日用衣料・雑貨・家電製品・玩具など,非食料品部門の商品を,スーパーマーケットと同じ経営手法で低価格・大量販売する流通革新を持つ業態である。

　このように日本の総合スーパーは,米国のスーパーマーケットやディスカウントストアと業態を異にしており,むしろ両者を統合した日本独自の小売形態として発展したといえる。

3. 米国のGMSとの相違

　日本の総合スーパーが成長する過程で,さらにもう1つ参考にした米国の業態は,当時最も隆盛を誇っていたSears, Roebuck & CO.（シアーズ・ローバック）に代表されるGMSであった。GMSは比較的低価格の買回品を中心に衣料品から家具・家電などに及ぶ幅広い品揃えを持つ百貨店にも近い業態であるが,食料品を扱っていない点で日本型総合スーパーとは性格を異にしている。それでも非食料品分野において,独自企画商品であるPB商品のウ

エイトが高く，総合スーパーの手本とされた時期があった。しかし米国でも生活水準の向上とともにトレードアップ現象が見られるようになり，PB商品離れが進展し，現在GMSは衰退している（渦原，2010）。

　日本のスーパーは発展していくに従い，食料品まで品揃えを拡大させたり，サービス強化により店舗自体を華美にするなど，高マージン・高経費の営業体質に転換しており，疑似百貨店化している。現に流通革命論が始まった1960年代のダイエーの生成期には，この新しい販売システムを安売り百貨店を意味する「セルフサービス・ディスカウント・デパートメントストア（Self-Service Discount Department Store）」と呼んでいたが，この呼称はあまり広まらず，「総合スーパー」という呼び名の方で一般の消費者に普及した。こうした経緯により，米国のGMSとも異なる日本独特の業態として，総合スーパーは発展していった。

4. 総合スーパーの中でも，特にイオンを取り上げた主要先行研究

　総合スーパーに関する研究は，流通革命の旗手，リーダー的存在で，業界トップの地位にあったダイエー中内㓛氏を中心に展開されてきた。革命児である彼の強烈な個性や行動力による，流通業界の既存の伝統的な慣習を打破していくプロセスや新しいシステムづくりの研究が絶えず多く積み重ねられてきた。売上規模を重視した拡大経営路線のダイエーに対して，利益を重視した堅実経営路線のイトーヨーカ堂の比較研究も深められた。総合スーパー業界が成熟し始めた1980年代半ばには，大手6社（ダイエー，イトーヨーカ堂，西友，当時のジャスコとニチイ，ユニー）に集約化が進んでいった。しかし，1990年代初めのバブル経済崩壊以降，明暗が分かれ，経営悪化さらに経営破綻に陥る企業が出て，西友は米国ウォルマートに，ニチイはマイカルに改名した後も不振でイオンに，そして断然のトップ企業であったダイエーもイオンに子会社化の後，編入されていった。

　こうした経緯から，1990年代までの総合スーパーの話題や研究は，良い意味でも悪い意味でも，絶えずダイエー中心に展開されてきたが，2000年代に経営危機が明らかになるとともに，ビジネス書を含めダイエーの経営に対す

る批判本が相次いで出版された（森田，2004；日本経済新聞社，2004；田畑 2005；佐野，2006）。またそれとは反対に，イオンに関するビジネス書が出版されている（梛野，2001；2007；鈴木，2002；菊地，2004）。

本項では，こうしたビジネス書ではなく学術書から，総合スーパーの中でもイオンに関する論述の先行研究を挙げてみたい。すでに第4章の先行研究レビューで，矢作敏行，建野堅誠，平野光俊，渦原実男を取り上げている。他に仲上哲氏の研究では，イオンとセブン＆アイのグループ間の比較研究では，その違いが明瞭にされている。仲上（2009，1-14頁）によると，イオンの特徴はコモディティ商品の低価格大量販売重視で，経営破綻したスーパーの買収，合併で成り上がってきたことにある。そして事業の構成では，食品スーパーやドラッグストア，ディベロッパー事業が利益の大半を占めている。これに対して，セブンは利便性や高級感など付加価値を重視した堅実経営で成長してきた。事業構成もコンビニエンスストアやセブン銀行が利益の大半を占めており，それらが収益源となっていると論じている。

Ⅲ．総合スーパーの現状

1．総合スーパーの経営不振の現状と長期衰退現象

経済産業省の「商業統計」で，業態別年間商品販売額をみると，総合スーパーは1997（平成9）年に9兆9,567億円であったのが，1999（平成11）年8兆8,497億円，2002（平成14）年8兆5,151億円，2004（平成16）年約8兆4,064億円，2007（平成19）年約7兆4,467億円と減少傾向が続いており，直近の2014（平成26）年には約6兆138億円にまで大幅に減少している。過去17年間に約40％も市場規模が減少してしまい，長期衰退現象が起きており，まさに危機的状況にある（激流，2016年3月号，52頁）。

事業所数も同様に，1997年1,888店，1999年1,670店，2002年1,668店，2004年1,675店，2007年1,585店，そして直近の2014年には1,413店にまで減少し，閉店や統廃合など事業縮小傾向が続いている。そしてその内訳として，規模別にみると大型総合スーパーは1997年1,546店，2004年1,496店，

2007年1,380店へと比較的微減であったのであるが，直近の2014年には1,165店へと大幅に減少し，過去17年間で24.7%も減少している。

それに対して中型総合スーパーは，1997年342店，2004年172店へと一時半減したが，2007年205店，そして直近の2014年では248店と幾分回復の兆しが見られる。それでも過去17年間で27.5%の大幅な減少である。

これらのデータから大型店，中型店とも苦境に陥っていることがわかるが，大型店の方がより深刻で厳しい状況であるといえる。この不況の原因は，景気循環によるものではなく，産業構造や需要構造，経済環境などの構造変動にあるため，構造不況となっている。

これに対して売場面積は，1997年1,353万平方メートルから，1999年1,339万平方メートル，2002年1,470万平方メートル，2004年1,519万平方メートル，2007年1,490万平方メートルへ推移しており，10.1%増加している。よって中型総合スーパーだけではなく，大型総合スーパーも生き残りをかけて統廃合で規模拡大を図るなどしており，業界再編の渦中にあるといえる。

逆に年間販売額が10年間で増加している業態は専門スーパー16.4%（衣料品スーパー45.7%，食料品スーパー15.8%，住関連スーパー10.9%）やコンビニエンスストア34.1%である。1999年から統計表に抽出し分類され始めたドラッグストアは5年間で73.1%，ホームセンターは30.8%と高い増加率となっている。

2.1 億総中流社会の崩壊によるターゲット市場規模の縮小

1960年代から始まった高度経済成長期以降，日本社会は「1億総中流社会」とも呼ばれたように，全国画一的な中間層が形成された。このマス市場をメインのターゲット客層にして，総合スーパーはチェーンストア方式による多店舗化の生み出すスケールメリットを享受して，拡大し成長してきた。拡大した中間層市場を背景に，流通革新の牽引役を果たしてきた総合スーパーではあるが，バブル経済崩壊以降，日本社会は「1億総中流社会」が崩壊してしまい，「格差社会」に変貌してしまった。マスであった中間層が分解し，富裕層に成り上がる者もいたが，多くは低所得層に成り下がってしまった。そ

の結果,総合スーパーにとって,メインの客層であった全国画一的な中間層の市場規模が縮小してしまったことが,衰退化を引き起こした最大の外的要因であった。

こうしたことで低所得層に成り下がった客層に対する消費者ニーズ変化への対応を,総合スーパーは適切に行ってこなかった。総合スーパーの最大の武器は,1カ所で何でもリーズナブルに揃う総合的品揃えにあったのであるが,現在では消費者にとって,「総合スーパーには何でもあるが,欲しいものが何もない」とそっぽを向かれている。

例えば,家電製品はヤマダ電機,カメラはヨドバシカメラ,実用衣料はユニクロやしまむら,紳士服は青山,子供服は西松屋,靴はABCマート,玩具はトイザらス,住関連はホームセンター,家具インテリアはニトリやイケア,医薬品・健康美容商品はマツモトキヨシなどのドラッグストアというように,総合スーパーよりも品揃えが豊富で低価格販売をする業態や企業に顧客を奪われてしまっている。こうした多くの企業は,あるカテゴリー(部門や品種)に集中し奥深い品揃えと圧倒的低価格を実現する業態で,価格破壊を行う「カテゴリーキラー」と呼ばれ,総合スーパーや百貨店に大きな打撃を与えている。さらに食料品についても,「地産地消」を訴求する地域の食品スーパーとは,地域と密着した新鮮な商品調達力や価格競争力の差のために,苦戦を強いられている。このように総合スーパーは,軒並み売上が低迷し,収益力も低下し,長期停滞傾向から脱出できず経営不振に陥っていることから,小売業態としてライフサイクルの成熟期から衰退期を迎えていると判断できる。

3. 経営破綻と業界再編

1990年代は総合スーパーが軒並み業績悪化しただけではなく,大型総合スーパーでも90年代後半以降,経営破綻が相次いで起こっている。主な経営破綻事例を時系列的に挙げていく。まず最初は1997年9月にヤオハンが会社更生法申請,次は2001年9月にマイカルが民事再生法申請(同年11月に会社更生法申請),2002年3月に西友がウォルマートとの資本・業務提携発

表（2005年に子会社化），2004年にダイエーが産業再生機構の支援要請へと連鎖的に大型負債へ拡大していった。こうした経営破綻現象の中で，イオンはヤオハンやマイカルなどの経営再建を進め，規模を一挙に拡大し，イオングループ全体の売上高は約8兆円規模でトップ企業になっている。イオンはさらにダイエーを傘下に入れただけではなく，既存の総合スーパーの限界を認識し，郊外型の大型ショッピングセンターの開発を強力に推進してきた。

　一方，単独売上高第2位のイトーヨーカ堂は，持株会社セブン＆アイ・ホールディングスを設立し，セブンイレブンやヨークベニマルなど，グループ企業とともに相乗効果を上げる戦略に出ている。さらに高感度高品質の総合スーパーへ業態転換を目指して，ミレニアムリテイリング（そごうと西武デパート）とも経営統合した。その結果，ミレニアムを取り込んだセブン＆アイの総売上高は6兆円規模に達し，国内第2位の巨大流通コングロマリット企業になっている。

　そして生き残ったはずの業界3位のユニーは，2016年7月現在，220店舗の総合スーパーを抱えてきたが，親会社のユニーグループ・ホールディングスが，2016年9月1日にファミリーマートと経営統合したことで同社に吸収合併され，「ユニー・ファミリーマートホールディングス株式会社」に社名変更している。現在ではイオンとセブン＆アイ（イトーヨーカ堂）の2強の時代になっている。

4. 生き残った3社の惨状

　前述のとおり，総合スーパー業界は，1997年には約10兆円近くあった売上高が，直近の2014年には約6兆円余りに低下し，市場規模の縮小に歯止めがかからない状態で，まさに業態としての存亡の危機に瀕している。ダイエー，西友を除き，現在生き残っている総合スーパー大手3社の決算（2015年2月期）をみると，**図表6-1**のように売上高，営業利益ともに減少傾向にある。

　さらに，各社とも不振店の減損処理等に伴う多額の特別損失が発生してしまい，2015年度は当期純利益が揃って赤字に転落している。イオンリテール

図表 6-1　3 社の直近 4 年間の売上高, 営業利益の推移

単位：億円

	イオンリテール		イトーヨーカ堂		ユニー	
	売上高	営業利益	売上高	営業利益	売上高	営業利益
2013年	1兆9,789	345	1兆3,029	90	7,303	148
2014年	1兆9,612	275	1兆2,806	112	7,324	121
2015年	1兆9,356	25	1兆2,533	19	7,058	104
2016年	2兆1,771	48	1兆2,896	▲140	7,579	106

※イトーヨーカ堂は 2016 年営業損失であった。
(出所) 各社の決算書より，筆者作成。

は約 51 億円，イトーヨーカ堂は約 68 億円，ユニーは約 32 億円とまさに目を覆いたくなるような惨状である。事実上，ファミリーマートに救いを求めてしまったユニーは別として，「流通 2 強」と呼ばれるイオンとセブン&アイのグループ全体の 2016 年 2 月期の決算概要を見てみると，**図表 6-2** のようになる。

　イオングループの損益計算書の営業利益をみると，第 1 に，クレジットカードや電子マネーの WAON，住宅ローン，消費者ローン，保険販売などの総合金融事業が 550 億円と 3 割以上を稼ぎ，最大の収益源になっている。第 2 に，不動産開発事業であるディベロッパー事業が 451 億円と 2 番目の収益源で，以下，サービス事業や専門店事業，ドラッグやファマシー事業が続いている。その結果，売上高である営業収益では過半数を占めている小売事業が，利益にあまり貢献していない。元々中核事業である GMS の総合スーパーに至っては，赤字体質が続いており，SM のスーパーマーケット（食品スーパー）や DS のディスカウントストア事業にも売上高・営業利益ともに，差をつけられている。総合スーパーを食品スーパーに業態転換の動きもあって，お荷物的存在になりかねない。もはや，イオンの看板事業の座が危うい状況である。その結果，イオンは「モールをディベロッパーが不動産開発し，テナントの賃貸料と来店客からの金融事業で稼ぐ」ビジネスモデルに成り下がってしまい，由々しき状況である。本業である小売りが弱体化してしまっ

図表6-2 イオンとセブン&アイのグループ全体の2016年2月期の決算概要

単位：億円

イオンの事業別損益計算書	営業収益	営業利益
GMS	2兆8,382	94
SM，DS	3兆0,533	212
小型店	3,769	13
ドラッグ，ファマシー	5,924	186
総合金融	3,573	550
ディベロッパー	2,721	451
サービス，専門店	7,413	263
国際	4,265	▲25
その他と調整	▲4,813	26
合計	8兆1,767	1,770

単位：億円

セブンの事業別損益計算書	営業収益	営業利益
スーパーストア	2兆0,605	72
コンビニエンスストア	2兆6,759	3,041
百貨店	8,847	38
フードサービス	838	9
金融	1,925	497
通販	1,587	▲85
その他と調整	▲104	▲49
合計	6兆0,457	3,523

(出所) 各社の決算書類より筆者作成。

ている。

　ヤオハンから始まり，マイカル，ダイエー，カルフール，テスコなど内外の経営破綻や閉店・撤退した大型店や総合スーパーを，次々と二束三文的に安値で買い取り，拡大路線を図ることにより見かけ上の売上高や店舗数は大規模化したが，採算の合わない店舗を多く抱え込んでしまい，積極的なスクラップ・アンド・ビルド（閉店と出店）の結果，中核事業であった総合スー

パーの収益力が非常に悪化している。

　こうした現象は，米国シアーズ社の衰退化と類似しており，懸念材料である。1960年代から70年代にかけて世界トップの売上高を誇り，絶対的王座の小売業の地位に君臨していたシアーズは，大衆百貨店とも，総合量販店とも呼ばれるGMS業態を構築した優良企業であったが，事業の多角化や拡大路線で，利益の過半を金融や保険，不動産などの非小売り事業に依存する体質になってしまい，本業である小売り事業を疎かにした結果，あっという間に大衆顧客が離反し，経営危機に陥ってしまった。低価格訴求を武器に登場した総合型ディスカウントストアであるウォルマートや専門店型カテゴリーキラーに顧客を奪われ，Kマートと経営統合しても立て直しができない状況が現在も続いている。

　一方，セブン&アイの総合スーパー事業を担ってきたイトーヨーカ堂も，かつての業革で優等生企業であった時代とは様変わりしてしまい，グループ全体の中でも，主役の座から滑り落ちてしまっている。セブン&アイの事業別損益計算書をみると，売上高である営業収益は，半数近くコンビニエンスストアであるセブンイレブンが占めているだけではなく，利益に関しては86％以上を占めており，看板である中核事業は完全にセブンイレブンが握っている。総合スーパー事業を営むイトーヨーカ堂（185店）の売上高が約1兆2,500億円程度で，食品スーパー事業を営むヨークベニマル（208店）やヨークマート（78店），天満屋ストア（47店），ダイイチ（22店）などグループ企業を合算しても，**図表6-2**のとおり，スーパーストアの全体として合計2兆円程度の売り上げ規模にしかならない。西武（14店），そごう（9店）の百貨店事業も採算性が悪く，閉店を余儀なくされている店舗もある。フードサービス事業，通販事業ともに厳しく，セブン銀行の金融事業ぐらいが比較的健闘している程度である。

　セブン&アイの井阪隆一社長は，2016年10月6日の記者会見で，イトーヨーカ堂の総合スーパーを，今後2020年2月期までに約2割（40店舗）を閉鎖するため，現在の182店が2020年度末には142店に減少する旨の計画を発表した。もはやお荷物事業としてグループ全体の脇役にされており，コン

ビニエンスストアに庇を貸して母屋を取られてしまった状況である。

　2016年に，ファミリーマートと経営統合した総合スーパー業界3位のユニーに関しても，2016年2月期末228店を，2019年2月期末までに約25店舗を閉鎖予定と発表している。既に閉鎖が決定していた11店と合わせ，今後2年半で全体の約15％の店舗を整理せざるを得ない状況である。ユニーの場合も，コンビニエンスストアであるファミリーマートに主導権を握られている有様で，今後の総合スーパー事業の先行きが懸念されている。ユニーに関しては，グループ・ホールディングスの佐古則男社長は，「アピタ」や「ピアゴ」の名称のGMSを広く浅く何でも品揃えする業態から，客層に合わせて得意な商品カテゴリーに品揃えを強化し，積極的に生活提案するLMS（ライフスタイル・マーチャンダイジングストア）へ方針転換すると発表している。

　以上，生き残った3社の惨状を整理すると，GMSといっても一括りにできず，各社ごとに，生成の歴史的背景，経営理念や企業戦略，組織，総合小売業（グループ）の中での位置付けなどが異なっている。そのためGMSとしての方向性も，多様化する。かつての大手5社も，ダイエーはイオンの，西友は米国ウォルマートの子会社として傘下に入り，食品スーパー化を指向している。イトーヨーカ堂は，セブン＆アイホールディングスグループの一員に成り下がり，売上や利益の大半はコンビニエンスストアが占めている。総合スーパーは，今後，大量に閉店する計画と発表している。同様に，ユニーもファミリーマートと経営統合し，大量閉店計画を発表している。このように業態存亡の危機に直面する各社は，ポスト日本型総合スーパーを模索してきている。

　こうした中で，イオンだけが，今後，GMS全350店舗を5年間で新業態イオンスタイルストアに転換し，抜本的に再構築する計画を発表している。従来の中央集権型から地方分権に転換し，地域密着の品揃え，独立した専門店の組み合わせの売り場構成に改革するとしている。そこで，次節ではイオンに焦点を当てて，新業態のマーケティングと経営課題を考察する。

Ⅳ. イオンの経営改革の事例

1. イオンの経営戦略の変遷

　イオンの前身であるジャスコの創業から現在に至るまで，一貫して積極的な拡大路線をとってきた。イオンは，多くの企業から構成されている企業集団である。純粋持株会社イオン㈱を中核にして，多数の連結子会社や持分法適用関連会社を抱え，グループ売上高は約8兆円に達している。事業領域は，総合小売業として，GMSやSM，戦略的小型店舗（コンビニエンスストアなど）の他，総合金融事業や専門店事業，ディベロッパー事業，サービス事業など事業の多角化を進めている。さらに中国事業やASEAN事業など海外事業も積極的に展開しており，内外ともに積極的な拡大路線をとってきている。かつては世界の小売業ランキングで10位以内に入ることを目標とする「グローバル10」構想であったが，今日では「アジアNo.1リテイラー」を目標に挙げている。

　前述のとおり，ジャスコの前身である岡田屋呉服店は，1758年の創業で約260年の歴史を誇るが，現在のイオンの基礎を築いたのは岡田卓也氏である。戦後の1946年に社長に就任し，1959年の米国旅行で当時隆盛を誇っていたシアーズやA＆Pなどを視察し，日本にも近代的な大規模流通業の必要性を感じ，実行に移してきた。ダイエーの中内功氏やイトーヨーカ堂の伊藤雅俊氏らとともに，日本型総合スーパーづくりで流通革命のリーダー役を果たしてきた名経営者である。岡田氏は，合併による規模の拡大が必要と考え，姫路のフタギ，大阪のシロとともに，1969年にJUSCO（ジャスコ）を設立した。その後も，積極的な拡大政策を進めるために，提携・合併や新規店舗の開設，スクラップ・アンド・ビルドを展開してきた。こうした合併によって，全国各地に地域ジャスコが生まれてきた。

　イオン（2000）の政策発表会基本方針による特徴で時代区分をすると，次の6期に分けられる。

　①ジャスコ草創期の積極的拡大政策（1970～1973年）
　②株式上場と東京本社設立（1974～1978年）

③連邦制経営の完成と事業構造の転換（1979～1983年）
④東南アジア出店とタルボット買収（1984～1988年）
⑤イオングループ発足とゆるやかな連帯（1989～1994年）
⑥国際的企業グループへの飛躍（1995～1999年）
　この後，2001年にはイオンに社名変更し，グループ名もイオンへ変更した。

2. イオンの経営戦略の特質

　イオンは，グローバルレベルで通用する経営品質とローカル（地域）に密着した経営の両方の実現を目指している。

①物流・サービス提供機能の強化

　エブリディ・ロープライス（EDLP）を実現するために，マーチャンダイジングやロジスティクスの改革を進め，メーカーとの直取引や海外とのダイレクトソーシングにより，低コスト経営を徹底した。消費者ニーズに合致したタイムリーな品揃えや欠品防止，補充発注作業人時の半減，商品計画プロセス支援システム導入，インターネットを用いた企業間電子商取引の推進によって調達コスト削減など，低コストオペレーションを実現した。ロジスティクス改革では，戦略物流ネットワークの構築を進め，在庫機能を備えた物流センターを整備し，メーカーとの直取引を推進した。

②ガバナンス体制の確立

　ゆるやかだったグループ会社への関与を強め，経営のスピードアップを図るために，2003年に委員会等設置会社を導入している。経営の監督と執行を明確に分離し，執行役に権限を大きく持たせる一方で，透明性と客観性を高めるために取締役会の半数を社外取締役にしている。イオン独自の諮問委員会として，お客様諮問委員会や夢のある未来諮問委員会を設置している。さらに，企業倫理体制を強化するための内部統制システムを設置し，イオン行動規範を示すとともに，モニタリングのための内部通報制度も設置している。

③環境保全と社会貢献活動

環境保全活動では，1991年に財団法人イオン環境財団を設置して，世界各地での植樹，内外の環境NGOの助成を行っている。1989年からはイオン1%クラブを設置して，グループ優良企業の税引前利益の1%を拠出して社会貢献活動を行っている。

④ローカル経営

イオンはショッピングセンターを単なる物流・サービス提供機能だけではなく，地域社会のコミュニティーセンター機能を持たせ，地域貢献活動を行っている。例えば，東日本大震災の際には，緊急避難用テントをショッピングセンターに配備したが，その後も，行政と協力して防災訓練を行い，災害時のインフラ基盤，ライフラインの確保という機能を付加した。さらに，地元の雇用を創出し，地産地消でも地域経済の発展に寄与している。

⑤連邦経営

グループ企業のマネジメントは「連邦経営」と呼ばれ，各企業の自主性が尊重されるようになっており，その強みを最大限活用しようとしている。例えば，利益率が高いPB商品「トップバリュ」の販売についても，強制的に一定割合の販売命令を出していない。さらに，グループ内の競争も容認されており，グループ内企業の顧客争奪戦も起きてきた。しかし，一部で見直しも進めている。かつてはモールの運営について，ディベロッパー事業を行ってきたダイヤモンドシティ，イオンモールに加えて，イオン本社も展開していたが，近年はイオンモールに集約してきている。

以上のような経営戦略を，「グローバル10構想」を核に，GMSの改革，グループの連帯強化，モール型ショッピングセンター開発，など目標設定して，現在，岡田元也社長のリーダーシップで経営改革を推進中である。

3. マーケティング戦略

次にイオンのマーケティング戦略の特徴を挙げると次のように整理できる。

①商品戦略

　商品戦略面では，マーチャンダイジングで NB（ナショナルブランド）の品揃えだけではなく，トップバリュを主力にした PB 商品開発を積極的に進めている。価格や品質面での差別化の手段として重視しており，国際競争力のある PB 戦略をとり，企画開発商品比率の上昇，グローバル・マーチャンダイジングによる海外商品の拡充・強化に努めている。

②価格戦略

　価格戦略面では，EDLP 価格設定による低価格訴求を強調している。EDLP を実現するためには，商品の単品管理をトータルで行い，EDLC（エブリデイ・ローコスト）で行える低コスト経営が前提条件になる。グループ力をフルに活用して，物流コストや販売管理費の削減を行い，ベストプライスの展開で，グローバル・プライスへ挑戦している。

③販売促進戦略

　販売促進戦略面では，サービス活動の総責任者として顧客対応を担当する副店長の配置や，CS オールスターズにより接客サービスを向上させたり，顧客の質問や苦情に対するスピーディな対応を行う「ご意見承りコーナー」を設けるなど，インストア・プロモーションを強化している。

④情報・経路戦略

　本社と事業部と店舗間のリアルタイム・コミュニケーションが可能な大規模なマルチメディア衛星通信ネットワークシステムを構築している。売れ筋の確保・不振品の排除，店舗在庫の適正化，リードタイムの短縮，商品回転日数の改善，商品の発注から代金の支払いまでのペーパーレス取引，各種コストの大幅削減などを実現する ECR システムも構築した。さらに物流ネットワークの統合を進め，戦略的同盟も行っている。このように，メーカーとの直接取引を可能にした物流システムや情報システムのインフラ整備を積極的に推進してきている。

4. イオンの業態展開の現状とマルチフォーマット戦略

　イオンは1997年のヤオハン以降，マイカル，カルフールなど経営破綻や撤退した店舗をグループに組み込み，再生してきた。このような実績で明らかなように，絶えざるイノベーションによるスクラップ＆ビルドのノウハウがイオンには備わっており，それが競争力の源泉となっている。今では，ダイエーさえもイオングループの一員としてトップバリュを販売している。まさに巨大なコングロマーチャントを形成し，多業態を内包するマルチフォーマット戦略を展開している。

　2000年以降，イオンでは業態別出店戦略においても，総合スーパーのジャスコを中核にして，大型スーパーマーケットのマックスバリュ，コンビニエンスストアのミニストップなど大小様々な店舗形態を抱え，業態の組み合わせを勘案して出店戦略をとってきている。さらにイオンの競争力のあるビジネスモデルであるモール型ショッピングセンターにおいても，ネイバーフッドSC，コミュニティSC，リージョナルSC，パワーセンターのように，商圏の大小や低価格訴求特化の特性により，出店する業態や専門店のテナントの組み合わせを変えている。このノウハウがイオンのイノベーションの武器となっている。

5. イオンの立地戦略を中心とした経営戦略の展開

①当初の都市型立地戦略

　当初の総合スーパーは，3大都市圏への立地戦略をとった。首都圏，京阪神圏，中京圏などの主要な大都市圏域から大手総合スーパー5社の母体が創業した当時（1950年代後半），その店舗立地は，都市型立地とりわけ中心市街地や駅前立地であった。産業構造の変化や高度成長とともに鉄道網が整備されるにつれて，人口の都市集中が起こり，駅前に繁華街や商店街など商業集積が形成されたため，大手総合スーパーのほとんどが，60年代前半まで駅前立地からスタートしたのである。

　その間に，様々な消費者ニーズへの対応として，取扱商品ラインを拡大し，多様な業種にまたがる商品構成を実現し，ワン・ストップ・ショッピン

図表6-3 イオンの商業立地の史的展開

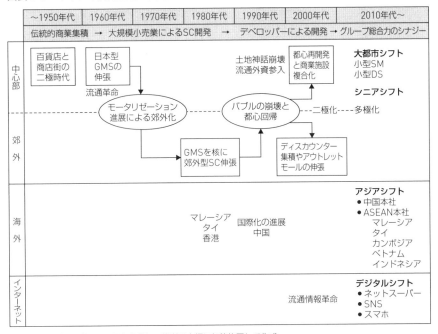

(出所) 池澤 (2007), 100頁を参考に, 筆者で大幅に加筆修正して作成。

グ機能を強化した。商品部門の総合化と売場面積の拡大, 多階層化などにより「疑似百貨店」とも呼ばれるように大型店化し, さらに多店舗展開も推進した。しかし, 駅前など繁華街は, 土地や建物の価格が高いために, 店舗規模の拡大は高コスト (土地代・賃借料) 負担となってしまい, 低価格販売がしにくくなってしまった。折しもモータリーゼーションによって車社会が到来するとともに, 都市構造も変化が起こり始めていった。そこで, 総合スーパーも新たな店舗立地を求めて, **図表6-3**のように立地戦略を転換していった。

②郊外立地戦略への転換

1960年代後半からは都心の地価が高騰したため, より低い地価の立地を求める動きが顕著になり, 大都市の周辺部に新たな商業立地が生まれた。居住

地の郊外移転やマイカーの普及による生活行動範囲の拡大に対応して，総合スーパーも繁華街の駅前や中心市街地から郊外地域へ立地戦略を転換したのである。道路網（特に高速道路）や駐車場など交通インフラの整備も進展したことが，郊外立地戦略を後押しした。こうしたことから，総合スーパーの大都市圏での郊外店舗立地が普及していった。

さらに3大都市圏だけでなく，県庁所在地を主とした地方の中核都市（当時は，概ね人口20万人以上）には，大量輸送機関が集中し，高度経済成長とともに人口が増加したために，総合スーパーは中核都市から地方のチェーン店舗展開を進めた。これらの地方の中核都市では，周辺の諸都市からの人口流入が大きく，都市圏の拡大とともに成長が見られ，魅力的な商業立地となっていった。当時，大型店の出店を規制していた「第二次百貨店法」は，総合スーパーは規制の対象外であっただけではなく，むしろ流通革命の牽引者，流通近代化の旗手として期待されていたため，追風を受けて地方都市での多店舗チェーン化が進展した。

総合スーパーは，商品支払回転率の差と短期借入資金に依存して比較的安価な郊外地に投資し，人口集中地域への立地戦略として出店するようになった。大型店を出店して立地創造し，値上がりする土地を担保にして，さらに出店する行動パターンをとって多店舗化したが，1990年代の土地バブル崩壊後，こうした投資行動が財務体質を脆弱化させていく遠因となった。

1970年代になると，総合スーパーの大型化や多店舗化に対して，地域中小商業者や百貨店からの反対運動が激化し，大規模小売店舗法の施行とともに，総合スーパーの出店への規制が強化された。逆風となったために，総合スーパーは中心市街地での大型店の出店を抑え，規制対象外の小型店であるコンビニエンスストアの多店舗展開に力を注ぐようになった。例えば，その当時，ダイエーはローソンを，イトーヨーカ堂はセブンイレブンを，西友はファミリーマートを，ジャスコ（現在のイオン）はミニストップを，それぞれグループ内のコンビニエンスストアとして育成し，チェーン展開をサポートしてきた（現在は，各社とも総合スーパーから自立して，独立経営を行っている）。

1970年代後半には，人口10万人前後の地方都市まで都市化現象が伝播したので，これらの地方都市にも積極的に出店するようになった。欧米風ライフスタイルが普及するに従い，総合スーパーは小売業態の主力業態となり，ロードサイドや農村部にも店舗立地を拡大していった。

③郊外ショッピングセンターへの立地戦略に転換
　1960年代末から，店舗立地の郊外化，店舗の大型化とともに，総合スーパーは自らがディベロッパーとして，郊外ショッピングセンター（以下，SCと略称する）を開発し始めた。マイカー客への対応上，郊外に十分な駐車場を備え，多くの専門店や飲食店をテナントとして集め，総合スーパーが核店舗として入店するSCが増加した。
　郊外SC開発のメリットは，第1に，郊外の比較的安価な土地を先行投資により取得した上で大型SCを出店すると，新たな商業立地創造により地価上昇の利益を獲得できる点である。第2に，郊外SCは，大規模な売場面積と駐車場，サービス施設を保有することから，広い商圏での大きな集客力を発揮できるため，テナントへの有利な条件での賃貸を可能とし，賃貸収入を高めた。また，SC周辺の地元中小小売業者をテナントとして加入させることで，地元との衝突を回避し，利害の調整にも役立った。第3に，SCは売場面積が広く，テナントが総合スーパーの品揃えを補完することで，比較購買性を高め，商業施設としての魅力を高める効果があった。
　こうしたメリットを享受して，積極的にSC開発に取り組んできたのがイオンである。SCは，一般的に商業特性から3タイプに区分される。第1のタイプは，近隣型（ネイバーフッド）SCで，人口約5万～7万人程度を商圏とし，生活必需品や購買頻度の高い商品を中心に品揃えする。第2のタイプは，地域型（コミュニティ）SCで，人口10万～30万人の中商圏とし，ワンストップ・ショッピング可能な衣食住に関する幅広い商品を品揃えする。第3のタイプは，広域型（リージョナル）SCで，人口30万人以上の大商圏を対象とし，総合スーパーと百貨店など2つ以上の核店舗を，100店舗以上の専門店が並ぶエンクローズモールで結ぶ構造で，買回品と専門品を中心に品揃

え，さらに時間消費型の映画館や遊園地などのレジャー・サービス施設も保有する。

イオンでは，大規模小売店舗法の規制緩和を背景に，店舗立地革命の一環として，近隣型SCと地域型SCの開発を進め，近年はさらに広域型SCの開発にも乗り出している。

④さらに国際立地戦略の強化

矢作（2007）によれば，企業の国際化戦略には「受動的国際化」（相手に依頼されて出店する，あるいは通常の地理的多角化として国際化する戦略で，本拠地はあくまで国内というスタンス）と「能動的国際化」（自社の将来を積極的に海外に託し，国際的な発展を目指すスタンス）があって，海外の有力総合小売業は，1990年代後半，能動的国際化へギアチェンジしている。ただし，成功のためには，能動的国際化だけでは不十分で，競合相手より優れている自社の強み，つまり経営の優位性を存分に発揮した「発展的国際化」が求められている。海外進出ではリスクが高いため，経営資源の量や質，それをうまく動かす組織能力が重要であり，自社の強みは何かを明確にして，中核事業に経営資源を集中する必要がある。

イオンの場合，東南アジア（マレーシアとタイ）進出は，1985年に進出先国の政府・企業あるいは仲介者からの誘致を契機とした「受動的国際化」として開始し，1987年には香港にも出店した。3ヵ国・地域の業態移転は，手探りの参入であり，しかもそれぞれの市場特性と環境変化の影響を受けたため，**図表6-4**のとおり，マレーシアではモール型ショッピングセンター，タイでは食品スーパー，香港ではGMSというように，現地化で異なる業態を中核事業とせざるを得ない結果となっている。

その後，1990年代後半には，中国の広東，青島，深センに進出し，中国と東南アジアに焦点を絞って店舗拡大を行っているように，イオンも「能動的国際化」へ国際化戦略を転換している。さらに2006年には，中国での出店を加速するために，北京に中国の総代表部を設置し，2007年に北京イオンを設立した。そして，中国を代表するディベロッパー企業・上海上実（集団）有

図表 6-4　中国および ASEAN における事業展開

イオングループの海外展開（小売事業，ディベロッパー事業）

	GMS 総合スーパー	SM スーパーマーケット	モール型SC	内イオンモール運営SC
中国	50	18	21	12

イオンのASEANにおけるSC，SM，DgS，HP事業展開店舗数（2016年9月30日現在）

法人名	合計	GMS	SM	その他*1	HP*2
イオンマレーシア	80	32	3	45	―
イオンビッグマレーシア	25	―	2	―	23
イオンタイランド	77	―	77	―	―
イオンベトナム	4	4	―	―	―
イオンカンボジア	1	1	―	―	―
イオンインドネシア	1	1	―	―	―
AEON Citimart	31	―	31	―	―
AEON Fivimart	25	―	25	―	―
ASEAN事業計	244	38	138	45	23

(注)　*1　イオンマレーシアではドラッグストアとして「AEON Wellness」を展開。
　　　*2　HP：ハイパーマーケット
　　　なお，GMSはベトナム，カンボジア，インドネシアの全て，マレーシアの内の25，ASEAN全体では31がモール型SC運営である。
(出所)　イオンのWebサイトより，引用・作成。

限公司と業務提携し，同社との提携を活かしつつ，イオングループの総力を結集したモール型ショッピングセンターを中心とした街づくりを中国で推進し始めている。まさにイオングループの強みであるショッピングセンター開発事業を中核に経営資源を集中し，業態開発に本格参入しており，「発展的な国際化」に挑戦している。

　その象徴として，2008年に北京初の郊外型大型ショッピングセンター，「イオン北京国際商城ショッピングセンター」を開業した。市内最大規模の敷地面積約9万m²で北京の中心市街から車で35分の距離にあり，3,000台収容可能な駐車場を備え，モータリゼーションに対応しており，まさに「立地創造」を行うと同時に新しいライフスタイル提案をしている。総合スーパー

であるジャスコ店を核店舗として，モール内の専門店にはイオンのグループ企業が多数出店し，イオンの専門店事業の総力を挙げた取り組みを行っている。日本の国内市場が縮小傾向にあるため，イオンでは今後，中国事業とASEAN事業を主力事業と捉えて事業展開を進めている。

6. イオングループ全社の4つの経営シフト

再度，**図表6-3**で，2010年代からを見ていくと，イオングループ総合力のシナジー効果を高めるために，現在，中期計画（2014～2016年度）において，2020年に向けた新しい成長ステージに移行する第1フェーズと位置付け，「アジアシフト」「都市シフト」「シニアシフト」「デジタルシフト」の4シフトを掲げ，経営資源を重点的に配分している。

①アジアへシフト

経済成長の著しい中国や東南アジアを重視し，アジアでの小売企業売上高首位を目標にしている。それを達成するために，モール型ショッピングセンターの出店を行い，グループ成長を牽引するプラットフォームとしての役割を期待している。

②都市へシフト

都市型小型ミニスーパー「まいばすけっと」や都市型小型ディスカウントストア「アコレ」を多店舗展開し，大都市圏における事業基盤の確立を図る。

③シニアへシフト

「G.Gモール」をはじめ，団塊の世代の長寿化により，益々肥大化が予測される中高年のシニア消費者を重視して取り込む。

④デジタルへシフト

今までの「イオンスクエア」やネットスーパーの全国展開だけではなく，「コト・モノ・ネット　イオンのオムニチャネル」の実現に向けて，Eコマー

ス事業の確立を加速する。

　こうした4つの経営シフトとともに、イオングループの中核事業である総合スーパー事業の抜本的な経営立て直しが、最大の経営課題となっている。そこで、バブル経済崩壊以降から叫ばれていたGMS事業の改革への取り組みの歩みを見ていきたい。

7. イオンのGMS改革の歩み概要

①ニューGMS開発（1996年から1999年）

　イオンのGMS改革の歩みの概要に関しては、流通情報誌『激流』（2016, 52頁）を参照して整理していく[1]。イオンがGMSの改革に取り組み始めたのは、1990年代の後半からである。1991年3月から1993年10月までのバブル経済の崩壊期間の後、日本経済は長期のデフレーションに陥った。その結果、消費者の節約志向が顕著となったが、その流れに乗って、低価格訴求型のビジネスや小売業が蔓延した。特にユニクロやしまむらなど「カテゴリーキラー」と呼ばれる専門店チェーンが台頭し、総合スーパーから客を奪い始めた。こうした動きに対して、イオンは1996年頃から「ニューGMS開発」を掲げ、衣・食・住別だった売場編成を生活シーン別に切り替え、HMR（ホーム・ミール・リプレイスメント）として家庭料理の代用品などを相次いで導入した。

②ニュー・ニューGMS開発（2000年から2007年）

　2000年に、大規模小売店舗法（旧大店法）が撤廃となり、大規模小売店舗立地法が施行され、GMSもショッピングモールのアンカーテナントとして、さらなる進化が求められる状況となった。また、2000年にフランスの大手カルフールが千葉県の幕張に1号店を出店し、米国最大手のウォルマートも2002年に西友へ出資するなど、グローバル・リテーラーの日本進出が本格化してきたため、これに対抗するフォーマットづくりも求められていた。そこで、こうした事態に適応するために、イオンでは「ニュー・ニューGMS開発」ということで、総菜売場や水産売場での対面販売の強化や調剤薬局を併

設したH&B売場の展開などが手がけられた。

③専門店化推進（2008年から2014年）

　2008年になると，アパレル改革がGMSの売場の専門店化推進の契機となり，サイクル売場，酒売場などを中心にショップ展開が進められた。サイクルアドバイザーやソムリエなど，商品知識があり，接客力を持つ販売員を育成することで，他の専門店との競争力を高め，2012年に，イオンバイク，イオンリカーとして分社化を果たした。

④イオンスタイル誕生（2015年から現在）

　2015年に，専門性の高いこだわりの品揃え・売場の集合体である「イオンスタイル」が誕生した。売場の1つひとつは，「ユニット」と呼ばれ，顧客と地域のニーズに最も適したユニットを組み合わせ，「わが店」として，「イオンスタイル」をつくり上げており，これが現在の主流である（販売革新，2015年1月号，18-21頁）。

8. GMSの解体的改革への取り組み

①フード・スタイル・ストア（販売革新，2015年1月号，18-21頁）

　イオンの完全子会社となった旧ダイエーの店舗は，食品に特化した新業態「フード・スタイル・ストア」として，再活性化を図っている。この新業態は，基本的には駅前の多層階の総合スーパーを競争力のある店舗に変えるために，消費者の「食」に対する関心として位置付けた「健康」「エコ」「コミュニティ」「情報」という4つのキーワードを軸にした売場を導入している。食事を楽しむ環境創造を軸に商品をラインロビングし，食を起点とした売場，商品，テナントで構成されている。栄養バランスに優れた健康食品を中心に品揃えし，健康的な生活提案を消費者と一緒につくり上げる「価値共創マーケティング」の手法を取り入れている。

②中高年の消費者重視　（販売革新，2015年1月号，22-24頁）

55歳以上のグランド・ジェネレーション（G.G）世代を対象に，コトとモノ，サービスを連動させた提案を行う新業態「グランド・ジェネレーションズ・ストア」を開発している。カフェや書店，楽器店，カルチャークラブ，イベントスペースなど時間消費型の売場となっているため，滞在時間が以前の約40分から1.5倍の60分に伸びている。店内各所にゆったり座れる椅子やソファを配置したこともあって，孫を連れたG.G世代やファミリー客，若い夫婦も増えており，親子3世代で楽しめる仕かけを施していることが功を奏している。さらにイオンで初めて導入したコンシェルジェによるサービスが中高年世代に好評で，想定以上に効果が上がっている。

　以上，みてきたとおり，かつての駅前や繁華街に立地した箱型GMS（旧ダイエーを含む）は閉鎖もしくは，リニューアルして食品スーパー化に転換中である。GMS単体では，売場面積で品揃えに限界があるため，品揃えを絞り込みし特化するか，もしくは低価格のディスカウントストアに転換の方針である。

　郊外型ショッピングモールでは，核店舗として大型店が必要であるが，従来の総花的なGMSでは，モール内で競合するテナントの専門店に客を奪われてきた。こうした反省から，立地環境に応じてコンセプトを多様化している。ニュー・コンビネーションで売場の店舗揃えや品揃えの幅と深さ，価格設定で特長のある演出を行い，脱総花化を目指している。モールの中の直営大型店・イオンスタイルストアで，多様なフォーマットを開発中である。従来の本部主導から店舗主導のチェーンストア方式に転換し，多様化した消費者ニーズに迅速に対応しようとしている。よって全国一律標準化した総合スーパーから，店舗ごとに現地適応化，地域密着したビジネスモデルへ転換を始めており，生き残りを模索している。

V．おわりに

　現在のイオンの取り組みは，日本社会の構造的な変化に対応しようという

試みであって，一過性のものではない。人口の波で，地方は単身高齢化が進み，日本全体でも人口減少社会に突入している。消費者の価値観や嗜好の多様化も進んでいる今日にあっては，地方ごと・地域別店舗別に多様化した消費者に対応するために，地産地消の地域密着型の新鮮な品揃えが必要である。この背景には，地方分権型社会へという時代の流れがあり，地域密着型の多様なフォーマット（地元の雇用促進，客層にも適応），地産地消（新鮮さを強調），地元の食文化にあった品揃えが必須の生き残りの条件になっている。

もはや従来の全国標準化・画一化した総合スーパーのフォーマットは困難であり，中央集権型の危機から地方分権化へ，チェーンストア方式の抜本的な変更が求められている。店揃え（専門店の集積，売場づくり）に工夫や特長を出し，新しい総合スーパーへ改革を進めていくことが，最大のマーケティングならびに経営課題となっている。

●注

(1) 総合スーパー自体の改革は，『販売革新』2015年1月号9頁を参照。

●参考文献

イオン（2000）『ジャスコ30年史』大日本印刷。
池澤威郎（2007）「消費の二極化と小売業態の革新」『オイコノミカ』第43巻第34号，81-120頁。
渦原実男（2010）「第9章 米国におけるGMS小売業態の衰退化と新たな取り組み」『日米流通業のマーケティング革新（第2版）』同文舘出版。
渦原実男（2012）「第6章 イオンの小売業態の展開とイノベーション」『小売マーケティングとイノベーション』同文舘出版。
大友達也（2007）「あの弱かったイオンがダイエーを呑み込んでしまった。何故？」同志社大学『社会科学』79号。
菊地正憲（2004）『イオン大躍進の秘密：小売業日本一』ぱる出版。
『激流』2016年3月号。
小山周二・外川洋子（1992）『産業の昭和社会史7 デパート・スーパー』日本経済評論社。
佐野眞一編（2006）『戦後戦記：中内ダイエーと高度経済成長の時代』平凡社。
商業界編（2009）『イオン スタディ』商業界。
鈴木孝之（2002）『イオングループの大変革：新たなる流通の覇者』日本実業出版社。

鈴木安昭（1991）「わが国におけるスーパーの初期的展開」『青山経営論集』第26巻第2号，313-323頁。
関根孝（2016）「第3章 小売機構」久保村隆祐編『商学通論（九訂版）』同文舘出版。
建野堅誠（2001）「第2章 スーパーの日本的展開とマーケティング」マーケティング史研究会編『日本流通産業史：日本的マーケティングの展開』同文舘出版。
田畑敏明（2005）『ダイエーの蹉跌：企業参謀の告白』日経BP社。
徳永豊（1992）『アメリカの流通業の歴史に学ぶ（第2版）』中央経済社。
仲上哲（2009）「セブン＆アイとイオン：小売業界二強の形成とビジネスモデル」『阪南論集』第45巻第1号，1-14頁。
仲上哲（2011）「現代日本の小売商業における業態の同質化」阪南大学学会『阪南論集』第46巻第2号，1-17頁。
梛野順三（2001）『ジャスコはなぜ大躍進できたのか：新体制・イオンの新たなる挑戦』ぱる出版。
梛野順三（2007）『イオンが変える流通業界再編地図』ぱる出版。
日本経済新聞社編（2004）『ドキュメント・ダイエー落城』日本経済新聞社。
『販売革新』2015年1月号；7月号；11月号，2016年1月号；3月号；7月号。
平野光俊（2009）「イオンのGMSのマーチャンダイジングプロセス改革とコミュニティ社員制度」『神戸大学大学院経営学研究科 Discussion paper』2009・36。
森田克徳（2004）『争覇の流通イノベーション：ダイエー・イトーヨーカ堂・セブンイレブン・ジャパンの比較経営行動分析』慶應義塾大学出版会。
矢作敏行（2004）「チェーンストア：経営革新の連続的展開」石原武政・矢作敏行編『日本の流通100年』有斐閣。

小売の国際化とマーケティング

――インバウンドとアウトバウンドの事例を中心に――

第7章

Ⅰ. はじめに

　従来から，小売業はドメスティック（国内的）な産業といわれ，経済国際化の議論は製造業の海外進出研究が中心であった。しかし近年，全世界的に「小売業の国際化現象」が急展開している。こうした現象は日本市場においても，「インバウンド（inbound）」と呼ばれる流通外資（外国法人が3分の1超出資した会社）の進入が増加し，業態の面で見ても，高級ブランド品店を主とした段階から小売業態の多様化する段階へと進展が見られるようになってきている。

　しかし，必ずしも日本市場への適応に成功しているというわけではなく，かなりの困難に直面し，中には撤退する企業も多く見受けられる。小売業やサービス業の国際化，現地化は，店舗の周辺の地域住民が即，消費者・ユーザーとなることから，メーカーの国際化以上に困難といわれている。

　そこで本章では，まず最初に，小売の国際化研究の主要な学説の動向をレビューする。次に，日本市場を対象に，進入動機のプッシュ要因やプル要因，進入方法，消費者への適応行動の現状をいくつかの事例を取り上げて，問題点を指摘したい。また，大多数が苦戦している中で，比較的巧みな進入を果たした代表企業であるトイザらス（Toys "R" Us）と高級ブランドの代表格の店・ルイ・ヴィトン（Louis Vuitton）を中心に，国際的に異質で特殊な存在とみられている日本の消費者に対する適応方法などの面での成功要因を分析する。さらに「アウトバウンド（outbound）」として，日本の小売業で海外進出して，比較的順調に展開しているユニクロ，無印良品，セブンイレブンなどの事例から，日系小売業の成功要因を分析する。こうしたインバウンドとアウトバウンドから，今後の小売の国際化やマーケティングの課題を考察したい[1]。

Ⅱ. 小売の国際化の研究概要

1. 国際化とグローバル化の概念の相違

　近年，国境を越えた企業活動が盛んとなり，国際化やグローバル化の概念が重要になっている。そこで代表的な概念を挙げる。川端（2000，10-11頁）によれば，「国際化（Internationalization）とは国境の存在や意義を意識した行動であり，国境を越えるごとに経営のやり方や商品を変えて対応することを意味するので，「多国籍化」とも呼ばれている。そのため，国際化の段階では，各国市場ごと（マルチドメスティック）に「現地適合化戦略」に基づいた海外進出が行われる。これに対し，グローバル化（Globalization）とは国境の意義を乗り越えたボーダレスな行動，いわば地球単位で営まれる行動である。グローバル化の段階では，世界市場の均質化が進んだと認識して，国境を越えても経営のやり方や販売商品を変えないことを意味するので，標準化が進んだ商品や経営手法を採用する「標準化戦略」に基づいた海外進出が行われる。」と論じている。このように国際化とグローバル化の概念は区別する。

2. 小売の国際化の概念

　小売の国際化について，代表的な概念を挙げる。Alexander（1997, p.37）によれば，国際的な小売活動（International Retailing）とは，「規制，経済発展，社会状態，文化的環境，そして小売構造などの点で相互に異なる市場における小売オペレーションのマネジメント」である。また，小売企業の国際化（the internationalization of retailers）とは，「小売経営技術を海外移転させること，もしくは国際的な取引関係を確立することであり，それは，規制，経済，社会，文化，小売構造などの国境（障壁）を克服するなどして，小売業を自国とは異なる環境の中で成立させるという国際的な統合段階まで小売組織を発展させることである」としている。また，矢作（2002，29頁）によれば，小売国際化は「小売業の諸活動が国境を越え，異なる経済的，政治的，文化的構造をそなえた国際市場に組み込まれていく過程」である。矢

作氏は，市場と組織次元で分析しており，一般的に企業の持つ経営資源（ヒト，モノ，カネ，技術，情報）の海外市場での配分であると認識している。

次に，製造業と小売企業の国際化の相違について，ロス・デービス（Ross Davis）・矢作（2001, 16-18頁）によれば，「通常，製造業の場合，製品輸出から販売子会社設立，現地生産に至る国際事業展開を経るのに対して，小売企業の場合では，販売（海外市場での店舗），仕入れ（海外調達），経営技術（ライセンシング，フランチャイズ方式，業務提携等の小売経営技術の国際移転），人材（外国人の登用），資本（出店投資）が重要であり，国際化の3つの局面として，商品の海外調達段階→経営技術の国際移転段階→資本の国際化段階（100％完全子会社，合弁会社など参入モードの選択）を経ることが一般的である。」としている。

3. 小売の国際化の歴史的展開

小売の国際化現象は，EUの統合計画で域内のボーダレス化が図られたためにいち早く西欧で先行してきたが，これに東西冷戦の終結による東欧の市場経済化が拍車をかけた。当初の海外出店はブランド品店や専門店主体の時代であったが，90年代後半からは，食品を含めた総合店の出店が増加する段階に移行した。特に，巨大流通外資（グローバル・リテーラー）と呼ばれる，Wal-Mart（ウォルマート：米），Carrefour（カルフール：仏），Metro（メトロ：独），Tesco（テスコ：英）など，欧米大企業の展開が，進出した各国の流通システム全体の変革に影響を与えるようになってきている。

4. 小売の国際化の初期の研究課題

小売国際化の初期の研究は，事実の観察と認識に主眼がおかれ，海外進出動向の実態調査が中心であった。

次に，海外進出が徐々に増加するに従い，海外進出の動機や要因研究が盛んに行われるようになってきた。いくつかの仮説をもとに，Alexander（1997, p.129）は，海外進出要因をプッシュ要因とプル要因に分類し，それぞれを政治的・経済的・社会的・文化的・小売構造的要因に区分し，整理した。さら

に，Alexander（1997, p.133）は，海外進出要因（動機）構造の類型化を試みた。国内市場の飽和度と当該小売業の国際化への適合性の2軸で分類し，拡張的進出（Expansive）と積極的進出（Proactive），受動的進出（Reactive），土着的進出（Autochthonic）の4つに区分した。

5. 製造業の国際化との相違―小売業は製造業の国際化よりも困難

①工場立地と店舗立地の国際化の相違

　小売業の店舗立地には，費用因子とともに収入因子が重要であるとされている。小売業の店舗では発注・納品・陳列から販売，アフターケアまでの一連の小売業務を空間的・地理的に分割できないゆえ，立地に規定される部分が大きい。小売業は店舗周辺の市場と密接に関連し，狭域市場を基盤にした産業である。小売業は川下の市場環境とともに，川上のメーカーの供給体制や卸売，物流環境に負う部分が大きく，内部化が困難である。小売業の仕入・販売技術は母国の流通システムや商慣行，市場特性を前提としたソフト（技術）であり，製造業のようなハードと密接に関連した技術ではないので，移転が容易ではない。

　メーカーの場合は，他国消費者向けに販売という逃げ道があるため，必ずしも工場周辺の現地住民が消費者でなくても良いが，小売業の場合は，必ず店舗周辺の現地住民が消費者となるため逃げ道がなく，現地への適応が非常に重大な問題となっている。さらに，製造業の国際化の通常ステップでは，製品の不規則な輸出→現地代理店を介した規則的な輸出→自社販売会社設置による輸出→現地生産の開始へと，段階的に参入リスクをクリアーし，学習しながら進行できる。しかし，小売業の場合は，店舗投資が必須で，段階的な国際化プロセスが困難なため，参入リスクが非常に大きくなっている。

②小売業での参入リスク回避・抑制方法

　上記のように小売業では，参入リスクを回避したり，抑制する方法を工夫することが，国際マーケティング成功に当たっての重要なカギとなる。この点については，後述するように，強力な自社ブランド商品を保有したLouis

Vuitton（ルイ・ヴィトン）のケースと業務提携や合弁事業方式で参入した Toys"R"Us（トイザらス）のケースを取り上げる。

③別個の独自な理論の必要性

　製造業の海外進出を説明する理論としては，赤松要氏が1930年代に提起した「雁行形態論」やヴァーノン（Raymond Vernon）が1966年に提唱した「国際プロダクト・ライフサイクル理論」など有力な学説がある。前者は，先進国から見た場合，例えば，西欧→米国→日本→ NIES → ASEAN →中国のように，各国の経済発展とともに順次キャッチ・アップしていく形で，輸入→国内生産→輸出の雁行形態をとって発達してきたことを実証した学説である。後者は，米国多国籍企業の国際化プロセスの分析から，新製品の生成→成長→成熟→衰退という製品ライフサイクルが，世界の各国の経済発展段階に応じて順次展開されていることを実証した学説である。こうした製造業で実証されてきた理論に基づき，先進国における発展パターンを途上国がタイム・ラグを有しつつ追いかける図式が，小売国際化では成り立たない（小売業の店舗は狭域市場を基盤とし，その上，小売業の技術は母国の流通環境を前提として成立しており，小売企業に内部化可能な優位性は限られるからである）。

Ⅲ．小売の国際化研究の主要な学説の動向

1. 国際小売業の概念化と類型化

①ホランダーの国際小売商の分類

　Hollander（1970）が小売国際化研究の嚆矢とされており，初めて国際的に活動する小売業者すなわち国際小売商を，奢侈品店，専門品店，直販店，総合小売業，商社に5分類した。

②トレッドゴールドの小売企業の国際化の類型化

　Treadgold（1988）は，小売企業がグローバルな企業活動へと向かう道程

について分析を試みた。その結果，地理的出店度合と参入事業活動戦略に用いられるコスト/コントロール・レベルの2軸によって，国際化戦略パターンを4類型化した。

③サーモンとトールジマンの小売業の国際化の概念
　Salmon and Tordjman（1989）は，グローバル戦略，多国籍戦略，投資戦略に分類して小売企業のグローバル展開を類型化した。「標準化戦略」を採用する「グローバル小売企業」（専門店が代表格）と「現地適合化戦略」を採用する「多国籍小売企業」（総合小売店）を明瞭に峻別した。

④アレキサンダーの海外進出のタイプ分類
　Alexander（1997, p.129）は，海外進出要因をプッシュ要因とプル要因に分類し，それぞれを政治的・経済的・社会的・文化的・小売構造的要因に区分し，整理した。さらに，進出動機構造の類型化も試みた。

2. 理論的課題の提示と分析モデルの構築

①向山の「グローバル・パス」モデル
　向山（1996）は，小売企業グローバル化に関する初めての本格的な研究書を著した。出店行動と商品調達行動の関連性からグローバル化プロセスを分析し，「グローバル・パス」モデルを構築した。また，標準化で規模の経済をねらった品揃えの共通化により，グローバル・ジレンマの解消可能性を説明した。

②川端の「フィルター構造」
　川端（2000, 33-60頁）は，日系小売企業の海外進出の実態を調査し，各国市場にそなわる特性を「フィルター構造」と呼び，進出先では異なるフィルター構造を通過することが基本的課題になると主張した。戦略類型別に，フィルター構造との関係を明らかにした。

③矢作の「小売国際化の組織行動モデルⅡ」

矢作（2002, 29頁）は，「小売イノベーション・モデル」に基づいて，「小売国際化の組織行動モデルⅡ」を提唱した。戦略立案の中に，販売，仕入れ，経営技術の3つの主要な小売業務システムの選択を組み込んでいる。

Ⅳ．流通外資の日本へのインバウンドの歩みと国際マーケティング

1. 日本市場進出の歩み

①対日直接投資規制の段階的緩和期（戦後～1970年代半ば）

戦後，1949年に制定された外為法と1950年の制定の外資法に基づき，外国企業による日本への直接投資は，「原則として禁止」「例外的に許認可」という厳しい外資規制が課せられていた。当時は，まだ脆弱な国内産業を国際競争から保護・育成することが国家的目標であった。しかし，日本経済の復興や国際競争力の向上とともに，貿易自由化の外圧が次第に強まり，1967年頃から徐々に資本の段階的自由化が進められ，1975年に小売業の自由化が実現した（東洋経済新報社，2002, 157-162頁）。

②国内流通規制の時代（1970年代半ば～1980年代）

一方，小売業の出店に関する流通政策については，1956年からの「第二次百貨店法」が1973年に「大規模小売店舗法」に変更され，百貨店だけではなく全ての大型店舗を規制するように強化された結果，流通外資の大型店も規制を受けるために，事実上，流通外資の大型店舗の進出は不可能であった。そのため，大規模小売店舗法の規制を受けない面積以下ということで，小型店の高級ブランド店の進出が中心で，シャネル（Chanel）やルイ・ヴィトン，エルメス（Hermes），ローラアシュレイ（Laura Ashley）などが相次いで出店し，1980年代にブームとなった。

③規制緩和の時代（1990年代～現在）

　貿易摩擦の解消に向けた日米構造協議により，日本の閉鎖的な流通制度や各種規制，独特の商慣習，高コスト構造が繰り返し批判の対象となり，規制緩和や市場開放の圧力が高まった。特に流通外資の大型店進出を拒む大規模小売店舗法に批判が集中し，規制緩和により，1990年代から進出数が激増した。

　当初は，ザ・ボディショップ（The Body Shop）やトイザらス，L.L.ビーン（L.L. Bean），GAP（The Gap）など専門店業態中心であったが，90年代末にはコストコ（Costco），カルフールなど総合的品揃え業態をも含めた多業態化が見られるようになるとともに，進出方式も業務提携や合弁会社，完全子会社，ライセンス契約など多様化が進展している。そして，2002年に世界一の巨大企業ウォルマートが西友と業務提携（その後，子会社化）したり，ドイツのメトロ，英国のテスコも日本市場に参入しており，まさに世界の巨大流通企業による流通再編が進展している。

2. 流通外資の国際マーケティング

①国際マーケティングとグローバル・マーケティングの概念

　世界経済の持続的成長に伴う世界の購買力の上昇，WTOなどによる貿易・資本自由化の促進，情報・通信や交通手段の発達など，地球的規模での環境変化は，グローバル・マーケティングを生み出している。これは，国境を意識せず，地球全体を視野に入れたマネジリアル・マーケティングないし戦略的マーケティングの地球的展開ともいえる。そして，地球市場を同質ととらえ，標準化戦略を重視するのがグローバル・マーケティングの一般的な認識である。

　これに対して，地球市場を同質ではなく，セグメントの集合体と捉え，現地化戦略を重視するのが国際マーケティングの認識である（前述の，国際化とグローバル化の概念の相違に符合している）。したがって，標準化と現地化の組み合わせが戦略策定の大きなテーマとなっている。

②国際マーケティングの環境要因

　国際マーケティングの制約要因は，統制可能要因と統制不可能要因とに分けられる。統制可能要因は4P'sと呼ばれる製品（Product），価格（Price），プロモーション（Promotion）およびチャネル・物流（Place）であり，それらが国際マーケティング・ミックスを構成することは，国内マーケティングと同じである。これに対して，統制不可能要因には国内環境の他に，国外環境が加わる。国内環境には市場，政策，技術の要因が含まれるが，国外環境にはこれらの他に，文化・宗教，地理，政治などの要因がつけ加えられる。

　国外環境には，市場（国際的な製品ライフサイクル段階，1人当たりGNPなど），政策（産業保護政策，関税，現地調達を義務付けた法律など），技術（技術格差，生産性格差など），文化・宗教（言語，宗教，慣習など），地理（気候，風土，交通など），政治（政治体制の相違など）が挙げられ，国際マーケティング・ミックスでは，これらの環境要因に適応しなければならない。

③流通外資の国際マーケティング

　流通外資のマーケティング戦略について，標準化と現地化の問題に取り組んだ沼野（1997）の「外資系流通企業の国際マーケティング戦略」実態調査結果を参照すれば，戦略プログラムは完全標準化から完全現地化までの幅の中で，総合的には部分標準化戦略が主であった。4P'sのマーケティング・ミックスで分析した結果によると，商品の品質，包装やラベルは，その標準化度が高いのに対して，価格，プロモーション（促進），チャネル（経路）のプログラム戦略は分権化がみられ，その現地化度が高いことが明らかとなっている。流通外資は，日本市場において戦略プログラム全体を完全標準化または完全現地化しているのは少数派であり，大多数は部分標準化戦略を採用している。

V. 日本の消費者の特徴と進出動機

次に流通外資が日本市場へ進出する動機（特に日本の消費者の魅力）について考察する。

1. 日本市場への進出動機

一般的に言って，外資が市場進出する動機には，プッシュ要因とプル要因が考えられる。

①プッシュ要因

外資が母国市場から押し出される要因である。これには，例えば，「母国での出店規制の強化」（都市計画や環境保全など）や，「母国市場の成熟化・飽和化で成長機会が乏しいこと」という環境要因に対する受動的側面と，「世界規模で展開している巨大メーカーとの協調関係」や「情報技術の発展により多国籍での店舗展開が可能」という主体的要因に対する能動的側面がある。

②プル要因

外資が日本市場から引き付けられる要因，すなわち，日本市場の魅力である。これにも，例えば「公的規制の緩和」（大規模小売店舗法の段階的緩和や改正，そして2000年の廃止である。ただし，2000年6月，環境配慮を重視した大規模小売店立地法の施行により，住宅地周辺での出店規制が強化されている）や，「不動産価格の下落」（特に地価や地代，建築コスト），「低コストでの人材確保」（日本にとっては高い失業率のため，さらに経営破綻した企業から専門家が容易に確保できる），「1人当たりGDPが高く，しかも中間所得層が多い」という環境要因だけでなく，「日本は長引く不況とはいえ，世界第2位の豊饒な市場であり，先行優位を取りたい」や，「既にトイザらスのような大型専門店チェーンが成功している」という主体的要因に対する能動的側面がある（向山，1996，13-22頁；矢作，2000，111-114頁）。

2. 日本の消費者の価値観や行動の特徴

①日本人論のレビュー

　日本人論の通説に従えば，以下のような特徴が列挙される。第1に，日本人の特徴として，少しでもキズのある商品や曲がった野菜にクレームを言ったり，鮮度や新製品，高品質を重視する消費者行動をとることに顕著に見られるように，「清浄という美的価値」を過度に重視している。第2に，日本は「母性社会」と言われるように，消費者の甘えたいという願望が，過剰包装，過剰サービス，過剰機能など，日本企業の過剰なマーケティング展開を促している。第3に，日本人は「集団主義」を好み，「人並み意識」が強くて周囲に影響されやすく，それがブランド志向や流行志向を助長している。

②日本の消費者のタフな面の特徴

　三浦（2002, 12頁）によれば，日本の消費者のタフな面の特徴として，「製品瑕疵不許容」（機能的に問題がなくても，見た目で不良品と認識してしまうこと）や，「新奇性選好」（中古蔑視とバージン志向が強いために，企業は毎年膨大な新製品の市場導入や頻繁な製品モデルチェンジを行う結果，特許や商標・工業デザインの申請数が世界一多い），「過剰性選好」（多機能，多品種，過剰包装，過剰サービスを要求する）が挙げられる。要するに，日本の消費者は品質に非常にうるさいといえる。

③日本の消費者のイージーな面の特徴

　一方，日本の消費者のイージーな面の特徴として，「ブランド志向」（欧米高級ブランドへの志向が強く，消費低迷でもブランド・ブームが続いている）や，「流行志向」（ヒット商品番付や口コミ情報などに依存しているため流行に動かされやすく，流行を仕掛けやすい）が挙げられる。言い換えれば，日本の消費者はイメージに流されやすいといえる。

　三浦俊彦氏のさらなる実証研究によれば，日本の消費者のタフな特徴として，「品質重視」が最も強く表れており，次いで「色・デザイン・味・香・音重視」という五感に関わる感情型属性や「アフターサービス重視」「ブラン

ド・イメージ重視」も強いことが明らかにされている。逆に本当のイージーな側面は，実はブランド志向や流行志向というよりも，その背景にある「友人・知人の影響をうけやすい」点にあると指摘している。

Ⅵ. 日本へのインバウンドの現状と課題

1. 流通外資の相次ぐ撤退と不適応現象

近年，流通外資の進出が増加している一方で，日本の消費者理解や市場適応で望ましい成果が上げられず，以下に列挙しているように，撤退していく企業が相次いでいる（三井トラスト・ホールディングス，2002，19-26頁；三浦，2002，166-167頁）。

(1) 最近の撤退企業とその要因
①オフィスマックス（Office Max：米国・事務用品）
アスクルやカウネットのような小回りの効く迅速な配送網の企業に敗北した。

②ザ・ブーツ（The Boots：英国・医薬品）
母国では日常的なバラエティストア型のドラッグストアにもかかわらず，日本では高級店志向を強め，そのギャップが大きかった。その上，日本の薬事法上，PB医薬品の販売が不可なことも打撃であった。

③セフォラ（Sephora：フランス・化粧品）
日本でのブランド力の弱さや，香水市場の小ささ，メーカー直接仕入れの困難さなどが敗因であった。

④エタム（Etam Developpement：フランス・インナーウェア）
下着に対する価値観の面で，日本人女性には受け入れられなかった。

⑤ REI（Recreational Equipment, Inc.：米国・アウトドア用品）
　本格的なアウトドアショップは，日本では時期尚早であった。

⑥ デイリーファーム（Dairy Farm：香港・食品スーパー）
　日本では加工食品よりも生鮮食料品の品揃えを重視すべきであった。

⑦ カルフール（フランス・総合小売業のハイパーマーケット）
　1号店は千葉県の幕張，2号店は東京都町田，3号店は大阪府和泉に出店した。同じハイパーマーケット業態は，日本のダイエーのハイパーマートも苦戦し，全面的に撤退した。品揃え面でフランスの期待がイメージ先行しており，品揃えは洋風，サービスは和風に転換するが，未だ8店舗で小ロット数ゆえ，数量割引の恩恵なく，低価格の魅力が乏しい。日本では「まとめ買い」の習慣がなく，客単価が低い。2005年イオンに事業売却し，撤退した（清尾，2001，67-108頁；187-221頁）。

⑧ テスコ（英国・総合小売業のスーパーマーケット）
　2003年に旧シートゥーネットワークを買収することで，日本市場に進入した。テスコジャパンの店舗数は，つるかめ76店，テスコ30店，テスコエクスプレス10店その他合計129店で伸び悩み，採算の目標数である数百店規模が達成できず撤退し，2013年にイオンに売却した。肝心の「テスコ」ブランドの知名度を高めることができなかった。

(2)　適応策を検討中の企業
① 1999年に進出したコストコ（米国・会員制ホールセールクラブ）
　1号店は福岡県のトリアス久山，2号店は千葉県の幕張に出店した。同じ会員制ホールセールクラブ業態は，日本のダイエーのコウズも苦戦している。店内を装飾せず，商品も原則，無包装である。スーパーとの棲み分け可とみて，まだ模索段階中である。パパママストアへの卸や業務用需要にも対応しているが，小口消費者の支持が不十分である。

② ZARA

　ファストファッションで売上高トップのZARAは，SPA（製造小売業）ビジネスモデルを構築したスペインのインディテックス（Inditex.）社の人気ブランドである。最もトレンディーなものは，本社に最も近い工場でつくられるため，製造から僅か3週間で店舗へ提供できるスピードの速さを誇っている。最高の立地に店舗を構えるために，日本では高い店舗賃貸料，人件費等の経費がネックとなり，商品価格を期待したほど安くできないことが課題である。

③ H&M

　スウェーデンで創業したH&Mも，同じくSPAビジネスモデルを構築し，ZARAと売上高で首位争いを繰り広げている人気ブランドである。メインターゲットは若い女性で，低価格かつファッション性のある衣料品を扱っており，中には有名デザイナーとコラボレーションして開発した商品もある。最大の特徴は製品回転率の早さであり，店頭には続々と新製品が投入され，売り切れ御免の手法である。H&Mの最大の売りは，旬でファッション性が高いアイテムが低価格で手に入ることであるが，ZARAと同様，商品価格の課題を抱えている。

2．小売技術の国際移転の困難さと参入リスク回避・抑制方法

　前述したように，小売業は製造業の国際化よりも困難であるため，小売業での参入リスク回避・抑制方法が重要である。

①強力な自社ブランド商品を保有―ルイ・ヴィトンのケース

　当初は日本の輸入専門業者が個別に現地で買い付け，販売していたが，日本市場で高い人気のため，1978年に支店を開設し，百貨店でのインショップ店舗を展開した。1981年に100％子会社を設立し，単独立地形式の直営店舗を展開したように，強力ブランド商品の場合は，製造業と類似の段階的国際化と組織学習のプロセスをとることができる。

②業務提携や合弁事業方式での参入―トイザらスのケース

　90年代の流通外資参入36件の内，合弁事業15件，業務提携11件，完全子会社10件となっている。通常，市場の類似性が強い国へは完全子会社，異質な市場へは合弁か業務提携方式をとって，少しでも参入リスク抑制に努めている。

3. 成功事例1―高級ブランドのルイ・ヴィトン

　1981年にルイ・ヴィトン・ジャパンを設立し，直営路面店1号として，銀座店をオープンした。現在，26都道府県に58の直営店を持ち，年商は3,245億円（推定：日本は全世界の売上高の約7%といわれることからの推定値）（2015年12月期）である。高級ブランド業界トップ企業である。70年代の並行輸入業者が販売の中心であった頃は，本家パリの4倍で高価格であっても，日本人に人気があった。そこで直営店方式で日本市場に進出し，製造と販売の現場を直接つなぐ完全自前方式（今流行のユニクロ方式）で中間流通マージンカットにより，内外価格差是正に成功した。不正商品対策室を設置し，ブランド価値の希少性と信頼性を守る。修理やサービスも充実している。モエ・ヘネシー・ルイ・ヴィトン・グループ（Moet-Hennessy Louis Vuitton）は，世界30ヵ国に直営店271店，売上高約1兆2500億円である（商業界，2002，42-61頁；ベルナール，2002，80-89頁）。現在はさらに出店数を増加させ，全世界で3,860店，売上高4兆6,363億円である（週刊東洋経済，2016）。

4. 成功事例2―専門店のトイザらス

　1989年に日本マクドナルド（McDonald's）と合弁会社（joint venture）を設立し，2000年に店頭公開した。2,000～3,000平方メートルの大型店舗で，玩具や子供服，紙おむつなど幅広い品揃え，メーカー直接取引による圧倒的な価格優位性で，10%を超える市場占有率を持ち，独り勝ち状態である。零細企業中心の玩具業界の構造を変革中である。日本市場における指南役である日本マクドナルドのノウハウを活かし，出店のスピードアップや効率化を促進した。それでいて，日本流にアレンジ戦略をとり，日本市場に対応した

独特のフォーマット（業態）を導入するなど，日本市場への柔軟な対応が成功要因である。

① 多様・多彩な出店スタイル

　米国では郊外の単独立地・平屋店舗であるが，日本ではショッピングセンター出店や2層式店舗，2階より上層出店など多様な出店スタイルである。さらに，郊外だけではなく都心立地もあり，多彩である。

② 業態のコンパクト化

　標準型は米国では3,000m^2，日本では2,000m^2と小型化させている。しかも，日本で独自開発されたコンセプト・ジャパンでは，イマジナリウムやアニマルアレイ，什器を低くして見通しやすくするなど，お客様にフレンドリーな店づくりをしている。

③ 日本独自のインショップ

　米国では単独店展開しているベビーザらスを，日本では既存店舗にインショップとして取り込んで，ベビー用品を販売している。

④ 日本固有の人形商品の品揃え

　日本の伝統的な雛人形や五月人形などの季節的商品，人気アニメのキャラクター人形など，日本市場に即した品揃えをしている。

⑤ 顧客の囲い込み

　クレジットやポイント機能がついたトイザらス・カードで，顧客へ利便性を供与するとともに，顧客データベースを作成し，効果的なマーケティング管理に使用している。リピーターから固定客化が進んでいる。

⑥ エンターテイメント性強化

　米国式の「低価格」で「豊富な品揃え」だけでは，日本人は満足しない。

顧客サービス専従要員「CSアソシエイト」を配置し，接客や商品説明，店舗案内でフレンドリーなサービスを強化し，ファミリー客に「楽しい時を過ごす場」を提供している。

⑦中間流通コストの削減

日本は伝統的に問屋や卸売業者介在型の流通システムであるが，トイザらスはメーカーとの直接取引を行い，中間流通業者を排除し，仲介手数料コスト削減した分を値引きという形で低価格販売して消費者に還元している。

⑧日本式物流

物流網を整備して効率的な商品供給システムを構築した。具体的には，米国のミニマム・セーフティ・ストックで必要最低限の在庫量を算出する仕組みを導入した。さらに，2店舗1トラック体制で配送頻度を高め，商品の店間移動システムを取り入れ欠品予防に講じるなど，日本流にアレンジさせた物流システムを構築した（商業界，2002）。

VII. 日本からのアウトバウンドの現状と課題

1. アウトバウンドの推移

日本からの小売業のアウトバウンドは，歴史的には比較的国内で経営状態が良好であった業態から，新たな市場を開拓するために海外進出を開始した。そのため初期の段階では，大型百貨店が主体であって，三越や高島屋，大丸，伊勢丹，阪急，そごうなどが進出した。

しかし母国である日本での百貨店経営が苦しくなると，順次撤退していった。欧米に進出した三越や高島屋は，日本では総合的な品揃えを提供する「日本型百貨店」のビジネスモデルを構築しているが，例えば，英国・ロンドンやフランス・パリの三越，米国のニューヨークの高島屋は，日本人観光客や駐在日本人客相手の「お土産店」的な品揃えで，売場面積も狭く，日本で言う百貨店とはストアフォーマット（店舗形態）もビジネスモデルも異なっ

ていた。本格的な日本型百貨店モデルで進出しているのは，台湾に現地資本と合弁で経営している三越，そごう，阪急，シンガポールに進出している伊勢丹，高島屋ぐらいである。しかも台湾では，大手財閥系企業が経営の実権を握っており，日本に対して良好なイメージを持っている人が多い台湾では，店名として三越，そごうの名を付しているとも言われている。

次に海外進出を図ったのは，全盛期であった総合スーパーのダイエー，旧ジャスコ（現在のイオン），ヤオハンであった。ダイエーは米国ハワイに，イオンは前述のとおり，東南アジアのタイやマレーシア，それに香港に，ヤオハンは国内では東海地域にチェーン展開する中堅の総合スーパーであったが，積極的に中国や香港などに進出した。しかし結果的には，ダイエー，ヤオハンともに失敗し，閉店撤退しただけではなく，母国日本の経営自体まで破綻していまい，現在はイオンになっている。前述のとおり，イオンは中国や東南アジアでの出店を強化しており，今のところ総合スーパーで活躍しているのは，後発ではあるが，中国チェーン展開している大手のイトーヨーカ堂と中堅の地方スーパー平和堂ぐらいで，数少なくなっている。

現在，積極的に海外進出をしているのは，個性的魅力を兼ね備えた専門店と日本型コンビニエンスストア，それに総合小売業のイオンとイトーヨーカ堂が主流となっている。イオンの海外展開に関しては，既に第5章で説明しているので，以下では，ユニクロ，無印良品，セブンイレブンの事例を説明する。

2．ユニクロの事例

ユニクロのホームページによれば，2016年10月13日現在，国内ユニクロ事業837店に対して，海外ユニクロ事業は，中国472店，韓国173店，台湾63店，香港25店，シンガポール24店，タイ32店，マレーシア35店，フィリピン32店，インドネシア9店，オーストラリア12店と東アジアや東南アジア各国，豪州で出店を加速している。欧米では，米国45店，英国10店，フランス10店，ロシア11店，ドイツ3店，ベルギー2店となっており，総計で958店となり，今や海外店舗数の方が国内より多くなっている。ただし，ここ数年の出店は，中国，韓国，台湾が多く，次いで東南アジア各国であっ

て，欧米は伸び悩んでいる状態である。

ユニクロは，東京をグローバルヘッドクォータ（世界中央本部）とし，中国の上海，東南アジアのシンガポール，米国ニューヨーク，ヨーロッパはフランスのパリというように，世界の主要4大都市に地域本部を設立し，グローバル経営体制を構築して，地域ごとに効果的な在庫管理や店舗開発など経営の精度向上と効率化を図っている。企業全体のグローバル化を推進するために，外国人の採用数が日本人よりも多くなっており，現地人のマネージャーを育成し始めている。「社内公用語の英語化」で話題になったように，日本人の英語をはじめ現地の言語でのコミュニケーション能力の向上も図っている。

ユニクロは，商品の企画から製造，販売まで一貫して自社でマネジメントするSPA（製造小売業）のビジネスモデルを構築したことにより，商品の品質・価格・スタイル・品揃え，店舗や顧客サービスでユニクロらしさを提供して成功したと認識しており，この手法を海外にも拡大しようとしている。そのためには，アパレル業界での経験と現地の市場・文化・トレンドに精通し，リーダーシップのとれる優秀な現地の人材を経営陣に採用している。海外事業のトップの役職に，強いリーダーシップのある優秀な現地経営者がいて，日本のマネージャーや本社チームと密接な連携をとることが重要である。例えば，韓国では，ロッテとの強力なパートナーシップがあったお蔭で成功したといわれている。

中国や韓国，台湾など東アジアでは好調であるが，欧州ではZARAやH&M，米国ではGAPのような強力なライバルが存在する地域では，旗艦店が広告塔の役割を果たしてはいるものの，認知度が期待したほど上がらず，経営状態も苦戦が続いている。

3. 無印良品の事例

身印良品のホームページによれば，2016年2月末現在，
国内直営店312店，商品供給店102店に対して，海外事業は，中国160店，韓国14店，台湾38店，香港15店，シンガポール9店，タイ13店，マレー

シア5店，フィリピン7店，インドネシア3店，オーストラリア3店，クウェート2店，UAE3店となっている。欧米では，米国11店，カナダ2店，英国12店，フランス9店，イタリア9店，アイルランド1店，スウェーデン8店，ノルウェー2店，スペイン6店，ポーランド1店，ポルトガル1店，トルコ2店となり，総計で344店となり，直営店だけでみれば海外店舗の方が多くなっている。ただし，出店の主力は，中国や台湾，韓国であり，欧米は微増に留まっている。

　無印良品の海外事業は，1991年に英国ロンドンに，リバティ百貨店とのパートナーシップにより，店名「MUJI」で出店した。同年には，香港のウィオングループとの合弁会社で1号店を開店したが，当初は海外ビジネスのノウハウを知らず，1998年にはアジア地域から撤退した。海外出店する場合，首都や主要都市の一等地は家賃が高過ぎることを知り，売り上げと家賃のバランスを考え，採算性を重視し，「1丁目1番地」ではなく，2番地や3番地の物件を探して出店するほうが賢明であると認識した。海外戦略のポイントは，出店する国や地域の事情に合った展開をするべきである。当時の松井忠三社長は，例えば，英国では，ディベロッパーが優位で，テナントは家賃が厳しいことを体験学習したことから，ブランドの浸透と出店のスピードを一致させることが重要と理解した。その結果，基本的には直営店でスタートすることとし，直営店はマジョリティー出資により出店する戦略に変更した。こうした戦略により，1店ずつ黒字化させながら堅実に海外展開を再開した。欧州，アジア地域での成功を足がかりにして，2007年に，米国ニューヨークに出店した。その後は，中国の北京や上海などに店舗展開を始めたが，偽物扱いや模倣品対策で苦戦を重ねた。しかし人民日報に「厳正声明」を掲載し，さらにイメージ広告を展開することでブランドの回復に取り組んでいる[2]。

　さらに，松井氏は，世界にあるのは「ローカルなマーケット」だけとも述べ，結局，グローバル企業になるということは，「郷に入れば，郷に従え」の格言どおり，その土地ごとに合わせたビジネスをすることが重要であるとしている。現地向けに商品を開発したり，売り方を変えたり，会社の仕組みの部分で現地に合わせること，すなわち現地適応化戦略が必須であると主張し

ている。

4. セブンイレブンの事例

　セブンイレブンのホームページによれば，2016年10月末現在，国内店舗数は，1万9,076店で，2万店舗に迫る勢いで出店を加速している。

　現在，7-Eleven, Inc. がマスター・フランチャイジー契約を結び進出している国・地域は，米国8,428店，日本以外にはメキシコ1,880店，カナダ507店，中国2,270店，韓国8,405店，台湾5,087店，タイ9,411店，マレーシア2,057店，シンガポール431店，フィリピン1,840店，オーストラリア636店，スウェーデン184店，ノルウェー155店，デンマーク187店，インドネシア166店，UAE6店があり，世界で17の国と地域に約6万店を超える店舗が営業を行っている（海外店舗数は，2016年9月末現在である）。2017年の春には，ベトナムで1号店が開店する。セブンイレブン・ジャパンの完全子会社の7-Eleven, Inc. は，日本とハワイを除く各国のセブンイレブンにエリアライセンス権を付与している。

　セブンイレブンのルーツは，1927年に米国南部テキサス州で創業したサウスランド社であった。最初は，自動車の運転手に冷たい氷（アイス）を提供することからはじめ，様々な飲料やスナック菓子に次々と品揃えを拡大していき，自動車に給油したり，トイレ休憩で立ち寄る店に進化していった。その関係で，米国でのコンビニエンスストアは，石油資本とのつながりが密接である。戦後，営業時間を早朝の7時から深夜の11時まで営業していることを訴求するために，店名を「セブンイレブン」とし，いつでも買える時間的便宜性と，最低限生活に必要な品が揃っている便利性から，この小売業態は「コンビニエンスストア」と呼ばれるようになった。

　その先駆け企業が，セブンイレブンである。日本のイトーヨーカ堂の鈴木敏文氏らが，米国視察旅行でたまたま立ち寄った店が，サウスランド社のセブンイレブンであった。これに興味を持った鈴木が，1974年に周囲の猛反対を押し切って，サウスランド社と契約し，日本でフランチャイズチェーン方式によるコンビニエンスストアの展開で成功したのが，日本での始まりであっ

た。しかし，米国型のコンビニエンスストアのマニュアルやノウハウは全く参考にならず，鈴木は一から日本型コンビニエンスストアのビジネスモデルを構築していった。

その結果，かつての親会社のような存在であった米国サウスランド社が経営危機に陥ってしまったのに対して，日本型にアレンジしたセブンイレブン・ジャパンは大成功し，今では，米国を子会社化して経営支援をしており，まさに「日米逆転」の象徴的ビジネスとなっている。よって，海外展開しているチェーン店も，日本型にアレンジしたビジネスモデルを構築した店舗の方が，芳しい経営状況といえる。

Ⅷ．今後の小売国際化研究の課題とまとめ

以上，日本市場へのインバウンドおよびアウトバウンドの事例をみてきたが，ここで海外展開する場合の課題を整理したい。

①ビジネスモデル（ストアコンセプト）の革新性と現地流アレンジ

日本から撤退した企業の多くは，自己の販売方法を含めたビジネスモデルの優位性を過信し，本国の手法をそのまま日本に持ち込んで失敗している。「郷に入れば郷に従え」の格言どおり，徹底的に日本市場を研究し，自社の特徴を残しながら，日本市場に合わせた戦略を立てる必要があったのである。他の多くのアジア諸国と異なり，日本は欧米による植民地経験がなく，価値観の差が特に大きいことを再認識すべきであったのだが，マーケティングリサーチ（市場調査）を十分適切に行っていなかったために，撤退に追い込まれている。

②現地のパートナーの存在

日本に進入する場合は，業務提携であれ合弁事業であれ，日本市場に通じたパートナーの役割が非常に重要である。さらに，欧米型のトップダウンの意思決定方式では，価値観の違う日本の特質が上層部に伝わらないことが多

く，トップには日本人の起用が望ましいと考えられる。こうした教訓からいえることは，インバウンドにしろ，アウトバウンドにしろ，進出する現地の事情に詳しいパートナーの存在とアドバイスが重要である。

③接客やサービスの強化

日本では，接客やサービスを重要視することが多いために，1人ひとりの消費者の特性に対応した高品質できめ細かなサービスをもっと充実させることが，成功するためには重要である。

④きめ細かな物流体制

日本では，多頻度少量物流が必要なケースが多く，メーカーとの直接仕入れだけを目指すのではなく，卸売業者との連携も考え，きめ細やかな物流体制を構築する必要がある。

IX．おわりに

最後に，今後の小売国際化研究の課題をまとめたい。

小売の国際化研究に関しては，根本的に，誰が，何故，何時，どこで，いかにして国際化に挑むかという基本的研究が遅れている。前述したように，従来の海外進出や多国籍化研究は製造業中心であり，小売業については，こうした基本的な部分からの研究を行う必要がある。そのためには，最初に小売企業の国際化行動の正確な実態把握を行った上で，小売国際化固有の理論仮説の構築を試みる必要がある。特に小売業の場合，業態や母国によって多様な存在であり一括できないため，主体特性（業態，母国など）と国際化行動の関係を分析するなど，より精緻化することが重要である。

さらに，市場での仲介を主たる業務とする小売という機能は単独では成立せず，生産や卸売など流通の川上分野と，消費などの川下分野の国際化への影響を調査することは，興味深い課題になる。また，小売業の特性にも関連することであるが，店舗立地の意味と出店後の行動，さらに，近年，小売企

業の失敗事例が多発していることから，市場不適応による撤退行動や閉店現象の分析も重要な研究課題である。

●注
(1) 筆者のこれまでの米国小売企業研究については，拙稿「米国でのマーケティング環境の変化と小売業の対応―小売環境の現状分析とトイザラスを中心に」『西南学院大学商学論集』第46巻第2号，1999年，「米国におけるGMS小売業態の衰退化と新たな取り組み―シアーズ社での小売技術開発の試みを中心に」『西南学院大学商学論集』第47巻第3号，2001年，「米国ウォルマート社の小売業態開発の展開」『西南学院大学商学論集』第48巻第3・4合併号，2002年を参照のこと。
(2) 2013年12月13日に開催された「第26回ITmediaエグゼクティブ フォーラム」での松井忠三氏のテーマ「無印良品に学ぶガバナンスとグローバル経営の勘所」講演を参照。

●参考文献
Akehurst, G. and Alexander, N. (1995) *The Internationalisation of Retailing*, Frank Cass.
Alexander, N. (1997) *International Retailing*, Blackwell Oxford.
Dawson, J., Mukoyama, M., Choi, C. and Larke, R. (2003) *The Internationalisation of Retailing in Asia*, Routledge.
Hollander, S.C. (1970) *Multinational Retailing*, MSU Press.
McGoldrick, P. and Davies, G. (1995) *International Retailing*, Prentice Hall.
Salmon, W. and Tordjman, A. (1989) The Internationalization of Retailing, *International Journal of Retailing*, Vol.4, No.2.
Treadgold, A. (1988) Retailing without frontiers, *Retail and Distribution Management*, Vol.16, No.6.
岩下弘編著 (1997) 『流通国際化と海外の小売業』白桃書房。
川端基夫 (2000) 『小売業の海外進出と戦略：国際立地の理論と実態』新評論。
清尾豊治郎 (2001) 『巨大流通外資：「強さ」と「弱さ」を解き明かす』日経新聞社。
『商業界』(2002年3月号)「トイザラス1750億円の核心に迫る」42-70頁。
『週刊東洋経済（臨時増刊）』(2002年4月24日号)「外資系企業総覧2002年版」。
『週刊東洋経済（臨時増刊）』(2016年7月19日号)「外資系企業総覧2016年版」。
中村久人 (2003)「グローバル小売企業の理論構築」東洋大学『経営論集』第60号，47-63頁。
沼野敏 (1997)「外資系流通企業の国際マーケティング戦略―態調査に基づき最近の経営行動を探る」『流通とシステム』第94号，91-98頁。
林廣茂 (1999)『国境を越えるマーケティングの移転：日本のマーケティング移転理論構築の試み』同文舘出版。
ベルナール・アルノー著，森百合子訳 (2002)「創造性を支える徹底した品質管理 LVMH：

スター・ブランドの育成法」『ダイヤモンド・ハーバード・ビジネス・レビュー』3月号，80-89頁。

三浦俊彦（2002）「日本の消費者はタフな消費者か？：在日外資系企業の消費者認識とグローバル・マーケティング戦略」『日本マーケティング・ジャーナル』第22巻第1号，4-18頁。

三井トラスト・ホールディングス業務部編（2002）「調査報告 外資系小売業の動向」『調査レポート』第25号，19-26頁。

向山雅夫（1996）『ピュア・グローバルへの着地：もの作りの深化プロセス探求』千倉書房。

森田彦一（2002）「ルイ・ヴィトン ジャパン」『商業界』2002年1月号，32-39頁。

矢作敏行編著（2000）『欧州の小売りイノベーション』白桃書房。

矢作敏行（2002）「小売国際化のプロセスについて」法政大学『経営志林』第38巻第4号，27-44頁。

ロス・デービス・矢作敏行編，外川洋子監訳（2001）『アジア発グローバル小売競争』日本経済新聞社。

通信販売の経営革新と展開

第8章

Ⅰ. はじめに

本章では，通信販売（通販）の成長の歴史を踏まえた上で，テレビ通販とネット通販での幾つかの事例をもとに経営革新と展開を分析し，今後の課題を考察する。

Ⅱ. 通信販売の成長の概要

1. 通信販売の定義

通信販売とは，一般的な有店舗での販売ではなく，無店舗販売の1つで，何らかのメディアを利用して商品やサービスを販売する方法であり，メディアにアクセスした消費者から通信手段で注文を受け，商品やサービスを引き渡す。近年，インターネット端末が普及したことから，ウェブサイトによるネット通販を指すことが多くなってきている。通信販売の事業を規制する法律は「特定商取引に関する法律」で，「特定商取引法」と呼ばれ，訪問販売や通信販売，電話勧誘販売，連鎖販売取引など，消費者トラブルを生じやすい取引類型を対象に，事業者が守るべきルールと，クーリングオフ等の消費者を守るルールを定めている。本法の第2章第1節で明記されている通信販売の定義は，「販売業者又は役務提供事業者が，郵便その他の主務省令で定める方法（以下「郵便等」という。）により，売買契約又は役務提供契約の申込みを受けて行う商品若しくは指定権利の販売又は役務の提供であって，電話勧誘販売に該当しないものをいう」となっている。つまり電話以外の法律で定められた方法により，消費者に商品やサービスを紹介し，売買あるいはサービス提供の契約を行い，商品の売買，サービスの提供をする業態のことである。この郵便等のメディアが，情報通信技術（ICT）の進化とともに，インターネットなどよりリアルで利便性の高いメディアが登場し，通信販売というビジネスの拡大を促している。

今日，通信販売において，事業者・消費者双方は一般的に次のような媒体を用いている。歴史的に登場した順に挙げていくと，第1に，カタログを用

いた通信販売である。通信販売が始まった初期には，カタログを消費者に配布し，郵便で注文するタイプが主流だった。今日でも，フリーマガジンとして街頭や建物内に設置される他，ダイレクトメールで個人や職場に届けられ，閲覧される。また雑誌として書店で売られているものもある。代表格が，通販生活やニッセンである。

第2に，新聞の折込チラシや掲載広告，各種雑誌の広告である。毎朝新聞を配達するシステムの整ってきた日本では，今もなお有力な通信販売である。ただし，インターネットで様々なニュースを無料で閲覧できるようになってから新聞の発行部数が大幅に減少傾向にあり，その影響を受けることが懸念されている。

第3に，テレビやラジオなど放送媒体を用いた通信販売である。戦後，テレビの普及とともに長らく主流であった。放送メディアも，既存局の他にCSやケーブルテレビなどに設置された専門チャネルも登場し，深夜のテレビショッピングは今も利用する中高年の女性が多い。その代表格は，ジャパネットたかたやQVCジャパン，はぴねすくらぶである。

第4に，今や急成長しているインターネットのウェブサイトを用いた通信販売である。電子商取引のECサイトや電子商店街など，若者を中心に拡大しているメディアである。その代表格が，総合的な品揃えのAmazonや仮想商店街の楽天市場，ファッション専門のZOZOTOWNである。

2. 通信販売のビジネスモデルの基本構造

通信販売では，広告媒体や販売チャネル，取扱商品によってビジネスモデルが異なるが，それらの分類を取り払った基本構造は次のとおりである。

通販会社は各広告媒体で広告を打ち，消費者から，コールセンターやインターネットを通じて注文を受ける。商品取引先（自社生産拠点を含む）から商品を物流センターへ納入し，宅配業者などを通じて顧客へ商品を届ける。決済は郵便為替やコンビニ決済などで代金収納業者を通じて行われる。顧客データは処理・分析を行い，さらなる商品開発やマーケティングに活用している。以下，商品の調達から，消費者からの受注に至るまでの簡単な流れを

説明する。

①商品調達・開発

　通販ビジネスにとって商品戦略は最も重要であるため，独自性が高く，納得のいく品質と価格をタイムリーに提供することが肝要である。調達方法は，自社生産拠点より調達（メーカー直販），バイヤーが内外より調達，メーカーと共同開発して調達，これらの組合せとがある。これらは買取仕入が主流で，自社でリスクをとる。

②調達物流

　自社生産拠点から物流センターへ配送される場合と，取引先のメーカー，卸売業者から通販企業の物流センターに納品される場合とがある。通販大手の場合，メーカーから直接仕入れることが多い。

③物流センター

　物流センターは，通販企業が自社所有・借用する場合，通販企業が所有し運営を物流業者に外部委託する場合，物流業者など外部企業が所有し運営する場合がある。

④広告媒体

　通販業者が商品を広告する媒体は，カタログ，チラシ，テレビ，ラジオ，インターネット，新聞，ダイレクトメールなど，次々と開発されている。通販業者は，取扱商品に応じて，最適なメディアミックス（広告媒体の組み合せ）を適用している。

⑤受注方法

　消費者からの受注方法は，電話，郵便，FAX，インターネットなどがある。従来は，中高年の女性は電話中心であったが，近年，男性や若者を中心にインターネットや携帯電話・スマートフォンからの注文が増加している。

3. 支払方法

　代金の支払方法には，そのタイミングにより，先払いと後払い方法がある。先払い（前払い）は，予め消費者が注文したときに代金の支払いを済ませておくことが前提条件である。販売者が支払いを確認してから，商品を発送する順序である。販売者にとって資金回収が100パーセント確認できるため，リスクのない有利で安全な方法である。

　これに対して後払いは，販売者の立場からいうと，資金回収リスクの大きい危ない方法である。後払いは，注文後直ちに販売者から商品が発送され，到着後に消費者が代金を支払う順序である。そのため比較的高額な商品は資金回収リスクを避けるために，先払いを要求することが多い。低額な商品の場合では，後払いが主流である。事業者や商品によって，分割払いが適用されている場合もある。

4. 事業主体

　通販の歴史を見てもわかるように，今日の販売業者は，多種多様な事業者が存在する。百貨店や専門店のように有店舗の事業者の他，卸売商や生産者による直販まで，様々な流通チャネルで通信販売が行われている。テレビやラジオのような放送局，プロバイダ関連企業が通信販売事業を行う事例も見受けられる。

5. 通信販売のメリットとデメリット

　今日，通信販売の人気が高まり，市場が拡大しているということは，消費者・事業者の双方にメリットがあると思われる。そのため，基本的にどのようなメリットやデメリットがあるかを整理しておきたい。

　まずは，消費者側の立場から考えると，買い物に出かける時間やコストを節約できるメリットである。今や日本人のほとんどが保有している携帯電話やスマートフォン，パソコンなどのメディアを利用すれば，わざわざ手間暇かけて店舗に行かなくても，自宅やどこからでも商品を購入することができる。しかも商品の到着が早く，即日または翌日には，安い料金（時々無料も

あり）で配達もしてくれるため，非常に便利なシステムである。

ただし，有店舗での販売と異なり，店頭で現物確認する機会がないため，イメージしていた品質やデザインと違っていて，商品を受け取ってから後悔するリスクがある。カタログやウェブサイト上で，写真や画像を見て判断することが原因である。さらに，販売する事業者の実態も目で確認できないために，時には事業者が倒産や閉店して，消費者被害にあう危険性がある。

一方，事業者側の立場からいえば，店舗のコスト不要で，物流拠点と事務所だけで低コストのオペレーションができるメリットがある。土地代（家賃・テナント料）や人件費は，小売業にとっては大きなコストであるが，このコストを抑えて，低価格販売につながれば，ビジネスチャンスが拡大するという良い循環になる。

ただし，紙媒体の場合は紙面に，放送媒体の場合は放送時間に限りがある。それに加え売り込みのセールス・トークや演出が過剰になりがちで，どうしても商品の説明が十分されない場合が発生する。その結果，誇大な宣伝になってしまい，後で消費者との間で，法的トラブルを引き起こす恐れがある。よくあるケースであるが，テレビショッピングにおいては，販売員が価格を提示すると，決まって出演者らは大げさに価格の安さに驚いて，さらに絶賛するというシナリオ通りの演出が典型化している。このとき，おまけを付加して，購買心をあおる演出も多く見受けられる。

またこの他にも，媒体によって購買層が変化しやすいため，収益が大きく変化するリスクもある。

6. 通信販売の歴史の概要

黒住（1993），石井・柿尾（2010），渦原（2010）の論説に従って，通信販売の歴史について概説する。

(1) 米国での歴史

近代的通信販売の始まりは，米国で1872年に設立されたモンゴメリー・ワード社と1886年に設立されたシアーズ・ローバック社とされる。モンゴメ

リー・ワード社は，農民組織の会員と結び付くことで通販の組織化を行い，会員に支払い猶予や返品保証を行って急速に成長した。シアーズ・ローバック社も，日本の頼母子講のような「クラブ計画」という会員制や紹介販売方式などで急成長した。

米国で通信販売が成長した背景には，米国の広大な中西部への開拓農民の移住が大きかったとされている。そのような開拓地には「バラエティストア」と呼ばれる雑貨店しかなかったため，生活雑貨以外の商品を入手する方法として，カタログ通販が幅広く受け入れられたのである。

両社は1920年代に台頭してきたショッピングセンターやチェーンストアに対抗するために，GMS（実用百貨店）の実店舗にも進出した。割賦販売制度が導入されたのもこの頃で，通信販売と実店舗の両面作戦が両社の成長の原動力となった。

1950年代には，両社ともGMSなどの実店舗の売り上げが通信販売事業を大きく上回った。1980年代には，通信販売の顧客層が地方の農民から，実店舗で買い物する時間が限られる都会の共働きの夫婦へと変動した。クレジットカードの普及もあり，米国の通信販売は再度黄金期を迎えた。しかし，1990年代に入ると，両社は赤字経営が続き，モンゴメリー・ワード社は1997年に倒産した。シアーズ・ローバック社は1993年に，一部を残して通信販売部門から撤退している。

(2) 日本での歴史

日本における通信販売は，「郵便」という近代郵便制度が整備された5年後，1876年に農学者の津田仙（つだせん，日本における女子教育の先駆者である津田梅子の父）が，『農業雑誌』で米国産トウモロコシの種子を通信販売したことが始まりといわれている（黒住，1993，15-32頁）。津田は，農業の近代化と人材育成を目指して，農業関係者に対して通信販売を利用した。

その後，1880年代後半には，種苗会社によってメール・オーダー・システムによる種苗の販売が行われたが，それは4～5年で終わっている。日清戦争後の1899年には，百貨店の三越と高島屋がPR誌を発行し，それに商品カ

タログを付随した形態で，主に地方顧客向けにカタログ販売を開始している。第2次大戦以前には，その他に時計や印鑑を扱った天賞堂，百科事典のブリタニカを販売した丸善，報知新聞の代理部による通信販売などがあったが，大手企業の兼業による通信販売を除けば，専業の大手通信販売会社は誕生していない。これは，日本における通信販売には，米国のような必需性がなかったためである。その上，日本では当時，「代金は前払い，商品は後渡し」が一般的であったために，消費者トラブルや悪徳商法が多発し，イメージもダウンしていた。

　第2次大戦後の日本に近代的な通信販売を持ちこんだのは，米国のリーダーズダイジェストである。同社は当時，日本になじみの薄かった定期購読という手法をとり，その顧客名簿を活用して1960年代に通信販売に参入し，日本の通信販売業界にはじめてデータベースマーケティングやダイレクト・マーケティング分析を取り入れた。これに感化され，百貨店も通販事業を再開し，1950年代後半には「ムトウ」や「千趣会」など通販専業の会社が誕生し，黎明期を迎えた。

　1960年代には大衆消費社会が到来し，小売業の発展，特にダイエーの誕生など量販店の成長がみられたが，通信販売はダイレクトメールや新聞，雑誌の広告による通信教育や個別商品の販売が中心であった。日本の通信販売が本格的に動き始めるのは，三越などの百貨店が単独化あるいは外資と提携するなどしてカタログ通販に参入し，テレビ，ラジオを媒体とした通信販売が開始された1970年代に入ってからのことである。また，それまでの職域販売あるいは頒布会という形式の販売形態を行っていたニッセンが1975年，千趣会が1976年にカタログ通販に参入している。

　1970年代を通して，通信販売の売り上げは約8倍に増えているが，その背景には郵便料金値上げによるDMコストの増大によるマス媒体，特にテレビを活用した広告の増大や，宅配便の誕生による事業環境の整備の影響が大きかったといえる。

　1980年代には，参入企業の多様化などにより，通信販売市場はさらに拡大，1990年代中ごろに，一時売上高が減少するが，その後はインターネット

の登場により，さらに成長を遂げている。

(3) 日本での通信販売発展の特徴

　米国における通信販売が，その成長過程において，会員制度などによる顧客の組織化を行いながら，流通形態，技術の発達に合わせて，GMSなどの小売業に進出していったのに対して，日本では当初は，百貨店などの小売業が顧客サービスの一環として，通信販売に進出してきた。つまり，米国における通信販売は，その社会的必需性から小売業の一分野としての地位を築いたのに対し，日本における当初の通信販売は，小売業の一業態というより百貨店などの販売手法あるいは顧客サービスの1つであったと考えられる。

　日本における1970年代以降の通信販売は，次の3つの外部環境の変化に対応した。第1点は，ライフスタイルの変化である。女性の社会参加が顕著になり，可処分所得も増加したことから，女性が買い物時間のスピードと便利さを求めるようになった。そこで，カタログ通販が24時間年中無休の売り場として人気を博した。第2点は，悪質商法やマルチ商法など消費者トラブルが多発していたが，通販業界の健全化に向けて，政府が法規制を強化したことである。第3点が，1976年に開始した「クロネコヤマトの宅急便」に代表されるように，宅配便サービスが広がり，道路交通網とともに，物流インフラが整備されたことである。これらの時代背景に対して，通信販売は適切に対応したことから，日本においても社会的必需性が高まったと考えられる。そういった意味で，これ以降の日本の通信販売は，小売業の一業態として成長し始めたのである。1970〜1980年代にかけて，小売業態の1つとして定着した通信販売が，ネット通販の登場やテレビ通販の隆盛により，2000年代に大きな成長を果たしたともいえる。

　このことは通信販売が，今後の私たちの生活にとって欠かすことのできない小売業の一業態として進化していくであろうことを示唆している。通信販売は初期のメール・オーダー・システムあるいはカタログ通販に加えて，テレビ通販，ネット通販など多様な形態が誕生している。また販売される商品やサービスの種類，参入する企業も多様化している。今後様々な企業が通信

販売，というよりも，ネット通販あるいは消費者向けの電子商取引に進出し，e-ビジネスがビジネスの一部あるいは中心になってくる可能性が高いと想定できる。このような流れの中で，現在ネット通販と呼ばれているものを，通信販売という限られた業態の中でだけ捉えるのではなく，産業全体の中でどう位置づけるかを考える必要がある。

III．近年のテレビ通販の成長とネットへの重点移行

1．通信販売成長の実態

既に第5章で説明したとおり，わが国流通部門で構造的変化が起きており，小売業部門全体の販売額は1991年のバブル経済の崩壊以降，長期低迷状況が続いている。百貨店や総合スーパーなどの大型店といえども販売額を低下させているのに対して，無店舗販売の通信販売が成長している。日本通信販売協会が発表している通信販売の年間販売額は，2005年の3兆3,600億円から毎年右肩上がりで伸びて，2015年には6兆5,100億円となっており，過去10年で倍増している（日本通信販売協会）[1]。

市場の拡大要因としては，第1に，楽天やアマゾンジャパン，ZOZOTOWN（企業名はスタートトゥデイ）など，プラットフォーム系企業が市場参入し，拡大の牽引役となっていることである。第2に，店舗系ネット通販が躍進していることである。第3に，マーケティングツールからフルフィルメント・サービスまで，周辺企業による通販支援サービスの充実などが挙げられる。

2．近年の通信販売急成長の背景

通信販売といえば，一昔前まではカタログ販売や通信教育などのイメージが強かったが，現在の通信販売業界の成長を牽引しているのはネット通販とテレビ通販である。ネット通販やテレビ通販が通信販売に含められるのは，前述の特定商取引法に掲げる定義「郵便その他の主務省令で定める方法」に，インターネットのウェブサイトやテレビ通販の番組が該当するからである。ネット通販やテレビ通販の成長の背景には，社会の変化だけでなく，通信技

術やコンピュータ技術の発達が大きく影響している。

　もう1つ通信販売に影響を与えたのは，前述のとおり宅配便の誕生である。それまで顧客に商品を届ける方法は郵便（郵便小包などを含む）と鉄道小荷物だけであったものが，宅配便の登場で様々な宅配サービスが誕生し，商品の配送という参入障壁が低くなったのである。宅配便の進化の歴史を確認すると，ヤマト運輸が「宅急便」を開始したのは1976年であった（ヤマト運輸 Web サイト）。

　その後順調に拡大し，1983年にはスキー宅急便，1984年にはゴルフ宅急便のサービス，1986年には「代金引換サービス」を開始し，1988年にはクール宅急便のサービスを全国展開している。その後も「夜間お届け」サービスや宅急便タイムサービスなど，消費者の生活習慣やニーズに合わせたサービスを登場させてきた。

　こうした宅配便が，商品受取りの利便性をさらに高めている。1つは配送スピードの早さで，例えば，楽天では「楽びん！」を使えば，都内エリアで450品目を購入後最短20分で配達することが可能である。競争相手のアマゾンジャパンでも「プライム　ナウ」を使えば，都内エリアで1万8,000品目を購入後最短1時間以内に配達する。もう1つは受取り方法の多様さで，楽天，アマゾンジャパン，ヤマト運輸，佐川急便，コンビニが連携し，全国のコンビニで受け取れるサービスを協調して取り組んでいる。さらにヤマト運輸は自社の営業所留め置きサービスを，楽天は別途専用ロッカー「楽天BOX」も設置し，消費者の都合に合わせて受け取りやすいときに，受け取りやすい場所を選択できるようにしている（アマゾンジャパン Web サイト；楽天 Web サイト）。

3. テレビ通販の成長

　テレビ通販には，①テレビ番組（大抵はワイドショーなど）のコーナー企画として登場するもの，②スポット広告，③インフォマーシャルと呼ばれる商品を紹介する番組，④CS 放送や CATV 放送の24時間のテレビ通販専門局の4つの形式がある（石光・柿生，2010，83-84頁）。

通販新聞 Web サイト（2016）によれば，2015 年度（2015 年 6 月～2016 年 5 月）のテレビ通販実施企業の主要上位 30 社の売上高合計は，前回調査比で微減の 5,223 億円だった。市場を牽引する上位勢は未だ堅調ながら，各社とも時代の趨勢などから，オムニチャネル戦略を推進している。テレビ通販だけでなく，ネット販売や卸売など他のチャネルの活用も積極化して，全体で業績アップを図る傾向が顕著となっている。その結果，テレビ通販単体の売上高は，相対的に目減り傾向となっている。そこで注目すべき事業者の動向を，売上高上位から見ていく。

　売上高 1 位は，通販専門放送局を運営するジュピターショップチャネル（JSC）で，前年比 2.1％増の約 1,394 億円であった。2 位も通販専門放送局を運営する QVC ジャパンで，前年比 0.1％増の約 963 億円であった。

　3 位はジャパネットたかたで，前年比 1.3％増の約 1,559 億円であった。この売上高の内，テレビ通販の売上高はおよそ 3 割弱とみられ，約 415 億円であった。創業者の高田明氏の長男を新社長とした体制で臨んだ初めての期であったが，掃除機やタブレットなどの売れ筋の他，エアコンの売れ行きも好調であった。60 秒や 90 秒の短尺通販枠の積極的な展開や，首都圏を対象とした当日配送サービスなども売上アップに寄与している。

　4 位はオークローンマーケティングで，前年比 9.0％増の約 666 億円であった。ただし，近年，スマートフォンを中心としたネット販売や商品卸先での店舗店頭販売を強化しているため，総売上高に占めるテレビ通販のシェアは，前年のおよそ半分から 4 割弱に低下した結果，テレビ通販の売上高は約 265 億円と 11.4％の大幅減少となった。

　1 位のジュピターショップチャネルと 2 位の QVC ジャパンは，前述した④のテレビ通販専門局である。3 位のジャパネットたかたは，①②③④の融合型である。そして 4 位のオークローンマーケティングは，③のインフォマーシャル専門の通販会社である。ジャパネットたかたはテレビ番組での前社長の話術が印象的であるが，意外なことに 3 位である。また，地上波の民間放送局，およびその関連会社が上位にないのは，放送法による番組の目的種別の制限と民放連（日本民間放送連盟）による CM の放送量制限によるもので

あることは，放送事業が国による免許制という制限，規制された業界であることと深く関連している（石井・柿尾，2010, 124-127頁）。

前述したように上位の2社はCS放送やCATV放送の4時間のテレビ通販専門局であるが，わが国で放送衛星（BS）を使用するBS放送と通信衛星（CS）を使用するCS放送が本格的に開始されたのが1980年代後半から1990年代後半にかけてのことである。つまり，通信技術と通信インフラの発達により，24時間放送のテレビ通販番組，新しい放送に対する顧客の獲得競争が重なったことが大きく影響しているのである。人々の生活習慣の変化も当然のことながら大きく影響している。CS放送やCATV放送はテレビ通販番組を24時間放送することが可能だが，インフォマーシャル番組の場合は地上波放送の番組枠を購入することになる。このため，その放送は深夜や午後の視聴率の低い時間帯になる場合が多いのであるが，この時間帯が現代人の，特に放送している商品を購入しそうな人々の生活習慣に合致していたとの分析もある（石井・柿尾，2010, 115-117頁）。

4. ネット通販への移行を進めるジャパネットたかたの事例

(1) 企業概要

ジャパネットたかたは，webサイトの会社沿革によると，1986年1月に創業者である高田明前社長が，父親の経営する「たかたカメラグループ」より分離独立し，長崎県佐世保市で「株式会社たかた」を設立後，カメラ店ソニーショップとして事業展開を始めたのが始まりである（ジャパネットたかたWebサイト）。

1990年3月	NBC長崎放送で第1回のラジオショッピングをスタートし通販事業を開始した。
1991年3月	北海道から沖縄まで，ラジオショッピングの全国ネットワークを完成させた。
1994年6月	深夜の30分番組で「ジャパネットたかたテレビ通販」をスタートし，テレビ通販事業を開始。
1995年5月	顧客会員向けに通信販売カタログを発行。
1995年12月	新聞折り込みチラシを発行し，全国に向け，紙媒体での通販事業に

本格参入した。
1999年5月　社名を「株式会社たかた」から「株式会社ジャパネットたかた」に変更した。
2001年3月　本格的テレビスタジオ「ジャパネットスタジオ242」を開設するとともに，CSデジタル放送「スカイパーフェクTV！」に，専門チャンネル242chを開局し，生放送等の全国放送を開始している。
2005年12月　インターネット専用の生放送ショッピング「WEBスタ！」を開始。
2006年6月　携帯3キャリアにて公式サイトサービス開始。
2011年4月　スマートフォンショッピングサイトを開設。
2013年12月　スマートデバイス用「ジャパネットアプリ」をリリース。
2015年1月　媒体バイイング，マーケティング強化のため，株式会社ジャパネットメディアクリエーションを設立し，ネット通販を強化してきている。
2015年1月　長男の高田旭人氏が，ジャパネットたかたの新社長に就任した。
なお，2009年12月には，経団連に入会している。資本金は3億円（非上場），売上高は1,559億円（2015年12月期），従業員数はパート・アルバイトを含めて236名（2016年6月現在）となっている。同社の2015年12月期の経常利益は143億円となっており，利益率は9％を超えている（日経MJ，2016）。

（2）　マーケティング戦略の特徴

　ジャパネットたかたのマーケティング戦略の第1の特徴は，「メディアミックス」と同社がいうマルチチャネルによる販売形態である。「テレビのみならず，ラジオ，インターネット，カタログ，チラシ，携帯電話，スマートフォンなどたくさんの入り口を用意する」ことで，テレビ，ラジオなどの放送メディアだけではなく，新聞広告，折り込み広告，カタログ，インターネットなどを利用した総合通販の形態をとっている。ジャパネットたかたは，そのテレビ広告のユニークさと放送メディアへの露出頻度の高さから，テレビ通販中心の会社だと思われがちであるが，2010年版「eショップ・通信販売調査」によれば，2009年の同社の総売り上げは1,491.8億円で，その内，カタログ通販633.13億円，テレビ通販459.31億円，ネット通販399.36億円となっており，総売り上げに占める割合はそれぞれ42.4％，30.8％，26.8％と分散されているのである。テレビで築いたブランドイメージや信頼度が，紙媒体やネットでも生きているとみることができる。

このようにジャパネットたかたは，テレビを中心としてカタログ，インターネットを連動させる一種のマルチチャネル化を行っており，そこにはこれまでのテレビ＆コール（コールセンター），カタログ＆コールに加えて，テレビ＆クリック（ネット通販），カタログ＆クリック，テレビ＆カタログ＆クリックという消費者とのチャネルを構築している。

マーケティング戦略の第2の特徴は，取扱商品が家電やAV機器，カメラ等を中心にしている点である。しかもソニーやパナソニックなど一流メーカーブランドの電化製品を中心にした商品で，評判の定まった使用目的のはっきりした定番商品と，これらの商品を利用するのに必要な周辺機器をオマケ付きのセットにして販売している。こうした商品を，インターネットの情報処理能力が劣り，テレビ世代といわれる中高年層をターゲットにして，販売している。

マーケティング戦略の第3の特徴は，前社長である高田明氏のわかりやすい商品説明である。高田の話し方は，しゃべるスピードが速く，キーワードの周波数が上がり，しかも方言を交えてコミカルであるために，視聴者にとって印象に残り，安心感を与えている。素人でも，使用するシーンを具体的にイメージできるように，わかりやすい言葉で説明している。通信販売においては，商品の特徴や機能をわかりやすく消費者に伝えることが最も重要であり，これが成功要因にもなっている。

マーケティング戦略の第4の特徴は，企画から広告，商品の仕入れ，配送まで自前主義を貫いている点である。具体的には，テレビやラジオ番組，CMの企画制作，カタログ，折り込みチラシ，新聞広告，DM・ハガキなどの制作，インターネットのWebサイトやモバイルサイトの企画制作，商品の仕入れ，商品の配送，コールセンターなどを全て自社で行っている。そのため，例えばテレビ放送スタジオも自社で設置し，できるだけ生放送にこだわり，リアルタイムで販売促進活動を行っている。

(3) 課題

ジャパネットたかたの売上高の推移を見ると，2010年は過去最高の1,759

億円であったが，それ以降は1,500億円前後で伸び悩んでいる状況である。マルチチャネルとはいっても，テレビ通販は3割弱，今や急成長しているネット通販は約25％の約400億円（推定）程度に留まっている。メディアの主力がテレビからインターネットに移動しつつある今日，もっと活用の余地があると思われる。

　例えば，広告の媒体も，新聞やテレビから徐々にインターネットに移行が見られる。電通（2016）のデータをもとに媒体別の広告費をみると，2004年から2015年の間で，新聞は1兆559億円から5,679億円，雑誌は3,970億円から2,443億円，ラジオは1,795億円から1,254億円，テレビは2兆436億円から1兆9,323億円と変動しており，「マスコミ四媒体（テレビ，新聞，雑誌，ラジオ）」の減少，特に新聞費の落ち込みの大きさが目立っている。これに対してインターネット広告費はこの間1,814億円から1兆1,594億円へと大きく増加して，インターネット広告費が新聞の広告費を2倍以上，上回っている。

　さらにネット販売実施企業上位をみると，1位は総合的品揃えのアマゾンジャパンの9,999億円であるが，2位にヨドバシカメラ992億円，5位に上新電機550億円が続いており，11位のジャパネットたかた400億円と比べると同じ家電やカメラの実店舗の企業に大差を付けられている（月刊ネット販売，2016）。

　次の章で説明するとおり，今やリアルの実店舗とネット専業も激しい競争が始まっており，同じ家電やカメラの量販店対策も検討する必要がある。今後，インターネットやスマートフォン，モバイル端末の普及が進むものと予想されるので，新たな取り組みが課題である。

IV．ネット通販の隆盛と新たな課題—ZOZOTOWNを中心に

1．ネット通販の成長の歩み

　インターネットが広く社会で利用され始めたのが，1990年代前半のWWW（World Wide Web）登場以降である。特にインターネットを支えるバックボーンであったNSFNet（全米科学財団ネットワーク）の95年の民間移管，

Windows95の登場により，一般個人のインターネットの利用を急増させた。また，同年に，米国でJeff Bezos（ジェフ・ベゾス）がamazon.comで書籍販売サイトを開始した。

日本で最初の商用検索サイト「Yahoo! JAPAN」のサービスが始まったのは，その翌年の96年のことである。

これ以降は，直販型の代表であるAmazonとモール型の代表である楽天に分けて，進化の歩みを箇条書きする。

2000年　アマゾンジャパンが設立され，書籍だけではなく，あらゆる商品やサービスを揃えた総合オンラインストアに進化していった。
2001年　成果報酬型のアフリエイトである「アソシエイトプログラム」を開始した。
2002年　第三者である出品者と購入者が売買する場所である「マーケットプレイス」を導入した。
2009年　アマゾンデータサービスジャパンを設立した。「当日お急ぎ便」スタート。
2010年　アマゾンジャパンは，全ての商品が無料で自宅に届くサービスを開始。
2013年　アマゾンプライムは，毎月1冊無料で本を読めるサービスを開始。
2015年　アマゾンウェブサービスジャパンを設立した。
2016年　購入金額2,000円未満は350円の配送料に改定した。
現在　　amazon.comは，グループ総売上1,079億ドル（2015年12月期）
　　　　アマゾンジャパンは，9,999億円（前年比20.4％増）通販新聞2015年度（推定）

一方，モール型の楽天の主な歩みは次のとおりである。

1997年　三木谷浩史氏が電子商店街（ショッピングモール）型の「楽天市場」を開設した。
2002年　従量課金制を導入し，ビジネスモデルを転換した。
2004年　プロ野球の球団経営に参入し，知名度が向上した。
2005年　金融事業を強化した。
2006年　楽天経済圏構想を発表した。
2009年　楽天銀行を設立し，さらに経済圏を強化した。
2012年　電子書籍事業に参入した。社内公用語を英語化した。
2013年　東証一部に上場した。

2014 年　楽天モバイルを開始した。ネットとリアルを繋げる O2O サービスを拡充。
2015 年　金融サービスの海外展開も強化した。
2016 年現在　楽天は国内 EC 流通総額（取扱高）連結で 7,135 億円，単体 2,682 億円，経常利益 773 億円（2015 年 12 月期）。楽天市場の出店店舗数 4 万 4,317 店（2016 年 9 月現在）（楽天 Web サイト）

　月刊ネット販売（2016）の調査によると，2015 年度ネット販売実施企業上位 300 社の売上高は，合計約 3 兆 2,522 億円で，前年の 2 兆 9,380 億円より 10.7％増加しており，現在も高度成長が続いている。
　このように，ネット通販はインターネットのウェッブサイトのコンテンツの 1 つとして，インターネットの普及の後を追うようにして，社会に浸透してきたといえる。

2. モール型と直販型のビジネスモデルの相違

　21 世紀に入り，小売業の多くの業態が，ライフサイクルの成熟期または衰退期を迎えているのに対して，インターネット通販は成長期を迎えている。経済産業省（2016）によれば，消費者向け EC 市場規模は，「物販系分野」「サービス分野」「デジタル分野」を合わせて 13 兆 7,746 億円で，EC 化率は 4.75％となり，前年の 12 兆 7,970 億円，4.37％よりも増加して，今もなお拡大基調である。
　こうした中で，インターネット通販での総合的品揃え型の代表的モールは，楽天とアマゾンである。
　2016 年 9 月末現在，楽天の国内グループサービス年間流通総額（取扱高）は金融サービスを含めて 7.6 兆円を超えて，国内最大のインターネット通販モール（仮想商店街）である。楽天市場の出店状況は，2016 年 9 月末現在，テナントとしての出店数 4 万 4,317 店に達している（楽天 Web サイト）。
　楽天はインターネット通販モールの運営会社であり，売り手である出店を希望するテナントに「場」を提供するとともに，仮想店舗の構築と運営に関するサポートや受注管理などのサービスを提供し，その見返りに家賃を徴収

する仕組みである。運営会社としては，在庫負担のリスクがほとんどないことから，取扱商品の幅を急速に広げることができたが，一方では売り手である出店者によってコンテンツの示し方，宅配にかかる日数や料金が異なることが課題となっている。そこで，楽天も各地に物流拠点の整備を進め，一部で出店者の物流を受託し，複数店舗から購入した商品をまとめて配送したりするなど，全国主要都市への即日配送や翌日配送などリードタイムの短縮を図っている。こうした実態から，最終消費者相手に商品を販売する小売業と異なり，モールの運営やテナント収入，金融業務が大半であるために，小売業ではなく金融業に分類される。

　一方，Amazon.com は，アメリカの総合的品揃え型インターネット通販で，2015年2月期の日本での売上高（アマゾンジャパン）は 9,999 億円である。楽天が通販モールでテナントとして場を提供し，出店者が売り手であるのに対して，アマゾンは基本的に卸売商から仕入れて，自ら設立した配送センターで保管し，消費者に販売する直販型であり，ビジネスモデルが異なっている。したがって，Amazon の方が常時必要在庫を持ち，注文に迅速に対応できるので，納期が早いという点で優位性がある。しかし，在庫リスクを勘案しなければならないため，楽天のビジネスモデルと比較すると，取扱商品を広げるスピードは劣るが，在庫リスクを負っているので，商品管理の仕組みや物流倉庫の効率化を図ろうとしている。

3. ファッション通販 ZOZOTOWN の成長

(1) 企業概要

　近年の通販サイトで成長が著しいのは，ZOZOTOWN である。

　ZOZOTOWN は，株式会社スタートトゥデイ（代表は前澤友作氏）が運営するファッション通販サイトである。2000 年設立（創業は 1998 年）以来，主軸事業である「ZOZOTOWN」を柱に増収増益を続け，2007 年には東証マザーズへ上場。2012 年 2 月に東証一部上場。2016 年 3 月期の売上高は 544 億円（前期比 32.1％増），年間購入者数は 448 万人。その内，アクティブ会員（過去 1 年間に購入した顧客）は，過半数の 269 万人と今なお高度成長を続け

ている。

　ZOZOTOWN の名前の由来は，想像（SOZO）と創造（SOZO）の 2 つの単語から「ZO」を結合して命名した。2004 年 12 月 15 日に開設され，UNITED ARROWS, nano・universe, BEAMS, JOURNAL STANDARD, A BATHING APE など多くの有名アパレルブランド・ショップが参入している。取り扱いブランド数は 1,800 以上で，社員がユーザーに勧めることができるものだけに厳選している。広告としてテレビ CM などを展開し，タレントの高田純次やベッキーを CM に採用してきた。ビジネスモデルは，システム開発からカスタマー，物流まで全て自前主義で，作業の効率化を図っている（ZOZOTOWN web サイト）。

(2) ZOZOTOWN の成功要因

　第 1 の成功要因は，ファッション商品の豊富な品揃えである。主軸事業である ZOZOTOWN は，2016 年 3 月現在，867 のショップが出店しており，受託形式で出店メーカーから平均 25％ の手数料を受け取る。国内外の魅力的な人気ブランドが 1,800 以上参加し，同社のオリジナルセレクトショップの取り扱いを含め，ファッション掲載アイテムは常時 13 万点以上もあり，こうした豊富な品揃えが集客の武器となっている。

　第 2 の成功要因は，消費者を惹き付けるサイトのデザインである。クリエイティビティの富んだサイトデザインを徹底することで，流行に敏感な若年層から圧倒的な支持を得ている。CG や Flash を多用したデザインとすることで，お洒落で格好良い雰囲気を作り出している。

　ユーザーの操作性の面でも，商品を選ぶ際のポイントとなる部分にフォーカスした商品写真（襟の形やアングルなど）を提供し，婦人靴ならヒールの高さから検索できるといった「商品の探しやすさ」「購入しやすさ」などを徹底し，Web での商品購入のハードルを下げることに成功している。ブランドごとに違うサイズを統一化し，カラーを記載して，服一着について約 6~7 方向から撮影し掲載するなど実際に店舗で洋服を選んでいる感覚で，気に入ったものを探せるような工夫をしている。

第3の成功要因は，物流システムの構築である。創業時の自宅兼倉庫の時代から一貫して物流システムを自前で開発・運営してきた。現在は，物流センター「ゾゾベース（ZOZOBASE）」を千葉県習志野市に構え，商品を集中管理している。通常は各拠点で行われるような「商品受入れ→検品・採寸データ管理→撮影・サイト登録→出荷」という流れを一括で請け負うことで，ブランドやショップが参加するほど効率化され，スケールメリットを生み出すことが可能となっている。

　また，ユーザーが購入するサイトと自社開発のWMS（倉庫管理システム）が完全に連動することで，顧客が注文手続きを完了した瞬間に，バックヤードの発送手続きがスタートする仕組みになっている。WMSは，物流業務の最適化に合わせて，年に1回改修している。このようにサイト上での正確な商品情報の提供や，柔軟性のあるWMSによる効率的でスムーズな配送システムが，ZOZOTOWNの根幹を形成している。

　特徴的な人事制度として，「幕張手当」（本社が所在する千葉市美浜区の近くに住むことで支給される住宅手当のこと。通勤時間の減少により，社員同士の交流を深めることを狙った制度）を設定している。元ZOZOTOWNユーザーでファッションが好きで入社した社員が数多く在籍するため，ユーザーに近い感覚で商品を選ぶことができる。このユーザー目線のセレクトが，他社にはない強みの1つとなっている。

　さらに，成果主義の企業が増える近年，敢えて給料を一律にしている。これはチームワークを重視する前澤社長のこだわりである。会社の採用基準の1つは「いい人」であり，学歴でも経歴でもない。ここでいう「いい人」とは自分のスキルをまわりと共有し，チームを作れる人物のことである。誰かひとりのスキルや成果ではなく，周囲に良い影響を与えられるかどうかを重視するという社風がいいチームを生み出し，いい仕事につながるのである。このモノに対する「こだわり」とヒトに対する「こだわり」が成功の秘訣である。

4. 学生へのアンケート調査結果から検証

　筆者の勤務する西南学院大学で，2016年7月8日に受講学生（男性77名，女性87名）に対して「ネットショッピング」に関するアンケート調査を実施した（3年前にも，ほぼ同じ内容で実施していた）。そのアンケート項目の中から，本章に関連のある項目のみについて，要点を説明する。

①ネットショッピングの利用経験が「ある」と答えた男性は85％，女性は93％であった。3年前と比較しても，男性は9％，女性は11％増加している。これはインターネットに繋がる媒体が，パソコンのみならずスマートフォンや携帯端末に広がったことも一因と考えられる。

②ネットショッピングで主に買う商品は，男性はファッション関連42％，本・CD37％，家具6％，食品1％，その他14％であった。女性はファッション関連43％，本・CD37％，家具2％，食品6％，その他12％であった。3年前と比較して，男性はあまり変化がなかったが，女性ではファッション関連が19％低下し，本・CD10％増加していた。これはネットショッピングで買う商品のカテゴリーが広がったといえる。例えば，本やCDは実店舗よりもネット通販のほうが比較的安く購入できるし，その上，絶版になった本でもネットで検索して購入できる利点があるからである。

③どのメディアを使って注文したかについては，男性はパソコン37％，スマートフォン61％，タブレット2％であったのに対して，女性はパソコン27％，スマートフォン71％，タブレット2％であった。この質問の回答割合は，推測のとおり，3年前と大きく変化した。パソコンを使った注文は男性で21％低下，女性は36％と大幅に低下した。逆にスマートフォンを使ったのは男性で27％増加，女性44％の大幅増加となった。予想通り，パソコンの時代から完全にスマートフォンの時代に転換したことが明らかとなった。機器本体の起動が簡単で，基本的にどこでも使用可能なスマートフォンの普及が，逆転の要因と考えられる。

④ファッション通販サイトで主に利用するサイトについては，男性はZOZOTOWN 13％，Amazon 62％，BUYMA 4％，ニッセン0％，楽天

17％，その他4％であったのに対して，女性はZOZOTOWN 20％，Amazon 43％，BUYMA 7％，ニッセン3％，楽天23％，その他4％であった。3年前と比較して，Amazonが男性で16％増，女性で10％増であったのに対して，楽天が男性で17％減，女性で3％減となっている。男女ともに総合的な品揃えのAmazonが1位，2位が楽天であったのは，幅広いカテゴリーをカバーしているので，ワンストップショッピングの利便性があるからであろう。Amazonが断トツになっているもう1つの要因は，送料無料の最低金額が2,000円以上と低いこともある。低価格重視の多い学生にとっては，送料負担が大きくのしかかっている。2位に楽天がつけているのは，最近CMなどメディア露出が多く，宣伝効果が高いためであろう。CMで「楽天カードマン」といった強烈なキャラクターを作って，楽天カードの存在や利便性，入会のしやすさ，ポイントの価値をアピールしていることも効果の1つであろう。

　こうした総合通販サイトに対して，ZOZOTOWNが男女とも3位につけ，ファッション通販サイトとして人気があることがわかる。

⑤選んだサイトの使用理由については，Amazonと楽天は，価格の安さ，品揃えの良さ，店舗にない商品がある，届くのが早い，の順であった。これに対して，ZOZOTOWNは品揃えの良さ，価格の安さ，店舗にない商品がある，ファッション性が高い，の順になっており，品揃えの豊富さで選んでいることが明らかである。

5. ZOZOTOWNのまとめ

　学生対象のアンケート調査でも，ZOZOTOWNを利用する理由としては，「品揃えの良さ」が1番に挙がっていたが，日本最大の総合的なショッピングモールサイト楽天や世界最大の総合通販サイトAmazonが低価格訴求型であるのと違い，ZOZOTOWNはファッションに特化した通販サイトであり，品揃えが豊富かつラインナップが充実しているのが特徴である。ZOZOTOWNの成功要因は，現在約1,800と取り扱いブランド数が圧倒的に多いこと，メンズ商品が豊富であること，マニアックなブランドも購入できること，詳細

なサイズ表示の徹底等々，先行してきたファッション専門のネットショッピングサイトとして，他サイトのライバルを寄せ付けない「使い勝手のよさ」であろう。アンケート結果からも明らかなように，女性からの人気に引けをとらず，男性からの支持も集めているのは，ファッション通販サイトでZOZOTOWNが圧倒的であり，レディース・メンズ商品双方の品揃えの豊富さも他サイトに勝っていることが人気の要因だとわかる。

　3年前のアンケート調査において，ZOZOTOWNに要望することとして多く挙がったのは，低価格と配達料金の値下げであった。元々，ZOZOTOWNはセール期間以外は値段を下げず，定価販売が基本の通販サイトであった。しかし前澤社長の暴言事件の後，戦略転換を行った。2012年11月1日より，これまで1万円以上購入した場合のみ無料だった送料を，全品送料無料サービスに切り替えた。それだけでなく，商品代金の1%だったポイント還元率を10%まで一気に引き上げたが，これは業者から不評であったため，元に戻している。これらの反省から，消費者の様々なニーズを知り，迅速に応える手段として，サイト内にZOZOTOWN改善計画を設け，消費者からの意見や要望を受け付けている。リアルタイムで要望に応えることで，消費者との信頼関係の構築にも力を注いでいる。

Ⅴ．ZOZOTOWNの今後の課題

①事業の提携戦略

　2011年11月24日にヤフーと提携し，ZOZOTOWNの商品を「Yahoo!ショッピング」から検索できるようにした他，「Yahoo!ウォレット」を使った決済に対応するなど，両社のサービス同士で連携を図った。また，商品ページにコメント投稿機能を追加し，ユーザーの感想や評判をチェックできるようにした。Twitterと連携したコメント投稿機能などを追加することで口コミ情報をわかりやすく表示し，「人」にフォーカスしたサイトに変化させた。mixiチェックやFacebookの投稿ボタンも搭載することで閉鎖的な交流からオープンな交流へと変化し，外部サイトとの関わりを広めて

いる。

② Tポイントサービス開始

　2012年4月には，共通ポイントサービス「Tポイント」を運営するカルチュア・コンビニエンス・クラブと業務提携を行い，ZOZOTOWNにてTポイントサービスを開始した。このサービスで特典が得られ，顧客の利便性や囲い込みを進めている。

③ リアルの世界への進出

　初のリアルイベントとして2012年9月に「ZOZOCOLLE（ゾゾコレ）」という展示・予約受注会を幕張メッセで開催した。1万人が来場し，1億5,000万円の総受注を受けるなど，日本最大級のファッションイベントとなった。国内外で人気の約200ブランドが参加し，店頭に並ぶ前の最新アイテムを展示し，一般の顧客でも1,000円で入場することがきる。また，来場者特典として購入価格の10%をZOZOポイントとして還元するなど，消費者にも企業にもメリットがあるイベントであった。このイベントを機に，インターネット上だけではなく，リアルな世界でも影響を与えている。リアルイベントは，インターネット上に比べて多くの協力や理解が必要不可欠となってくるが，今回のイベントでは，ファッション業界において様々な面で信頼や期待を得ている。常に新しいことに挑戦を続け，ファッション通販サイトという枠を超えた成長が期待されている。

④ 他社との差別化

　近年のスマートフォンの普及もあり，各通販会社は携帯サイトやアプリなどにも力を入れ始めている。いかに消費者にとって利便性やデザイン性があり，クオリティの高いものになるかどうかが勝負のカギになってくる。今は大手ショッピングモールサイトなどのファッション分野参入により，競争が激化されることは避けられない状況である。避けられない競争の中，成長していくためには他社との差別化は必要不可欠である。

⑤社外からの監督機能強化

　創業者の前澤社長は，現在まだ41歳と若く，経営管理能力を補佐したり，外部から監督支援する体制が不可欠である。顧客や株主，取引先など利害関係者に対して円滑な経営を持続させるためには，大手セレクトショップなど主要取引企業に出資と外部取締役の派遣を求め，執行経営陣に対する監督機能を確立する。

⑥新規取引ブランドの手数料率の切り下げ

　最近，ZOZOTOWN人気に陰りが見られ壁に当たった要因は，Amazonや楽天のアパレルへの本格進出に加え，自社の運営コストを肥大化させ，受託販売手数料を加速度的に引き上げ，ブランドの離反を招いたことも主因である。2007年の開始時には22.4％だったのが，12年には27.0％，今や新規ブランドには初期費用まで取って35％を要求し，業界平均26.8％，amazonの20.3％と比較しても割高である。広告宣伝よりもフルフィルメント拡充に投資し，運営コストを切り下げ，顧客の利便性を高めるとともに，販売手数料率に取扱高スライド制を取り入れて透明化し，新規取引ブランドの手数料率も切り下げることが今後の課題である。

VI. おわりに

　通信販売の成長の歴史を踏まえ，メディアの進化により，近年ではカタログ通販からテレビ通販へ，さらにネット通販へと重心が移行していることが明らかとなった。こうした実情に適応するために，今後の通販ビジネスでは，絶えざるイノベーションと経営革新が重要であるといえる。

●注

(1) 推計値は有力非会員も加算している。

●参考文献

青木均（2005）「インターネット通販と消費者の知覚リスク」愛知学院大学経営研究所所報『地域分析』第44巻第1号，69-82頁。

石光勝・柿尾正之（2010）『通販：「不況知らず」の業界研究』新潮社。

上原征彦（2011）「これからの流通」『流通情報』第42巻第5号，2-3頁。

渦原実男（2010）『日米流通業のマーケティング革新（第2版）』同文舘出版。

大滝精一・金井一頼・山田英夫・岩田智（2006）『経営戦略［新版］：論理性・創造性・社会性の追求』有斐閣。

荻島央江（2010）『ジャパネットからなぜ買いたくなるのか？：一番売れた生放送の秘密』日経BPマーケティング。

柿尾正之（2011）「インターネット通販の動向：専業から多様化への過程（我が国小売業態における新たなマーケティング戦略への取組み）」『流通とシステム』第147号，34-39頁。

柿尾正之（2012）「ネット通販：ネット通販事業者における震災後の動向と今後の方向性（我が国主要小売業態における東日本大震災の影響と今後の方向）」『流通とシステム』第151号34-39頁。

加藤弘貴（2012）「ネット流通におけるロジスティクス効率」『流通情報』第44巻第1号，2-3頁。

金子哲雄（2007）『ジャパネットたかた思わず買いたくなる"しゃべり"の秘密：営業マン必見！TVショッピングから使える仕事のワザを盗め！』ぱる出版。

蒲俊郎・林一浩・信濃義朗（2003）『第三世代ネットビジネス：成功する法務・技術・マーケティング』文芸社。

亀井昭宏・ルーディ和子・（社）日本通信販売協会監修（2012）「産研シリーズ：ダイレクト・マーケティング研究［6］海外ジャーナル抄訳集No.6」『産研シリーズ』第46巻，1-115頁。

黒住武市（1993）『日本通信販売発達史：明治・大正期の英知に学ぶ』同友館。

経済産業省（2011）『平成22年度我が国情報経済社会における基盤整備（電子商取引に関する市場調査）報告書』2月。

経済産業省（2016）「電子商取引に関する市場調査」6月14日。

『月刊ネット販売』2016年10月号「2015年度ネット販売実施企業上位300社」。

公益財団法人流通経済研究所（2011）「消費者の業態・店舗選択に関する調査報告書」。

コトラーP.・ケラーK.L.著，恩藏直人監修，月谷真紀訳（2008）『コトラー＆ケラーのマーケティング・マネジメント（第12版）』Pearson Education Japan。

財団法人店舗システム協会編（2007）『図解「通販」業界ハンドブック〈Ver.2〉』東洋経済新報社。

財団法人日本情報処理開発協会（2010）『ネットビジネス促進基盤の整備に関する調査報告書：ネットとリアルの新たなコンフリクトとその解決に向けて』3月。

鈴木雄高（2012）「インターネット通販における消費者の生活環境と購買行動に関する研究」

『流通情報』第44巻第2号, 31-46頁。
総務省(2011)「平成22年統計表一覧(世帯編)」『平成22年度報告書 通信利用動向調査(世帯編)』。
高嶋克義・桑原秀史(2008)『現代マーケティング論』有斐閣。
通販新聞ウェブサイト(2016)「本紙調査・2015年のTV通販市場は？主要30社売上合計・5200億円超と前年並みに〝オムニ化〟進む」9月8日。
電通(2016)「2015年 日本の広告費」2月23日。
中村博(2012)「ネットを活用したダイレクト・マーケティングのタイプとその利用者像」『流通情報』第44巻第2号, 14-23頁。
日経MJ(流通新聞)(2016)「第49回日本の小売業調査 通販」6月29日。
日本通信販売協会(2016)「2015年度 通販市場売上高調査」(https://www.jadma.org/pdf/2016/20160825press2015market%20size.pdf) 8月25日。
野中郁次郎・紺野登(1999)『知識経営のすすめ：ナレッジマネジメントとその時代』筑摩書房。
原田保・寺本義也(1996)『インターネット時代の電子取引革命：生活・企業・社会を変える』東洋経済新報社。
ポーター M.E. 著, 土岐坤ほか訳(1995)『競争の戦略(新訂版)』ダイヤモンド社。

●参考Webサイト

株式会社スタートトゥデイ
公益社団法人 日本通信販売協会
ZOZOTOWN
Amazon
Rakutenn
ヤマト運輸
アマゾンジャパン
楽天

ネットとリアルの融合した
マーケティングの研究

第9章

I. はじめに

今日，ネットとリアルの融合したチャネルの構築が，流通やマーケティングの重要課題として認識されるようになっている。これは，従来の Clicks and Mortar（クリック＆モルタル）とは様相が変化している。その背景には，スマホを始めとする携帯端末の普及による情報探索行動や，買物行動の変化が大きく作用しているものと判断される。よって従来の供給サイド（サプライチェーン）の視点だけではなく，需要サイドのバリューチェーンである顧客満足の向上の視点から，いわゆる「Omni Channel Marketing（オムニチャネル・マーケティング）」を捉え直すことが重要であると考えている。

そこで，米国の百貨店の Macy's（メイシーズ），総合ディスカウントストアの Walmart（ウォルマート），ネット専業の Amazon，日本の総合小売業のイオン，セブン＆アイ，専門店の無印良品，パルコ，ネット専業の楽天など，日米の先端的な取り組み事例を検証し，ネットとリアルの強みと弱みを踏まえた上で，アフターサービスでの顧客接点維持と，長期的良好な関係構築のマーケティングの今後の方向性と課題を考察する。

II. 先行研究のレビュー

1. これまでの電子商取引の進化の歩みと研究

電子商取引（Electronic Commerce：エレクトロニック コマース）とは，インターネットなどコンピュータネットワーク上での電子的な情報通信によって，商品やサービスを売買または分配することをいう。従来，電子商取引という用語は，特定の企業間取引における電子データ交換や，銀行間の電子資金移動を意味することが多かった。しかしインターネットの発達に伴い，企業対消費者間取引が，さらにはインターネット・オークションのような消費者間取引も行われるようになり，B2B（Business to Business：BtoB，企業間取引）の他に，B2C（Business to Consumer：BtoC，対消費者取引），C2C（Consumer to Consumer：CtoC，消費者相互間取引）に広がりをみせてい

る。

　インターネットが商用に活用され始めたのが，1994年，米国でクリントン政権が「情報スーパーハイウェイ構想」を発表した頃からだといわれている。日本では，1995年に利用者が急増し，「インターネット元年」と呼ばれた。その後急速に普及し，電子商取引が盛んになり，多様な形式が生まれている。

　元々，米国では，店舗のある建物がブリック（煉瓦）とモルタルでできていたために，店舗販売を行う会社のことを，「ブリック＆モルタル」（Brick and Mortar）と呼んでいた。そのため，電子商取引の専門用語としてのブリック＆モルタル・ビジネスとは，物理的なプレゼンス，例えば，煉瓦とモルタルでできた建物を持ち，そこで対面販売を行うビジネスのことを意味していた。

　これに対して，クリック＆モルタルとは，オンライン上の店舗の双方を運営することで，相乗効果をねらうビジネス手法とされてきた。こうした経緯から，クリック＆モルタルとは，伝統的な企業の総称の「ブリック」の部分を，パソコンのマウス操作の名称である「クリック」に置き換えたものとされ，*Clicks and Mortar: Passion-Driven Growth in an Internet-Driven World (J-B US non-Franchies Leadership)* Jossey-Bass（2001年4月刊）の著書を持つ米国の証券会社チャールズ・シュワブの社長兼共同CEOデビッド・S・ポトラック（David S. Pottruck）が使い始めたとされる。ブリック＆クリック（Bricks and Clicks）と呼ぶこともある。ただし，両者を使い分けて，クリック＆モルタルはインターネットでのオンライン店舗で成功した新興企業が実店舗を持った場合に使い，ブリック＆クリックは元々実店舗を持っていた企業がインターネットでのオンライン店舗を持つ場合に使うこともある。

　このようにクリック＆モルタルとは，インターネットと現実の店舗や流通機構を組み合わせるネットビジネスの手法である。伝統的な小売企業が，インターネットを活用して台頭する新興オンライン専門企業に対抗するため，インターネット（クリック）の良さと現実の店舗網など（モルタル）の良さを組み合わせて構築したビジネスモデルの総称で，電子商取引の黎明期から2000年代半ば過ぎまで，一般的に使用されてきた。

それに対して，2000年代末から，電子商取引の分野で，オンラインとオフラインの購買活動が連携し合う，または，オンラインでの活動が実店舗などでの購買に影響を及ぼすことを意味する用語，O2O（Online to Offline：O to O）が用いられ始めた。O2Oはオンラインとオフラインとの間の連携・融合といった意味合いを含めている。具体的な事例としては，オンラインで価格を調べてから店舗で買うといった行動から，クーポン共同購入サービスなどのケースが挙げられており，「ネットからリアルの店舗への送客」に焦点が当てられている。

　しかし，実店舗で商品のバーコードをスマートフォンで撮影し，通販サイトへ誘導するケース，すなわち正反対に「リアルからネットへ誘導するOffline to Online」を意味するO2Oのケースも，スマートフォンや携帯タブレットの普及に伴い，顕著になっている。いつでもどこでもインターネットと繋がる環境が整ってきたことから，ネットとリアルの境目はなくなりつつある。その結果，購買活動におけるオンライン，オフラインといった区別もなくなりつつあり，最近では，オムニチャネル（Omni Channel）と呼ばれることが多くなってきている。

　そして，かつてのクリック＆モルタルを行う企業は，今日では「マルチチャネル企業」と呼ばれることもある。具体的には，インターネット上で受注して商品受け渡しと支払いを現実店舗で行う方式や，インターネットでの在庫検索サービスなどが挙げられる。現実に店舗を構えていた企業が，インターネットにも参入するという形で行われる例が多く，今後のネットビジネスの主流として，米国を中心に期待が広まっている。日本ではコンビニエンスストアが，ネットビジネスの有力な担い手になるとの見方が強く，既に多くの大手コンビニチェーンが様々な企業と提携し，サービスの提供を始めている。

2. 電子商取引のオムニチャネルまでの変遷

　米国でオムニチャネルが注目されるようになったのは，全米小売協会のレポートで取り上げられ，老舗百貨店メイシーズのCEOが，オムニチャネル

化宣言をした2011年からである。この背景には，電子商取引（EC）やスマートフォンの利用が進んだことがある。

図表9-1のとおり，2011年のEC化率（商取引に占めるECの利用率）は，5％に達し，実店舗の売上に影響が出始めていた。さらに，スマートフォンの普及と共に，店頭で現物確認した上で，価格の安いECサイトで購入する「ショールーミング」の利用が広がり，インターネットの影響が大きくなっていった。この対策として，マルチチャネルのアプローチから，複数のチャネルを持つ強みを活かすオムニチャネルへの取り組みが始まった。

そこで，最初にオムニチャネルの用語を定義付けしておく。オムニ（Omni）とは，ラテン語を語源とする「全て」「全方位」「何もかも」を意味する言葉である。よってオムニチャネルとは，顧客との接点になっている全てのチャネルを横断して，シームレス（縫い目がないこと）に融合させることで，顧客にアプローチしていく手法と規定できる。そのため，サービス内容だけではなく，裏側のオペレーションやデータ管理までチャネルをまたがって融合しており，顧客により良いサービスが提供できる点が，従来の手法とは異なっている。

次に，**図表9-1**のオムニチャネルまでの変遷に従い，歴史的に発展段階別にみていく。1990年代までは，EC化率が1％未満で，その影響が低く，シングルチャネルの段階であった。顧客と小売の接点は，ほとんどが実店舗のみの1接点の状態であった。

次の2000年代の前半（2000～2005年）になると，EC化率が1～3％未満まで上昇している。顧客と小売の接点は，実店舗の他に，個別に複数の接点が見られる状態に進化し，マルチチャネルに広がっている。すなわち，このマルチチャネルの段階では，店舗とECサイトなど複数のチャネルで，個別に顧客と接することを示している。ただし，この段階では，サービスの内容はチャネルごとに異なっており，チャネルが融合していない点で，現在のオムニチャネルとは大きく異なっている。よって，従来の「クリック＆モルタル」は，マルチチャネルの一種とみなされる。

次の2000年代後半（2006～10年）になると，EC化率が3～5％未満ま

図表9-1 オムニチャネルまでの変遷

年代	～1999年	2000～05年	2006～10年	2011年～
EC化率(注1)	1%未満	1%～3%未満	3%～5%未満	5%～
小売と生活者の接点変化	シングルチャネル	マルチチャネル	クロスチャネル	オムニチャネル
特徴	店舗のみの1接点	個別に，複数接点	接点のルート化	全ての接点を統合（シームレス）

(注1) EC化率は米国務省国勢調査局の数字
(出所) Webサイト：田中秀樹「オムニチャネル（コラム）」から引用。

で上昇している。顧客と小売の接点は，マルチ化だけではなくルート化が進展した状態に進化している。このように，実店舗やネット，カタログ間をクロスして，複数の顧客接点ができていることから，さらに進化したクロスチャネルの状態と呼ばれる。しかし，クロスチャネルの段階では，現在のオムニチャネルのように，チャネルを横断した顧客管理が未だ十二分にできていない状態である。このクロスチャネルの段階までは，顧客ではなく商品中心の発想であったといえる。

2011年以降になると，EC化率が5％を超えてその影響が顕著になっている。顧客と小売の接点は，シームレスに全ての接点が統合された状態に進化している。顧客と「いつでも，どこでも」シームレスにつながっており，オムニチャネルの段階に到達したといえる。

3. 消費者の情報探索と行動

次に，最近の消費者の情報探索と購買行動の現状をみていく。従来は，買い物の手段は店舗やネット，カタログなどそれぞれが独立していた。しかし，スマートフォンなどモバイル端末の普及に伴い，いつでも，どこでも購入で

図表9-2　消費者の情報探索と購買行動

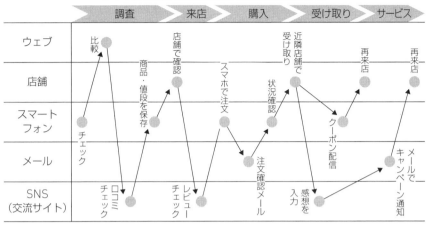

(出所)『日経産業新聞』2014年4月7日，2頁より引用。

きる基盤が整った。

　図表9-2で例示したように，現在の消費者は，チャネル（経路）の垣根を越えて行動することが，顕著になっている。実際，店舗で下見をして，ネットで購入する「ショールーミング現象」が急速に広がっている。例えば，家電製品の購買に際して，消費者は，スマートフォンでチェックし，ウェブで比較，SNS（交流サイト）で口コミチェック，スマートフォンで商品・値段を保存するなど予め事前調査をした上で来店し，店舗で確認，SNSでレビューチェック，スマートフォンで注文，メールで注文確認，スマートフォンで状況確認し購入，近隣店舗で商品受け取り，SNSに感想を入力することが多くみられる。このため小売業はオムニチャネルでの対応が不可欠であり，アフターサービスも充実させ，再来店を促し，リピーター化，固定客化を図る戦略をとっている。

Ⅲ．米国での取り組み事例

次に，具体的な取り組み事例を，米国からみていく。

1. 米国最大の百貨店メイシーズ（Macy's）の取り組み

メイシーズは，1858年に，米国初の百貨店としてニューヨークに創業した老舗百貨店である。現在は，親会社 Macy's, Inc.（メイシーズ・インコーポレイテッド）の下，Macy's と高級志向の Bloomingdale's（ブルーミングデールズ）のブランドで，45州に840店舗を経営し，2013年度の売上高は279億ドルの売上を誇り，従業員数は17万2,500人の米国最大規模の百貨店である。米国では，1980年代に中産階級が富裕層と低所得層に分解したために，百貨店の顧客獲得競争が激化し，生き残りをかけて経営悪化企業の合併や業界再編が相次いでいる。百貨店もブランド力や客層，ステイタスで，高級百貨店から大衆百貨店，実用百貨店（GMS：総合量販店）まで序列化されており，激しい競争に晒されている。

こうした中で，メイシーズは業界に先駆けて2011年に「オムニチャネル宣言」をし，オムニチャネル・リテーラーのパイオニアとして，全世界のモデルを示したことでも有名になった企業である。2013年度のEC売上高は20億ドルを超えており，全社売上高の約8％を占めるように成長している。

メイシーズでは，「My Macy's」と「Magic Selling」を中心として，オムニチャネル戦略を掲げている。前者は，顧客中心のロケーション戦略を意味し，店舗であってもネットであっても「お客様自身のメイシーズ」を目指している。後者は，楽しい買い物を享受する戦略である。買い物の楽しさを十分享受してもらえるように，販売員，ツールを最大限に活用して商品も素晴らしい物を，と心がけている。

この両者を実現するためには，実店舗MD（マーチャンダイジング）とネットMDの壁を壊す必要があった。そこで，ネットとリアルの在庫管理と在庫情報の一元化が根本であるとの認識から，オムニチャネル推進組織を設け，垣根を取り払い，シームレス化に本格的に取り組み始めた。その結果，現在

では，ネットの顧客の72％がオムニチャネル買いをしていることや，店舗への来店頻度も多く，ロイヤリティの高い顧客であることも判明している。

　このオムニチャネル買いを促進するためには，顧客を起点とした組織へ改編し，全店舗とネットの在庫の共通化（可視化）とリアルタイムの持ち合いが必要である。顧客の要望する商品が自店に在庫がない場合は，他店から顧客に配達するか，または自店へ配送を指示するようにシステムも変更した。他店の顧客のために，商品を梱包し，出荷する作業を日常業務化した。

　メイシーズの特徴を整理すると，①リアルタイムインベントリー（購入時点在庫状況把握・告知）の仕組みを構築したこと，②他店の顧客のために，自ら梱包・配送するように教育したこと，③組織や担当者ごとの損得ではなく，あくまでも主役は顧客の利便性という発想に転換させたこと，④組織，ミッション，社内プロジェクトでオムニチャネル化を推進したことが挙げられる。顧客に「買い物の楽しさという経験価値を提供」することが本質であり，それを実現するための手段として，オムニチャネルを活用している。ネットで注文した商品を，全米約800の店舗で受け取る政策も推進しており，実店舗を重視する「ラストワンマイル」のオムニチャネル戦略は，他に一歩先んじており，高く評価される。

2. 世界最大の総合小売業ウォルマート（Walmart）の取り組み

　ウォルマートは，生前，米国の大富豪であったサム・ウォルトン（Samuel Moore Walton）によって，1962年に創業された総合小売業である。2016年度のアニュアル・レポート（年次報告書）によると，世界最大の売上高4,821億ドル（2016年1月期）を誇り，2位のCVSケアマークに3倍以上の差をつけて圧倒し，20年以上の長期にわたって「小売業界の王者」（断トツのトップ企業）に君臨し続けている。業態としては，スーパーセンター，サムズクラブ（会員制のホールセールクラブ），ディスカウントストア，食品スーパーのマルチフォーマットで，グローバルにチェーン店舗を展開してきた。

　ところが，近年，米国内市場が成熟化し，店舗数も飽和状態になり，成長が鈍化してきている。そこで，従来の大型店舗での郊外地出店戦略を見直

し，都市立地のミニスーパー業態を店舗名「エキスプレス」(平均の売場面積 $1,000m^2$) で，20 店出店している。さらに，来年 (2017 年) 1 月までに，300 店の出店を計画している。しかし，ネットでの売上高は約 100 億ドル程度で，全社売上高の 2%あまりに過ぎず，ネットへの対応の遅れに危機感を募らせている。将来のライバル企業として，Amazon を敵対視し，対応策を模索中である。

対応策の 1 つとして，ウォルマートのドライブスルー型（食品通販）店，店舗名は「Walmart to Go」(ウォルマートツーゴー)（平均の売場面積 $450m^2$）で対抗している。アマゾンが比較的弱いとされる食品通販に的を絞り，準ネット通販ともいえる新サービスで，逆襲を計画して実験に着手し始めた。ツーゴー (to Go) は，英語で「持ち帰り」を意味し，顧客が気軽に立ち寄り，短時間で買い物を済ませるコンビニエンスストア型の持ち帰り小型店である。顧客が商品をネットで選び，受け取り時間を指定すると，ウォルマートが注文を受けた商品を集配施設から最寄りのドライブスルー型施設に配送し，顧客がそこへ受け取りに行くシステムで，対象品目は日用品や果物，飲み物など 1 万点である。早朝 5 時から深夜 10 時まで営業して時間の利便性を強調するとともに，同じ敷地内にガソリンスタンドも併設している。これは車社会の米国では，ガソリンスタンドが日本のコンビニエンスストアの役割を担ってきたためで，ガソリンスタンドと小型店をセットした出店が増加している。これは，既存の物流・店舗網の強みを活かすビジネスモデルの構築をねらっているが，現在はまだ実験段階で，軌道に乗れば全米に展開する計画である。

対応策のもう 1 つが，最安値保証システムである。実店舗の最大の脅威となっているのが，「ショールーミング現象」（消費者が店舗で下見だけして，価格の安いネットで購買する行動）である。実際，同社の顧客の 65%がスマートフォンを持ち，その内半分は購入前に価格をチェックしていることから，このような行動への対抗策にも IT を活用する。顧客がスマートフォンで読み取ったレシートの情報が，「セービング・キャッチャー」というウォルマートの独自システムに送られ，その際に近隣の競合店やネットでの価格と

比較して，ウォルマートの価格が高ければ，差額を返金することで，最低価格を保証するシステム（ウォルマートでは「eレシート」と呼ぶ）である。今年度中に全米に展開する予定で，最低価格を保証することによって，消費者の「みるだけ」を阻止することに重点を置いている。このように，ITとの融合により攻守両面で「店舗力」の引き出しをねらい，Amazonをはじめとするネット専業に対抗している。

3．ネット専業のアマゾンのリアルの実店舗活用

世界最大のネット通販であるアマゾンの2015年12月期の売上高は1,070億ドル，過去5年間の売上高成長率の平均は30％を超えている。ネット専業のAmazonも，顧客との距離を解消し，利便性を向上させるために，リアルに進出するなど様々な取り組みを行っている。

例えば「アマゾンロッカー」では，ネットで注文して，ニューヨークやワシントンD.C.，シアトルなど大都市のコンビニエンスストア店舗の専用ロッカーで受け取るシステムを構築している。これは，コンビニエンスストアの中に，受取窓口になるロッカーを配置し，暗証番号で管理している。配送で補完的に実店舗を活用し，さらなる顧客の受け取りの選択肢を増やしている。

ただし，日本のAmazonでは，ローソン，ファミリーマートと提携し，印字された伝票を店員に渡して，荷物と引き換える方式である。

また「アマゾンフレッシュ」で，会員に食品を宅配する新サービスを，シアトルから開始し，全米20都市での食品宅配事業の展開をしている。これは，今までアマゾンが弱いとされてきた食品分野の強化をねらっている。この会員向けには，「アマゾン・ダッシュ」というスキャニング端末で，買物登録リストを作成することで，複数品のまとめ買いを促進するサービスを提供している。

さらにビッグデータを活用した注文前予測配送システムにも着手している。これは，購入履歴や顧客が使うマウスの操作などから購買行動を予測し，実際に注文を受ける前に商品を顧客の近くの倉庫に運び，配送時間の短縮をね

らっている。ITの先端技術を駆使したこれらの取り組みにより，コスト削減と時間短縮を追求している。

IV. 日本での取り組み事例

1. イオン—GMS主力の総合小売業グループ

　総合小売業最大手のイオンは，「モノ・コト・ネットの融合」をコンセプトに，オムニチャネル化に取り組み始めた。モノは商品，コトは体験を意味し，ネットを使った体験で付加価値の向上を図っている。顧客に「新たな買い物体験」という経験価値を提供することに，真のねらいを置いている。実際的には，2013年9月に，オムニチャネル推進組織を設置（イオンリテール内）し，12月に幕張新都心モールからスタートした。

　イオンではEC（電子商取引）を店舗と一体のものと認識している。具体的には，売場にない商品は「タッチ・ゲット」で注文でき，自宅か店舗で受け取れる。タッチゲットは，イオンの店内に設置されている専用のタブレットで，売場にない商品を注文できるサービスである。以下，リカー，ベビー用品などが対象商品である。

　今後は，イオングループのGMS，SM，コンビニエンスストア，小型SMに拡大し，店内のタブレットや顧客のスマートフォン，パソコンからも注文でき，受け取りもできるようにする計画である。この実施に当たっては，ITや物流のグループ機能を活用する。さらにデータ活用で重要な顧客IDの統合にも取り組む予定である。

2. セブン&アイ—コンビニエンスストア主力の総合小売業グループ

　セブン&アイは，傘下にセブンイレブン，イトーヨーカ堂，そごう・西武百貨店などを擁する巨大流通グループで，2016年2月期の決算データによると，売上高約6兆457億円，国内に約2万店舗網を構築している。コンビニエンスストアから百貨店まで幅広い商品を取り扱っており，世界に6万店を有し，毎日5,300万人以上が来店している。セブン銀行のATMは全国に2

万3,000台以上あり，生活インフラになっている点でも，他社のグループとは差別的優位性がある。グループの独自企画商品（PB）であるセブンプレミアムが，売上1兆円を超えているように，グループが一体となった取り組みが特徴である。

具体的なサービスとして，2015年11月に始まった「omni7（オムニセブン）」がある。オムニセブンが目指しているのは，コンビニエンスストア，総合スーパー，百貨店，専門店といった複数業態が連携し，ネットとリアルを融合することで，買い物の仕方を含めた顧客1人ひとりのニーズに，24時間いつでもどこでも応えることである。これによりネット販売の便利さも，実店舗の安心感や手軽さを含め，新しいショッピング体験を提供している。

例えば，欲しい商品をネットの「オムニ7」のサイトで24時間いつでも検索し，商品内容を確認することができる。そして実際に購入する際は，ネットで注文することも，実店舗で商品を見て購入することも可能である。また，ネットで注文した商品の受け取りも自宅で受け取れるだけでなく，最寄りのセブンイレブンの店頭で受け取ることも可能である。近年は，女性の就業率の増加により日中不在の家庭も多いことから，コンビニエンスストアでの「受け取りサービス」としての需要が高まっている。このように商品選びから購入に至るまで，ネットと実店舗の違いや業態の違いを超えて，顧客1人ひとりが好みのスタイルで買い物できるのが「オムニ7」の大きな特徴である。

「オムニ7」の魅力を高め，より広範な顧客に使ってもらえるようにするため，最も重視しているのは「魅力ある商品」である。「オムニ7」のサイトで商品情報を見た顧客から，SNSなどを通じて商品情報が広がり，サイト閲覧件数やサイト上での販売件数も増加傾向にある。それに加えて，実店舗で商品を確認してネットで注文し，都合の良い時間に都合の良い場所で受け取るという「ショールーミング」と，ネットで商品を見て，実店舗で商品を確認して購入する「Webルーミング」がある。その双方が生じることで，ネット間で「相互送客」の循環が確認できる。

セブンイレブンは，この「オムニ7」のサービスの中で「受け取り」以外に代金の支払い，返品といった顧客との接点となる「サービス拠点」として

も重要な役割を担っている。店頭や商品のお届けサービスの際には「タブレット型接客端末」を導入し，顧客に「オムニ7」サイトの紹介や，サイト内での購入の案内をすることに力を注いでいる。商品を見ながらその場で予約ができるという，従来のカタログによる予約販売にはない手軽さを顧客に体験してもらうことで，実績を上げることにつながっている。また，ネット購買の際に「ついで買い」をする顧客も多く，単価アップにもつながっている。

このように，季節商品や限られた店舗スペースでは在庫を持てない商品でも，ネット上に品揃えして，顧客に気軽に注文してもらえるようにすることや，近所にないセブン＆アイグループの百貨店や専門店の商品も，手軽に身近なセブンイレブンの店頭に取り寄せられることで，セブンイレブンの「近くて便利」をより進化させることが可能である。

現在，セブン＆アイグループでは「脱チェーンストア」を目指し，それぞれの地域に支持されている品揃えの強化が行われている。実店舗では商圏内の顧客しか購入できないが，今後はネットを通じて幅広い顧客に知ってもらい，利用してもらうことがねらいである。このような商品提案の蓄積によって，実店舗の商品台帳そのものがネット上にあり，各店舗は地域の顧客ニーズを見定め，そこから売場の品揃えをきめて商品を仕入れていくといった「商品台帳のクラウド化」を目指している。その上で，各店舗は個店ごとに顧客ニーズに合った売場づくりを進めることも可能となる。

このように，セブンイレブンを中心に国内に約2万店の店舗網を有するとともに，セブンプレミアムに代表されるグループ力を活かした商品開発や物流機能などは，先進的な事業インフラを構築してきたセブン＆アイグループだからこそ可能なサービスである。この強みを活かしながら，顧客にさらなる「便利さ」と「満足感」を届けるため，「オムニ7」の拡充を進めている。

3. 無印良品（生活雑貨の専門店）のビッグデータ活用の仕組み

生活雑貨店「無印良品」を展開する良品計画では，ビッグデータを使って，実販売とネット販売を融合するオムニチャネル戦略を始めている。日経産業新聞（2014，5月12日）によると，「無印ネットストア」という電子商取引

(EC) サイトの閲覧履歴は約9億件,「ムジパスポート」というスマホ向けのアプリの起動履歴は千数百万件,店舗の購買履歴データは2年分で5億件もある。これらのビッグデータを蓄積・統合し,分析・企画して,最適なタイミングで顧客に販促情報を届け,顧客を店やECに誘導(送客)したり,ネット広告が購買に結び付いたかを明らかにする仕組みを構築している。

4. パルコ(ファッション専門店)の取り組み

　ファッション専門店で,オムニチャネル戦略にも積極的に取り組む企業として知られているパルコは,「24時間パルコ」というコンセプトを掲げ,様々な取り組みを行っている。第1の取り組みが,日常的にWeb接客が行える「パルコショップブログ」である。全国の店舗情報やキャンペーン,オンラインショップ,メルマガ,PARCOカードの案内,エンターテイメント情報などを紹介している。いつでもどこでも買い物ができる環境をつくるためには,実店舗に加えてWeb上にもプラットフォームが必要ということで,2013年にこうした「ブログ」を開設した。現在は全国19店舗の約3,000ショップが,ブログのアカウントを開設・運用している。

　第2の取り組みが,接客のオムニチャネル化である。テナントの自社ECサイトから商品情報を集めているECサイト「PARCO SHOW WINDOW」を開設し,人気ブランドのWebストアから,最新のアイテムを見つけて買える仕組みである。「ショップブログページ」の中に商品情報の一部を表示し,詳しい情報を知りたい場合は,ECサイトに飛べるようになっている。また,「店舗への直接の売り上げ貢献」を目的に,ショップスタッフのおすすめアイテムが買えるマーケット,オンラインショップの「カエルパルコ」も展開し,Web取り置き予約&通販注文サービスも行われている。パルコ各店のWebサイトにある各ショップのブログページで紹介される商品を,パソコンやスマートフォンを通じて,店舗への取り置き予約や通販の注文ができるサービスである。

　第3の取り組みは,2014年10月末にスタートした公式スマートフォンアプリ「POCKET PARCO」である。コンセプトは「あなたのポケットにパル

コ」であり,「ショップブログ」と連携していて,ショップ検索や商品取り置き,通販注文機能,チェックイン,Wi-Fi機能も備えている。さらに2016年3月からは,人工知能（AI）の導入により,1人ひとりの顧客にパーソナライズしたおすすめ情報表示など,新たな機能を追加し,情報発信を強化している。

5. ネット専業の楽天のリアル進出

　2012年に「楽天マート」で直営のネットスーパーを開業し,商品の調達から販売までを行い,専用の物流センターから配送している。24時に注文を締め,その後,発注し,取引先が翌朝にかけて物流センターに納品し,仕分けして各家庭に配達する仕組みである。取扱商品は,生鮮,日用品など2,000～3,000アイテムである。紙の週刊カタログと季刊カタログを見て商品を選び,電話で注文することも可能で,顧客はシニア層が多い。このように楽天市場の人気商品を扱うことで,他のネットスーパーとの差別化ができる。ネットと直営で顧客の選択肢を広げ,送客し合い,相乗効果を図っている。

　また楽天は,価格以外の付帯サービスを強化している。例えば,当日配送,無料配送,同梱サービス,ワンクリック決済,商品推奨機能などで利便性を向上させている。

　さらに,「ネットとリアルの融合」を目指して子会社化した楽天Edy（プリペイド型電子マネー）は,約7,220万枚発行している。利用可能箇所約35万カ所を誇る巨大電子マネーである。さらに,228社,3,738店舗の規模を誇るCGC（シージーシージャパン）と協業しており,こうした加盟店の拡大により,顧客の囲い込みを図っている。

V. 検討と方向性の考察

　以上,米国と日本で,オムニチャネルに先駆的に取り組む事例をみてきた。リアル（実店舗）企業が,自社の業態の特性を活かしてネットの活用を図るだけではなく,ネット専業企業もリアルに進出していることが明らかと

なっている。そこで，リアルとネットの比較，顧客側・企業側のメリットを分析し，両者をいかに組み合わせることで顧客の利便性を高めることができるのか，そのために，顧客行動の分析のあり方などを検討し，さらに今後の方向性も考察したい。

1. リアルとネットの比較―強みと弱み

リアル（実店舗）とネットのビジネスモデルは，根本的に異なっている。リアルは「顧客が店に行き，商品を買い，自宅まで持って帰る」モデルであるが，ネットは「事業者が，顧客が注文した商品を，顧客宅まで届ける」モデルである。そのため，それぞれに強みと弱みを有している。

リアルの強みと弱み

リアルの強みとしては，顧客が商品を持ち帰るため配送コストが不要であること，顧客が実際に確かめたり試着できるので品質やサイズなどの信用が高いこと，接客での説明により関連販売や推奨販売ができること，現物があれば，その場ですぐに買えることが挙げられる。

リアルの弱みとしては，品揃え幅に制約があること，販売管理コストが高いこと，顧客に手間暇かけて来店してもらう必要があること，来店客だけにしか対応できないこと，価格比較がしにくいことが挙げられる。

ネットの強みと弱み

一方，ネットの強みとしては，品揃え幅が広いこと，販売管理コストが低いこと，価格比較のしやすいことが挙げられる。

ネットの弱みとしては，配送コストが掛かること，品質やサイズへの不安があること，単品買い志向が強いこと，配送まで時間が掛かること，ネットを使える顧客だけにしか対応できないことが挙げられる。

これらのリアルとネットの強み・弱み比較分析から，顧客満足の向上を目的に，リアルとネットを適切に組み合わせたり融合させることにより，相互

に補完し合う相乗効果のあるビジネスモデルの構築が必要となっている。

2. オムニチャネルの効果―顧客側・企業側双方のメリット

顧客側のメリット

　オムニチャネルの発端は，スマートフォンやインターネットの普及を背景に，顧客が自分のライフスタイルに合わせた消費行動を始めたことからであり，こういった消費行動の変化への対応策とみなされる。従来は買い物する際に，営業時間や定休日，品揃え，価格など企業側の都合に顧客側が従わざるをえない制約があったが，今日ではパソコンやスマートフォンで，「いつでも」「どこでも」自分のライフスタイルや価値観にあった消費行動を選べるようになった。これが顧客側の最大のメリットである。乳幼児がいて買い物がままならない母親も，帰宅の遅いサラリーマンも，ネットを通じて自分の欲しい物を手に入れることができるようになった。

企業側のメリット

　オムニチャネルの最大のメリットは，多様になった消費者のニーズを一元化して把握することができる点にある。今までは実店舗に来たエンドユーザー，ECサイト上での顧客，カタログ通販からの問い合わせなど，特化した形での販売がほとんどだったが，オムニチャネルの場合，顧客とのチャネルをいくつも分析することにより，顧客ニーズの取りこぼしをなくすことができる。つまり，顧客との接点をいくつでも持ち，顧客の悩みや課題，ニーズを探ることができる。これを踏まえた上で，企業側の具体的なメリットとして，次の3つが考えられる。

　第1に，顧客1人ひとりに対応して，最適なマーケティングができる。様々なチャネルで得た個客の情報を統合し分析することにより，個客の趣味や嗜好を知ることができる。

　第2に，販売機会の損失を減らすことができる。顧客が商品を購入する際に欲しい商品の在庫がなかった場合，販売機会のロスにつながる。しかし，在庫が切れていても他店からスピーディーに商品を顧客の自宅に配送，また

は顧客の住んでいる近所のコンビニエンスストアなどで商品を受け取れるようにできるため，商品の購入につなげることができる。

　第3に，顧客満足度を向上できる。顧客はサービスの良いお店（企業）のファンになるため，企業側は，顧客満足度を上げるためのサービスを率先して顧客に提供し続けることにより，競合他社よりも一歩も二歩もリードして，多くの顧客を囲い込むことができる。

3. オムニチャネルと顧客行動の分析

　オムニチャネル時代の到来で，今や顧客はシームレスに様々なチャネルを横断し，情報検索，シェア，購買，そして評価をネット上で縦横無尽に行うようになっている。顧客1人ひとりの購買行動は異なり，直線的な関係性で済むものではなく，従来型のCRM（Customer Relationship Management）から様々なチャネルの経験値を重視するCEM（Customer Experience Management）が重要になってきている。そして，この際の考え方は，メディア接触，接触した内容，それに対するレスポンス先（実店舗，メディアなど）を管理していくことが肝要である。

　また，顧客がシームレスに，チャネル間をいかに動いているかの分析が重要である。例えば，ネットで店舗の情報を閲覧した顧客が，どのように反応して来店するか，そして実際に購入するかどうか，固定客として残るかどうかを分析する必要がある。これまでのシングル，マルチ，クロスの各チャネルでは，顧客と企業間が結ばれていたが，オムニチャネルでは漠然としたシームレスの関係であり，1人の顧客が様々な動きを行うため，その動きを客観的に分析することが必要とされている。

4. データ管理の一元化と顧客価値の本質

　オムニチャネルの場合，その概念から，データ管理の一元化が以前のチャネル管理との大きな相違である。そのため，商品情報・在庫管理の一元化だけではなく，販売チャネル管理の一元化，顧客行動データ管理の一元化の構築が前提条件であるが，この三位一体となったシステムは，あくまで手段で

ある。

　オムニチャネルでの顧客価値の本質は,「いつでも，どこでも繋がる顧客接点を活用し，顧客に利便性や買物の楽しさ体験という経験価値を提供する」点にこそ本質的な価値があり，それによって長期的な固定客づくりをすることに真のねらいがある。

5. 価値共創の顧客戦略への取り組む必要性

　オムニチャネルの時代になると，マーケティングの発想やパラダイムも転換が求められる。従来の企業（供給者サイド）視点での評価だけではなく，顧客（需要者サイド）視点での評価が重要になる。そうなると，これからの戦略は，企業視点での4P理論に代わり，顧客視点のコミュニケーションを基軸にすることが有効であると考えられる。従来のモノ中心の考え方から，顧客の課題解決中心の考え方へと発想の転換が必要となっており，いわゆる「価値共創の顧客戦略」と呼ばれるマーケティングに取り組む必要性があるといえよう。

6. 今後の方向性

　オムニチャネルの取り組みは，サプライチェーンから顧客まで含めた情報統合の一大事業であるため，実現には莫大な投資と時間を要する。そこで，今後のオムニチャネルの方向性として,「社会インフラ型」「コンテンツ特化型」「マーケティング企業間連携型」の3つのパターンを挙げたい。

社会インフラ型オムニチャネル

　これはいわゆるプラットフォーム戦略であり，顧客情報を集中的に蓄積できるため，この特性を活かして集客すればするほど強くなる。代表的な例としては，前述のセブン＆アイやイオンが挙げられる。セブン＆アイは小型ながら圧倒的な店舗網を誇るセブンイレブンのコンビニエンスストアを活かした戦略であるのに対し，イオンは物品販売からサービス消費まで何でも完結する巨大旗艦型ショッピングセンターを主軸に置いており，同じ社会インフ

ラ型でもその戦略は，企業の強みによって性格は異なっている。いずれのケースも，重要なテーマが物流の統合にあって，巨大な物流インフラの構築が決め手である。これを実現するためには，既存の縦割りの部門に横串を入れることから，経営トップの強力なリーダーシップが必要である。

コンテンツ特化型オムニチャネル

　上記の社会インフラ型が浸透し始めると，その他の少数の店舗しか持ちえない企業は集客を行うことがより難しくなるため，強力な集客力を持つ自社独自のコンテンツ（商品・サービス・メディアなど）が必要となる。近年はソーシャルメディアの発達により，良質なコンテンツであれば，マーケティングコストをかけずとも，幅広い地域に情報を広げることができるようになった。つまり話題づくりを巧みにできれば，SNSが勝手に広げてくれることが期待できる。

マーケティング企業型連携オムニチャネル

　コンテンツ特化型の考察から，社会インフラ型のオムニチャネルに対抗するためには，そうでない企業同士の連携が，今後一層加速していくと考えられる。複数企業をまたいで，「いつでも・どこでも・なんでも買える」というように商品・決済・物流など物理的領域で連携していくことはハードルが高いが，マーケティング領域であれば比較的取り組みやすいと考えられる。インフラレベルでは連携していなくても，顧客接点領域で連携し，顧客が求める世界を見せることに特化して連携することは可能である。例えば，複数企業間でディスプレイの連携や顧客ID活用の連携などが考えられる。前者の事例では，デジタル技術を活用すれば引越や結婚のタイミングで，不動産・自動車・保険といった新しいチャネル間連携も有りうる。後者の事例では，共通ポイントや顧客IDを企業間で連携すれば，顧客補足上のメリットを共有できると考えられる。

Ⅵ．おわりに

　最後に，本章の内容を整理してまとめとしたい。本章では，ネットとリアルの融合したマーケティングの重要を，先進事例から力説した。オムニチャネルの取り組みはあくまで手段であって，供給（サプライチェーン）サイドではなく，顧客サイドから満足度の向上を図る発想の転換が重要であること，さらに顧客セントリックマネジメント型へ（顧客を中心にして，川上から川下までの機能が取り巻く形の椅子取りゲーム型に）変化させ，あらゆるチャネルにより，いつでも，どこでも個客とシームレスにつながる仕組みづくりが必要であること，そして，購買後のサービス提供により，長期的良好な関係を構築し，リピーターから固定客づくりへ，さらに家族や知人などに顧客を拡張することも可能な汎用性のあるシステムである。

　従来の研究では，ネットとリアルは，対立的，競合的視点の研究が多かったが，本章では，逆にネットとリアルの融合した動態的視点から，顧客接点がシームレスになり，いつでも，どこでもつながり，長期的関係性が強化でき，その結果，送客など販促で相乗効果を発揮する可能性が大きいことを事例で検証した。

●参考文献

『激流』（2014年10月号）「オムニチャネルを制するラストワンマイルの攻防が激化」86-91頁。
田中秀樹「オムニチャネル：Webインテグレーションコラム」株式会社富士通総研Webサイト。
『チェーンストアエイジ』（2014年3月1日号）「オムニチャネル元年IT白書」53-81頁。
『チェーンストアエイジ』（2014年5月15日号）「ラストワンマイルの攻防」53-83頁。
『チェーンストアエイジ』（2013年12月15日・2014年1月1日合併号）「オムニチャネル最前線」35-47頁。
『日経MJ』（2014年3月3日号）「eリテール特集：「オムニチャネル」加速」1-11頁。
『日経情報ストラテジー』（2014年8月号）「無印良品 最強のオムニチャネル経営」24-35頁。
『販売革新』（2012年11月号）「ネット＆リアル融合モデルの可能性」6-36頁。
『販売革新』（2014年1月号）「ネットとリアル協奏と軋轢」71-86頁。
武藤明則（2014）「eコマースのビジネスモデル（1）BtoC」『愛知学院大学論叢経営学研究』

第 23 巻第 2 号,89-96 頁。

『流通とシステム』(2014 年 7 月号)「我が国主要小売業態におけるオムニチャネル・マーケティングの現状」第 159 号,2-43 頁。

その他,『日経産業新聞』2014 年 4 月 7 日,5 月 12 日,『日本経済新聞』など。

小売企業の
社会的責任活動

―― イオンの事例を中心に ――

補章

Ⅰ. はじめに

　小売業は店舗の周辺の消費者と直接的に接するという特性を持っていることから，そのあり方は，地域社会の生活や産業に様々な影響を与える。小売業はビジネスとしての「経営の場」だけではなく，買い物を含んだ地域住民の「生活の場」であり，都市のにぎわいを形成する「都市施設」でもあり，地域社会にとって不可欠な重要な役割を果たしている。

　しかし，近年，少子高齢化や人口の減少化，消費者行動の変化，地域社会の変貌など，小売業を取り巻く市場環境の変化により，中小零細小売業だけではなく，中堅小売業や大型小売業でも経営不振や閉店，撤退が多発している。こうした厳しい状況の中で，小売業に対して規模の大小を問わず，地域社会の問題解決に貢献が求められる時代となっている。

　一方，経済の主役である消費者に対しても，地域コミュニティの社会問題や地球環境問題に配慮した社会的責任（Consumer Social Responsibility）ある行動が要請されている。消費者の意識や行動の変化が，小売業の企業行動を規定するため当然のことといえる。

　そこで本章では，小売企業の社会的責任（Corporate Social Responsibility，以下，CSR と略称）への要請が高まる中で，環境保全だけではなく，職場の女性の人権面や障害者福祉，地域社会貢献など，消費者市民とともに先進的な取り組みを行っているイオン（旧ジャスコ・グループ）の「環境・社会報告書」を手がかりに，小売企業の社会的責任活動の現状を分析し，今後の方向性や課題を検討する。

　これからの社会では，小売業態や規模の大小を問わず，消費者市民とのコラボレーション（協働）の重要性が高まっていくことを主張したい。

Ⅱ. マーケティング概念の拡張・進化と CSR

1. マーケティング概念の拡張と進化

　1960 年代までは，営利セクターである企業経営の枠組みの中で，マネジリ

アル・マーケティング（Managerial Marketing）すなわちマーケティング・マネジメント（Marketing Management）が実践されてきた。

　しかし，1970年代初頭から，コンシューマリズム（消費者主義）の高まりとともに企業を取り巻く多様な社会問題への適応が要請されるようになり，マネジリアル・マーケティングを修正し，企業の社会的責任を重視したソーシャル・マーケティングがレイザー（Lazer）やケリー（Kelley）を中心に，議論された（Lazer & Kelley, 1973, pp.3-12）。ソーシャル・マーケティングは，社会的目的に資するためのマーケティングであり，コトラーによれば，社会的責任を果たすために，顧客の満足ならびに長期的な消費者および公衆の厚生を生み出すことを目指す経営者の志向と捉えている。また，コトラーは，ソシエタル・マーケティング（Societal Marketing）の用語で，非営利組織におけるマーケティングをも主張した（コトラー & ロベルト 1995, 3-70頁；上原，1998, 16-23頁）。

　その後，地球環境問題へ焦点が当てられることが多くなり，グリーン・マーケティング（Green Marketing）やエコロジカル・マーケティング（Ecological Marketing），エンバイロメンタル・マーケティング（Environmental Marketing），サスティナブル・マーケティング（Sustainable Marketing）など環境保全を重視したマーケティングが強調された（大橋，2002, 34-84頁；齋藤，1997, 71-97頁；西尾，2000, 15-30頁）。

　近年では，地球環境は当然のこととして，さらに社会的環境に対する責任も重要視され，企業の倫理や人権，雇用など地域社会の課題解決へ取り組むCSRに基づいたマーケティングが再評価されている（高厳，2004）。地域コミュニティの抱える広範かつ多様な課題の解決のために，企業のマーケティング力を活用し，売上げやブランドの向上も同時に目指す方法として，社会的に意義のある活動を支援するマーケティングは，一般的なソーシャル・マーケティングと区別して，欧米ではコーズ・マーケティング（Cause Marketing）あるいはコーズ・リレイティッド・マーケティング（Cause-Related Marketing）とも呼ばれている（谷本，2004）。

2. 近江商人の「三方よし」の経営理念に見られる CSR の萌芽

　CSRの発想は，欧米社会で20世紀初めにキリスト教的倫理観から誕生したとされるのに対して，日本ではさらに古く，既に江戸時代の近江商人の家訓に萌芽が見られる。琵琶湖を持つ近江の国で生まれ育ちながら，他国へ出て商売をして全国的に名を轟かせた商人は「近江商人」と呼ばれ，現在でも，伊藤忠商事，丸紅などの商社，高島屋，大丸，西武などの百貨店，日清紡，東洋紡などの紡績会社，その他日本生命，ヤンマーディーゼル，日野自動車，ワコールなど，近江商人に起源を持つ老舗企業は多い。彼らは独特の企業倫理観を持ち，日本中に支店を展開し，その地域の人々の信頼を得て経済発展に貢献し商人の手本とされた。

　彼らの特徴を表す代表的なものとして，行動規範である「売手よし」「買手よし」「世間よし」をうたった，「三方よし」の家訓がある。「売人も悦び」「得意も弁利を悦ぶ」「自利利他の商い」を前提とし，「売手」と「買手」に加え，「世間」の幸福をもその視野に取り組んだ経営理念である。この「三方よし」の根本には，公正な倫理観，法令遵守，社会貢献があり，顧客の喜びによって事業は繁栄し，自らの喜びを世間に還元することで社会にも喜びが増えるとの仏教思想があり，循環によって円く「三方よし」となる。このように仏教精神の影響の強い日本でも，今日のCSRにつながる企業倫理観が江戸時代から見られたことは，単なる流行現象ではなく経営の根幹に関わる重要課題であることの証左である（小倉，2004）。

3. CSR に対する世界の動向

　2003年6月のフランス・エビアンサミットにおいて，CSRが議論の1つとして取り上げられたように，CSRに対して欧米先進国を中心に関心が高まっている。ただし，欧州と米国では，ビジネス風土や価値観の相違から重点の置き方が異なっている。英国やフランスでは，CSRを国家の産業政策として推進するほど活発な取り組みがなされており，環境問題や失業問題・グローバル企業の社会問題に重点が置かれている。一方，米国では，CSRは株主価値中心，利益最優先の土壌から，「企業市民」の概念が基盤となり，社会貢

献活動，地域社会への貢献，環境問題への配慮，寄付行為など，社会全体に対して良いことをするという「善行」の促進に重点が置かれている。そのため米国では，CSRの評価に基づいた株式の社会的責任投資（Socially Responsible Investment：SRI）が大きなマーケットを形成している。

日本においても最近は，CSRブームが起こっており，動きが活発になってきている。それは，食品の偽装表示や顧客データの流出，暴力団組織への利益供与などの事件が相次いだことが発端となったのであるが，企業が社会に対する責任を自ら明らかにし，対応していくことの重要性を認識し始めたことも理由の1つである（岡本，2004，13-77頁；田中・水尾，2004）。

4. 近年の消費者・市民の関心の高まり

近年，消費者や市民全般に地域コミュニティの社会問題や環境問題への関心が高まっている。例えば，NHKの「ご近所の底力」という番組は，地域コミュニティで発生する多種多様な問題を住民が知恵を出し協力し合って解決していくプロセスに共感を得て，人気を博していた。また「グリーン・コンシューマー」という言葉も定着し始めている。内閣府（2001）によれば，市民が企業の社会的役割として，環境保護や雇用の維持への取り組みを強く求めていることが明らかとなっている。

こうしたことから，1990年代以降，経済志向（自社の目標達成）と環境志向（生態系との調和）だけではなく，社会志向（社会環境との調和）の3つの基準を満たすことが求められている。持続可能な社会を実現するために，いわゆる経済・環境・社会という3つの領域に関わる諸課題を同時的に調和・融合させることを指向する経営管理の概念である「トリプルボトムライン」の発想が重要となっている。企業は消費者の理解と協力を得て，社会的責任や倫理，持続的発展可能性（サステナビリティ）へ貢献することが，必須の存立条件となっている。

Ⅲ. 企業の社会的責任への要請

1. 企業の社会的責任の概念

　今日のCSRの本質は，単なる社会貢献や法令遵守だけではなく，常に社会的ニーズを価値創造および市場創造に結び付けて企業の目的を革新し，より良い企業と社会の持続可能性に資することである。換言すれば，日々の企業活動の中に，社会的公正性や環境への配慮などを組み込み，従業員や顧客，投資家，取引先，地域社会など，企業を取り巻くステークホルダー（利害関係者）に対して責任ある行動を取っていくという考え方である（水尾，2000，90-257頁）。そして，中核となる実効性のあるコンプライアンス（法令遵守）態勢が確立（経営倫理・企業倫理の確立）した企業統治（コーポレートガバナンス）体制の構築には，経済的側面・環境的側面・社会的側面のトリプルボトムラインを総合的にバランスさせながら経営を行う必要がある（高岡，2004）。

　CSRの領域は，労働者の保護・福利厚生，安全な製品・サービスの提供，公正取引，顧客満足の向上，地域社会貢献，人権，環境保全など極めて広く多様である。CSRの発展のためには，例えば，消費者によるグリーン購入やグリーン融資，グリーン投資，快適エコライフの選択，福祉，ボランティア，国際人道支援，法令遵守，倫理など，消費者側もまた社会的責任ある活動をとることが重要である。そのためには，例えば，グリーンコンシューマーのように，消費者の社会的責任も同時に求められている。よって，CSRの前提条件として，消費者意識や行動の変革を伴うために，消費者啓発や消費者教育が求められている[1]。

2. 近年，CSRが注目される理由

　近年，CSRが注目される理由として，以下の5点を挙げることができる。
①企業が配慮すべきステークホルダー（利害関係者）が，従業員・顧客・投資家から取引先・地域社会・NPOひいては行政機関に至るまで，国内外を問わずあらゆる範囲に拡大している。特に顧客だけではなく，消費

者市民の社会的責任を果たすためのNPOの行動力が高まっており，情報開示や説明責任が求められている。
②企業活動のグローバル化の進展により，企業を取り巻く環境が変化している。調達先の国での児童労働や虐待，福祉，安全，衛生などにまで責任が求められている。
③エコファンドや社会的責任投資（SRI）への関心が高まり，企業の収益性に加え，社会性や倫理性も評価するようになった。日本のSRIでは，企業統治，情報開示，消費者・調達先対応，雇用・社会貢献，環境の5つの分野から総合的な評価を行っている（秋山・菱山，2004，2-97頁）。
④従業員が，雇用の確保と賃金アップだけでなく，能力を発揮できる働きやすい職場環境を求めるようになった。女性やマイノリティ（少数民族），ハンディキャップ（障害）のある人々に対して，差別のないことが要請されている。
⑤全世界的に，CSRに関する基準や規格化が整備されつつある。例えば，英国のSIGMA（2003年）や欧州のグリーンペーパー（2001年），米国のGRI（2000年），日本のECS 2000（1999年），さらに国際標準化機構（ISO）では，人権と多様性の尊重を前提に，持続可能な発展に貢献する目的での社会的責任として，国際的なガイドラインISO26000を2010年11月に策定した。CSRを果たすための7つの原則として，①説明責任，②透明性，③倫理的な行動，④ステークホルダーの利害の尊重，⑤法の支配の尊重，⑥国際行動規範の尊重，⑦人権の尊重が掲げられている。ここでは，消費者，政府，産業界，労働，NGO，SSRO（サービス・サポート・研究・学術及びその他）の6者によるマルチステークホルダープロセスが採用された。

3. ステークホルダー（利害関係者）の積極的な参画

①人にやさしいシステムづくり

「ハートビル法」（「高齢者，身体障害者等が円滑に利用できる特定建築物の促進に関する法律」の略称）が施行されて以来，あらゆる施設やハー

ド面でユニバーサル・デザイン化やバリアフリー化が進展している。また，雇用や人権などへの社会的責任（男女・障害者・人種等での差別排除と社会的弱者保護）意識が向上し，社員の雇用機会確保や女性管理職増加，女性の再雇用，高齢者の雇用，障害者雇用率，外国人採用，中途採用，パワハラやセクハラ防止マニュアルの整備など，ソフト面でも進展が見られる。

②**地球にやさしいシステムづくり**

「環境保全関連法規」が整備され，生産・物流・販売・事務など事業活動に関わる環境負荷削減だけではなく，生活者・消費者市民，行政も積極的に参画して，国家目標として「地球にやさしいシステムづくり」が指向されるようになった。そのため，再資源化，再生品，環境配慮型商品の開発などを折り込んだ「環境マネジメントシステム」(Environmental Management System）が，事業者や組織・団体で構築され，ISO14001の認証取得も増加した（渡辺，2003）。

4. 具体的な行動基準

企業が倫理基準を設け，規制ではなく自主基準という形で社会的責任を果たそうと登場したのがCSRである。こうした趣旨から，内外の民間経営者団体で，自主基準づくりに向けた動きが活発化している。例えば，国内の経済団体では，日本経済団体連合会が，2004年6月に「企業行動憲章」を改定し，企業の自主的な行動基準づくりのガイダンスを行っている（日本経済団体連合会，2004）。

また，国際標準規格ISO26000の策定を受けて，日本では日本工業規格JIS Z 26000「社会的責任に関する手引き」が，2012年3月に制定された。これでは，あらゆる組織・団体が，海外で活動するに際して負う社会的責任を明示している。組織統治，人権，労働慣行，環境保全，公正な事業慣行，消費者課題，コミュニティへの参画の7つが中核主題である。

5. 経済や環境, 社会面でのバランスのとれた経営への要請

近年,「持続可能(サスティナブル)報告書」の中に, 経営情報や社会面での取り組みなどと合わせて環境情報を記述する企業が増加している。これは, 倫理や人権, 社会貢献など, いわゆる社会面での取り組みも企業の存続に欠かせないという考え方が広まりつつあるためである(日本経済新聞, 2005年1月17日)。さらにCSRと財務などの経営情報とを整理した「統合報告書」も広がり始めている。

6. 小売業での取り組みの特徴

小売業での取り組みの特徴として, 次の3点が挙げられる。

①通常, 小売業では店舗での商品販売が中心で生産設備を保持しないため, 製造業と比べて環境負荷が比較的少ない。しかし, 生産→流通→消費→回収といった循環型流通システムづくりの推進では, 店舗を活用して重要な役割を果たすことが期待されている。すなわち, 小売業は生産者や卸売業者, 物流業者, 消費者などに対して, 主導権を発揮して環境保全推進に対する社会的責務を負うべき立場にある。そのため, 大規模小売店舗立地法をはじめ, 容器包装リサイクル法, 食品リサイクル法, 家電リサイクル法, パソコンリサイクル法, 自動車リサイクル法など, 小売業の流通政策に関連して, 次々と新しい法律が制定されている。

②最終消費者と日常的に極めて近く密接に関わることから, 消費者意識の向上に伴い, 品揃えにおいても環境保全について重視している。例えば, 環境配慮型商品の内容・売場の説明, 消費者の協力による店頭でのリサイクル活動, 過剰包装の削減・買物袋削減実績などを実施している。

③店舗での省エネだけではなく, バリアフリー, 車椅子対応など, 人にやさしいシステムを目指す「ハートビル法」への取り組みも重視している。さらに,「ユニバーサルデザイン」の視点から, 年齢や性別, 体格, 障害の有無に関係なく, 誰もが使いやすく, 快適であるよう配慮した施設やサービスを含む店舗づくりが重要になっている。

7. 従来の環境負荷の開示例

　小売業の環境経営の取り組み活動は，マーケティング・ミックスの4Pとも関係付けて情報開示されてきた。そのため，通常，最終消費財の提供活動は，大きく次の4段階に分類されて，環境負荷の情報が開示された。
　①商品の開発・製造段階（売上高に占める環境配慮型商品の割合など）
　②物流段階（物流における燃料消費に伴う二酸化炭素や窒素酸化物排出量，交通渋滞，騒音，ダンボール箱の削減など）
　③店舗での販売活動段階（店舗での二酸化炭素排出量，過剰包装削減，廃棄物数量，リサイクル状況，交通渋滞，騒音，景観など）
　④チラシなどの広告宣伝活動段階（チラシ配布量など）
　上記の4段階の中でも，特に店舗での販売活動段階に関心が集まってきている。

Ⅳ．イオンの取り組み事例

1. 大手小売業の状況

　1990年代前半までは，総合スーパーでの環境対策はダイエーがトップランナーであったが，96年頃から環境対策の先行者の主役が西友に交代し，イオンとの環境戦略競争の時代に突入した。両社は環境ISO14001の取得で先進的な環境戦略で評価されてきた。しかし，本業の経営不振から，徐々にダイエーと西友が脱落した。

　近年では，地球環境だけではなく，経済や社会環境を含めた社会的責任が重要視されている。『週刊東洋経済（臨時増刊）』（2015年12月2日号）の「CSR企業総覧2016年版」によるCSR企業ランキングでは，イオンが「地球環境保全」と「人材活用」「企業統治＋社会性」で上回っているが，「財務」では大差があるため，総合ポイントでは，セブン＆アイホールディングスが上位にランク付けされている[2]。小売業界では，CSRに関してもイオンとセブン＆アイの2強時代になっている。

　さらに日経BP社（2016）によると，アンケート調査の結果，対象主要560

の企業ブランドの中で、イオンは第4位にランキングされている。小売業ではトップで、ライバルのイトーヨーカ堂（第49位）やセブンイレブン（第12位）に勝っている。

「リサイクル」や「省資源」などの環境保全項目だけではなく、「地域社会貢献」や「消費者・顧客への対応」「女性が働きやすい環境」などの項目で、上位にランク付けされており、CSR評価ランキングが第3位となっている。よって本節では、CSR（特に社会貢献）に最も高い評価の小売業としてイオンを取り上げることにした。

2. イオンの取り組み概要

①イオン環境・社会報告書

イオンでは、従来の「環境報告書」を、2003年から「イオン環境・社会報告書（サスティナビリティ・レポート）」に変更した。作成に当たっては、GRI（Global Reporting Initiative）を国際的ガイドラインとして参考にしている。この背景には、環境対策だけではなく、CSR活動の全容の情報開示が重要になったために、内実に合わせる形で報告書の名称変更を行っている。そのため、企業活動の経済性や社会性の視点を重視しており、さらに、読み手であるステークホルダーに理解しやすいように、「経営」「社会」「環境」に分けて、編集している（イオン、2003；2004；2005）[3]。

2011年からは、4つの重点分野として、①低炭素社会の実現、②生物多様性の保全、③資源の有効活用、④社会的問題への対応を定め、積極的に推進している。

②イオン行動規範の制定とリスクマネジメント体制の確立

イオンには顧客を中心として平和・人間・地域の3要素を配した「イオンの基本理念」があるが、この基本理念をベースにして、2003年4月に「イオン行動規範」を制定した。ここではステークホルダーとして、顧客、地域社会、取引先、株主、イオンピープル（従業員）という5つの柱を立て、それぞれに考え方と具体的な行動基準を明文化している。イオンの基

本理念や宣言，行動規範で，トップの考え方を明示し，従業員の理解と実践を促している。イオンはアジア No.1 リテイラーとして，社会から「良い会社」の評価を受ける企業に成長するという目標を設定している。

また，経済的な面のみならず，人為的要因や自然災害など，あらゆるリスクに対応できるようにし，さらに個人情報保護やセキュリティも整備して，リスクマネジメント体制を確立した。近年，相次ぐ企業からの顧客情報流出・漏洩事故にも備え，イオンクレジットサービス㈱では，2003 年 1 月に「プライバシーマーク」の認証を取得している。

イオンではコーポレートガバナンス改革によって，経営の監督と執行を完全に分離し，よりスピーディーで透明な経営体制を構築した。具体的には，2003 年 5 月にイオン独自の 3 つの諮問委員会制度を作った。消費者団体幹部や顧客の要望を取り入れるために「お客様諮問委員会」を，環境団体幹部や学識経験者からの政策提言を取り入れるために「夢のある未来諮問委員会」を，多分野にわたる専門家の見識をグループ全体戦略に繁栄させるために「経営諮問委員会」を稼働させている（イオン，2004，8-9頁）。

3. イオンの経営面

①透明性・倫理性からみるイオンの「経営」

コンプライアンスはもちろん，正しい行動の実践を通じて，イオンに関わる全てのステークホルダーに誠実な経営を行っている。2003 年 11 月に，ビブレ，サティなどを展開するマイカルがイオンに加わり，スケールメリットだけではなく，マイカルが積み上げてきたノウハウやコーポレートカルチャーという新鮮な刺激がもたらされ，多様性と異文化受容の企業体質に良い効果が生まれている。

②「お客様副店長」制度

社内外の意見を経営に反映させるシステムとして，「お客様副店長」制度を作っている。顧客に地域を代表する副店長として 1 年間勤務してもらい，地域密着した店づくりを推進している。お客の要望を反映させ「お客様第

一」とする経営で，実際に顧客からの提案により改善例が見られ成果を出している（イオン，2005，16頁）。

③「お客様株主」制度

従来の1,000株から100株へ，株式の売買単位を引き下げることで，株式を取得しやすくし，「お客様株主」制度をつくった。さらに，半年間の利用金額に対して保有株数に応じた返金率でキャッシュバックする「イオン・オーナーズカード」を発行している（イオン，2005，16頁）[4]。

④従業員が安心して働ける職場づくりや「パート店長」制度

職場環境を整備し，働きやすい職場をつくり，モチベーションの向上を図っている。具体的には，2003年度より「イオンナビ」という社内教育システムを稼働させ，平等な教育機会を提供したり，ストレスなく働けるように作業環境と福利厚生面を改善している。ユニークな試みとしては，2004年2月からコミュニティ社員制度（パート店長）を導入し，勤労意欲の向上に繋げている。また，障害者が健常者とともに働ける職場づくりを目的として，障害者との共同事業を推進している（イオン，2004，14-15頁）。

⑤地域と活きるSCづくり

新たに出店するSC店舗の周囲で緑の環境を保全するために，地域住民と一緒になって植樹活動を行っている。SCでは，交通対策（交通渋滞に配慮・駐車場の確保），雇用対策（地元優先の雇用），環境対策（廃棄物削減・グリーン調達），地域経済活性化対策（地元からの出店優遇），コミュニティ対策（地域コミュニティの広場としての活用）など，地域との共生を重視している（イオン，2005，4-5頁）[5]。

4. イオンの社会面

① PB商品への取り組み

安全・安心・おいしさ・正直にこだわったPB商品を開発している。現

在は，生活の基本アイテムを，安心品質とお買得価格で提供する衣食住ブランド「トップバリュ」をメインブランドとして，納得品質で地域一番の低価格を目指す商品ブランド「ベストプライス」，自然の力を活かして育てた農・水・畜産物を原料とする加工食品のブランド「グリーンアイ」，おいしさ・素材・機能など特別にこだわった特選高品質ブランド「セレクト」の4つのブランドを展開している。

②店頭での社会貢献活動（衣料リサイクルとフェアトレード）

　環境に配慮しながらおしゃれ感覚も楽しめるイオンのエコロジーショップ，「SELF + SERVICE」の店舗で，エコメイトマークのついた衣料の回収リサイクルシステムを推進している。

　また，商品や原料を社会的・経済的に恵まれない地域から労働に見合う価格で継続的に買い入れ，生産者の自立支援に役立てようとする取り組み「フェアトレード」に積極的に支援している。現在（2016年2月末），ドミニカ共和国のカカオ豆の生産者とグアテマラ共和国のコーヒー豆の生産者を支援している。

③取引行動規範の制定と推進

　イオングループでは，プライベート・ブランド「トップバリュ」を企画販売しているが，そのサプライヤーに対して「イオンサプライヤーCoC（コード・オブ・コンダクト）」という取引に関する守るべき13の項目の行動規範を設定している。この行動規範は海外を含めた約800社（2015年末現在）のサプライヤーと締結しており，商品品質に留まらず製造過程も管理の対象としている。具体的には，児童労働や強制労働の禁止，安全衛生および健康管理，人権保護とあらゆる差別の禁止，労働時間，環境保全，商取引，認証・監査・監視（モニタリング）など，製造工程までの説明責任を果たしている。そして，この行動規範に反する場合は改善を促し，それでも改善が見込めない場合は取引を停止するとしている（イオン，2005，34-35頁）。

④ユニバーサルデザイン化の推進

イオンは，店舗をより良い公共の場にするために，障害者だけではなく，全ての人が便利で快適に利用できる「ユニバーサルデザイン」の考え方を積極的に取り入れている。そのためにバリアフリー化はもちろん，サービスの基本姿勢や従業員のスキルアップを図っている。具体的には，2004年度に「ハートビル法」による認定を58店舗で取得し，施設総数は約750（2015年2月末現在）に達している。また，イオン独自の「イオンハートビル設計基準」も作成し，よりきめ細やかに配慮した店づくりを行っている。

その他，2003年10月に完全施行された「身体障害者補助犬法」への取り組みとして，盲導犬などの補助犬の受け入れを積極的に実施している。

5. イオンの環境面

①消費者と連携した地球環境保全活動

イオンの特徴は，消費者と連携した「イオン ふるさとの森づくり」の熱心な植樹活動に見られる。2004年度は4万名以上の消費者が参加して57カ所・42万本を新たに植樹した。実施初年度の1991年からの累計では，2016年2月末現在，約1,100万本が植樹された（イオン，2005，6-7頁）。

②エコロジーとローカル活動

毎月11日を「イオン・デー」と制定し，エコロジー（環境）とローカル（地域還元）をテーマに，多様な貢献活動を行っている。買い上げ金額合計の1％を地域のボランティア団体に還元する「イオン 幸せの黄色いレシートキャンペーン」をはじめ，従業員がボランティアで店舗周辺を清掃する「クリーン＆グリーン活動」，子供達に環境について学習する場所を提供する「こどもエコクラブ」，健康的な食生活を実現するための「5 A Day（ファイブ・ア・ディ）」運動，レジ袋削減のための「買物袋持参運動」，アルミ缶・食品トレイ・紙パック（牛乳パック）・ペットボトルなど

の店頭でのリサイクル回収，二酸化炭素排出量とゴミの削減，災害や環境保全支援の募金活動など，多岐にわたる活動で評価されている。

③**環境評価**

環境会計の手法により，当該年度の目的・目標別に，取り組み内容，環境保全コスト（投資金額・経費金額），経済効果が計量化されている。また，ISO14001の目標と実績についても，環境方針・環境目的別に当該年度の目標・結果・超過率・評価・次年度目標が詳細に報告されている（イオン，2005, 36-41頁）。そして最後に，情報の信頼性を担保するために，専門家による第三者評価を公表している。

6. 海外でのCSRへの取り組み

①**イオンの海外でのCSRの特徴**

イオンは，「低炭素社会の実現」「生物多様性の保全」「資源の有効活用」「社会的課題への対応」を柱とし，グローバルに考え，それぞれの地域に根差した活動を実践する方針を打ち出して取り組んでいる。「イオン環境・社会報告書」を発行し，Webサイトでも情報公開し，第三者の監査も公正に受けている。さらに海外も含めあらゆるステークホルダー（利害関係者）の参画する仕組みも構築している。国際的なガイドラインISO26000を活用しており，国連グローバル・コンパクトやフェアトレード基準なども遵守している。

②**イオンの海外CSR調達と社会問題への取り組み**

国内外のサプライヤーに対して，取引行動規範に則り，人権，企業倫理，環境保全遵守を要請している。農水産物の安全・安心・衛生を担保するために，トレーサビリティ（履歴の追跡可能性）も確保している。国際フェアトレードラベル機構家認証カカオの生産者の支援拡大を目的に開始した「フェアトレード調達プログラム」にアジアで最初の企業として参画した。

植樹活動は，1991年度にマレーシアのショッピングセンターから始め，イオンが事業展開する中国やASEAN各国で，ふるさとの森運動を積極的に推進している。次世代育成事業では，2012年度より，マレーシアを皮切りに「イオンチアーズクラブ」を発足した。2015年度は，イオンマレーシアで32クラブ約1,670人，イオン中国で56クラブ約1,300人の子供たちに，イオンの店舗を拠点に環境について学ぶ機会を提供している。国際交流事業では，高校生の国際交流「ティーンエイジ・アンバサダー事業」に，これまで日本を含む18ヵ国2,052人が参加，高校生・大学生の国際交流「アジア・ユースリーダーズ」に，日本を含む6ヵ国532人が参加している。さらに学校建設支援事業では，これまでにカンボジア，ネパール，ラオス，ベトナム，ミャンマーで計393校を建設し，現地貢献をしている。

③最近の話題の事例

　イオンモール武漢（2015年12月オープン）では，現地の雇用約3,000名を創出しただけではなく，中国人の店長研修や，従業員研修で日本型おもてなしを教育し，接客サービスが向上している。GMSや食品スーパーの店長をはじめとする幹部の現地人化を進めている。この店舗では，環境評価基準制度「緑色二星（設計）」を取得しており，太陽光発電や中水利用など環境負荷を低減している。いわゆるエコモールで，分煙化を導入し，従業員休憩室がゆったりし働きやすい環境を整備しており，クオリティの高い施設との評価を得ている。

　イオンモールベトナム・ハノイ（2015年10月オープン）では，最高のおもてなしをモットーにしている。宮城県産品のアンテナショップとして，日本の魅力をPRしている。

　イオンモール・インドネシア・ジャカルタ（2015年5月オープン）でも，日本食や日本製品，文化を伝える専門店をテナントとして入れ，現地人がマネジメントしている。安全で快適な環境を整え，新しいライフスタイルを提案している。顧客の安全第一で，全車両の点検や手荷物検査を実施し，日本型の精密なマネジメントを教育している。現地を知るスタッフの

知識や経験を融合させる試みも行っている。

V．まとめ

　本章では，小売業を対象に，CSR（企業の社会的責任）経営への取り組みについて，概念だけではなく具体的にステークホルダー，特に消費者との取り組み実態について検証した。その結果，CSRマネジメントシステムの概念は，その目的が経済・環境・社会の3つの側面でのトリプルボトムラインを達成することにあるために，持続可能性指向であることを指摘した。さらに，消費者を中心とするステークホルダーの積極的な参画（エンゲージメント）が3つの側面でのトリプルボトムライン指向のCSRマネジメントにとって重要であることも明らかにした。自社にとってカギとなるステークホルダーを認識し，消費者などの参加・連携に取り組むことで，本業の利益のヒントを得ることができるのである。

　小売業の場合，直接的に消費者と接するという特性を持っているため，イオンの事例でみてきたように，顧客の経営参加型ともいうべき「お客様副店長制」によって本音の消費者ニーズを把握したり，資本参加型ともいうべき「お客様株主制」によって利益分配の恩恵を与えたり，他にも消費者参加型の環境保全活動など多様な方法で消費者との関係性を強め，これらが，自社の経済・社会・環境などの責任活動に好ましい形で貢献している。まさに消費者との連携や協働（コラボレーション）できる仕組みづくりが，今後の小売業にとって最重要課題であるといえる。結論として，経済のみならず社会の持続的発展の推進力として，消費者と連携したCSRマネジメントが機能を発揮すべきであることを示した。

●注

(1) CSR関連サイト
　　http://www.CSRjapan.jp/
　　http://www.nikkei.co.jp/csr/index.htm

http://www.sustainability.co.uk/sustainability.htm
　　http://www.accountability.org.uk/
　　http://www.trilliumintvest.com/

(2) 『週刊東洋経済（臨時増刊）』（2015年12月2日号）「CSR企業総覧2016年版」では以下のようになっている。

「総合ポイント」 (600)	=	「人材活用」 (100)	+	「環境」 (100)	+	「企業統治＋社会性」 (100)	+	「財務」 (300)
1位 セブン＆アイ： 532.6	=	88.6	+	83.1	+	92.1	+	268.8
2位 イオン ： 527.6	=	91.1	+	90.1	+	92.1	+	254.3

財務の優劣によりセブン＆アイが1位となっているが，環境分野では，イオンが優位となっている。3位以下は格差があり，丸井 506.1，三越 487.1，ローソン 478.9 となっている。

(3) 企業全体としての取り組みに関しては，イオンのホームページも合わせて参照した。

(4) 公募増資実施により，お客様株主は，約2年間で7,681名から76,580名と約10倍に拡大している。

(5) イオンの社会的使命に基づいて実施した，新潟県中越地震での地域社会貢献活動が特記されている。

●参考文献

Lazer, W. and E.J. Kelley, (1973) "Marketing's Changing Social Role: Conceptual Foundations," *Social Marketing: Perspectives and Viewpoints*, Richard D. Irwin.

秋山をね・菱山隆二（2004）『社会的責任投資の基礎知識：誠実な企業こそ成長する』岩波書店．

上原征彦（1998）「ソーシャルマーケティングの論拠について」『マーケティング・ジャーナル』第70号，16-23頁．

大橋照枝（2002）『環境マーケティング大全：エコ・エコノミーの実践のために』麗澤大学出版会．

岡本亨二（2004）『CSR入門：「企業の社会的責任」とは何か』日本経済新聞社．

小倉幸雄（2004）「近江商人の経営理念と経営システム」『地域経済』岐阜経済大学地域経済研究所，第23巻，1-15頁．

コトラー，P．ロベルト，E.L.著，井関利明監訳（1995）『ソーシャル・マーケティング：行動変革のための戦略』ダイヤモンド社．

齋藤実男（1997）『グリーン・マーケティング2』同文舘出版．

『週刊東洋経済（臨時増刊）』（2015年12月2日号）「CSR企業総覧2016年版」．

高巌（2004）「企業の社会的責任の新展開」『生活起点』（セゾン総合研究所），第68号，15-22頁．

高岡伸行（2004）「CSRマネジメントシステムの設計思想」『經營と經濟』（長崎大学），第84号第3号，253-282頁．

田中宏司・水尾順一（2004）『CSR マネジメント：ステークホルダーとの共生と企業の社会的責任』生産性本部。

谷本寛治（2004）「企業の社会的責任とマーケティング 得意領域を活かす新しい社会貢献 コーズ・マーケティングのすすめ」『宣伝会議』第 650 号，71-76 頁。

内閣府（2001）「国民生活モニター調査」9 月。

西尾チヅル（1999）『エコロジカル・マーケティングの構図：環境共生の戦略と実践』有斐閣。

日経 BP 環境経営フォーラム（2016）「第 17 回環境ブランド調査」（http://business.nikkeibp.co.jp/atclemf/15/239633/070100002/）7 月 14 日。

『日本経済新聞』「企業の社会的責任（CSR）調査」2005 年 1 月 17 日朝刊。

日本経済団体連合会（2004）「2002 年度社会貢献活動実績調査結果」1 月 20 日。

水尾順一（2000）『マーケティング倫理：人間・社会・環境との共生』中央経済社。

渡辺達朗（2003）「流通における「環境経営」の取り組み：消費者の態度 / 行動ギャップのもとでの小売企業の対応を中心に」『専修商学論集』第 77 号，203-235 頁。

イオン（2003；2004；2005）「環境・社会報告書」。

「各章の研究報告リスト」

※各章，全面的に大幅加筆修正

第1章：「ピーター・ドラッカーの流通・マーケティング研究への関与」『研究論叢』（日本産業科学学会），第21号，63-68頁，2016年3月を基に，加筆修正。

第2章：「フィリップ・コトラーのマーケティング学説の研究―マーケティング概念拡張論を中心に―」日本消費経済学会西日本大会，大阪商業大学，2014年6月15日報告。

第3章：「最近のコトラーの学説の検討」日本消費経済学会第40回全国大会，明治大学，2015年6月20日報告。

第4章：「イオン岡田卓也の流通革新の展開」日本産業科学学会第22回全国大会，大阪産業大学，2016年8月20日報告。

第5章：「流通部門の構造」鈴木武・岩永忠康編『市場環境と流通問題』五絃舎，2004年，115-129頁を基に，加筆修正。

第6章：「総合スーパーのマーケティングと経営課題―イオンの事例を中心に―」日本消費経済学会第41回全国大会，岡山理科大学，2016年7月3日報告。

第7章：「小売の国際マーケティング研究」『日本消費経済学会年報（2005年度）』（日本消費経済学会），第27集，133-139頁，2006年を基に，加筆修正。

第8章：「ネット通販のマーケティングの研究」日本産業科学学会第19回全国大会，九州産業大学，2013年8月25日報告。

第9章：「ネットとリアルの融合したマーケティングの研究」『研究論叢』（日本産業科学学会），第20号，13-20頁，2015年3月を基に，加筆修正。

補　章：「流通の国際化と社会的責任活動の多様化」日本産業科学学会九州部会，長崎県立大学，2016年12月3日報告。

索引

A～Z

AMA ……………………………… 9, 24
CEM ………………………………… 221
CRM ………………………………… 221
CSR …………………………… 45, 112
CSR マーケティング ……………… 11
EC 化率 …………………………… 207
GMS …………………………… 14, 120
H&M …………………………… 111, 163
ISO26000 …………………… 233, 234
JIS Z 26000 ……………………… 234
O2O ………………………………… 206
PB …………………………………… 14
SPA ………………………… 110, 163, 168
SRI ………………………… 231, 233
STP 理論 ………………………… 54, 55
W/R 比率 ………………………… 110
Web ルーミング ………………… 215
WTO ……………………………… 157
ZARA …………………………… 111, 163
ZOZOTOWN ……………………… 193

あ行

渥美俊一 ………………………… 73, 75
アメリカ・マーケティング協会（AMA）
 ……………………………… 9, 24
石川康晴 ……………………… 111, 114
石光勝 …………………………… 185
伊藤雅俊（イトーヨーカ堂） …… 17, 18
インターナル・マーケティング …… 57

ウォルトン（Walton, S.M.） ……… 211
渦原実男 ……………………… 77, 124
ウッド（Wood, R.E.） ……………… 14

越後屋呉服店 …………………… 15

近江商人 ………………………… 230
オムニ 7 ………………………… 215
オムニチャネル ………… 186, 204, 206

か行

柿尾正之 ………………………… 185
カタログ通販 …………………… 14
価値共創 ……………………… 46, 83
カテゴリーキラー ……………… 126
ガルブレイス（Galbraith, J.K.） … 31
カレン（Cullen, M.J.） ………… 121
川端基夫 …………………… 151, 155
環境保全関連法規 ……………… 234
環境マネジメントシステム ……… 234
雁行形態論 ……………………… 154

企業者史的アプローチ …………… 69
企業統治（コーポレートガバナンス） 232
『企業とは何か』 ……………… 5, 15
企業の社会的責任（CSR） …… 45, 112
グリーン・マーケティング ……… 229
グリーン購入 …………………… 232
グリーンコンシューマー ……… 232
グリーン投資 …………………… 232
クリック＆モルタル …………… 204

索　引 | 249

クロスチャネル ……………………… 208

『現代の経営』 ……………… 4, 6, 10, 12, 15, 74
現地適合化戦略 …………………… 155

交換理論 …………………………… 43
コーズ・マーケティング ………… 229
コーズ・リレイティッド・
　マーケティング ………………… 229
顧客管理や関係性研究 …………… 50
顧客の創造 ………………… 2, 10, 74
国際プロダクト・ライフサイクル理論
　…………………………………… 154
コトラー（Kotler, P.） ………… 2, 24
コンシューマリズム …………… 45, 229
コンプライアンス（法令遵守） … 232, 238

さ行

坂本龍馬 …………………………… 83
サステナビリティ ………………… 231
三方よし …………………………… 230

シアーズ・ローバック社 ………… 180
シアーズ・ローバック物語 …… 2, 12
ジェフ・ベゾス（Bezos, J.P.） … 191
市場流通（配給） ……………… 9, 50
『市場流通に関する諸問題』 ……… 9
渋沢栄一 …………………………… 83
社会的主張 ………………………… 37
社会的責任 ……………… 11, 57, 64, 228
社会的責任研究 …………………… 50
社会的責任投資（SRI） ……… 231, 233
社会的責任マーケティング …… 46, 52
ジャパネットたかた …………… 186, 187
シュンペーター（Schumpeter, J.A.）
　………………………………… 5, 69
ショー（Shaw, A.W.） …………… 9
ショールーミング ……………… 207, 215

ショールーミング現象 ………… 209, 212
水道哲学 …………………………… 73
スクラップ・アンド・ビルド …… 129
鈴木敏文 …………………………… 170
ステークホルダー（利害関係者）
　……………………………… 11, 232, 238

製品差別化 ………………………… 92
瀬岡和子 …………………………… 69
関根孝 ……………………………… 120
戦略的マーケティング …………… 46

『創生の時』 ………………………… 17
ソーシャル・マーケティング
　………………………… 25, 45, 46, 52, 229
ソーシャル・メディア・マーケティング
　…………………………………… 11
ソシエタル・マーケティング …… 229

た行

第1次流通革命（太いパイプ論） … 75
第2次流通革命（消費者主権論） … 75
大規模小売店舗法 ……… 93, 94, 99, 143, 156
大規模小売店舗立地法 ………… 99, 235
高田明 ……………………………… 187
建野堅誠 ………………………… 68, 76, 124

チェーンストア方式 …………… 122, 125
チャレンジ精神 ………………… 80, 83

デービス（Davis, R.） ……………… 152
電子商取引 ………………………… 97, 204

トイザらス ……………………… 98, 164
統合型マーケティング …………… 57
特定商取引法 …………………… 176, 184
ドラッカー（Drucker, P.F.） ……… 2

トリプルボトムライン	231, 232, 244
トレーサビリティ	242
問屋排除論	20

な行

中内㓛（ダイエー）	17
仲上哲	124
日本型商慣行	93
日本型商取引慣行	110
日本型流通モデル	92

は行

ハートビル法	233, 235, 241
林周二	73, 75
ハント（Hunt, S.D.）	27
非営利組織や公共部門	50
標準化戦略	151, 155
平野光俊	77, 124
ファストファッション	163
フェアトレード	240, 242
プッシュ要因	159
プライベートブランド（PB）	14
ブランド志向	160
プル要因	159
ベンチャー精神	80, 83
法令遵守	232
ホリスティック・マーケティング	20, 46, 50, 57, 58

ま行

マークス＆スペンサー	16
マーケティング・マネジメント	229
マーケティング 1.0	60
マーケティング 2.0	60
マーケティング 3.0	61
マーケティング 4.0	50, 61, 63
マーケティング概念拡張論	10, 25, 28
マーケティング管理	9, 50
『マーケティング原理』	28
マーケティングコンセプトの変遷	50
マーケティングの定義	24
前澤友作	193
マズロー（Maslow, A.H.）	61
マッカーシー（McCarthy, E.J.）	9, 31, 46
マネジメント	12
『マネジメント』	10
マネジリアル・マーケティング	25
マルチチャネル	207
三浦俊彦	160
三井家	15
三井高利	15
三井財閥	16
向山雅夫	155
ムジパスポート	217
メール・オーダー・システム	181, 183
森田克徳	69
モンゴメリー・ワード社	180

や行

矢作敏行	68, 76, 124, 140, 151, 152, 156
柳井正（ユニクロ）	17, 19
欲求 5 段階説	61
4P	54, 55, 60
4P 理論	46, 51

ら行

- ラストワンマイル ……………………… 211
- 流行志向 ………………………………… 160
- 流通革命 ………………………………… 76
- 『流通革命』 …………………………… 73, 75
- 流通系列化 ……………………… 92, 94, 110
- 流通は経済の暗黒大陸 …………… 6, 12, 20
- リレーションシップ・マーケティング
  ……………………………… 10, 57, 112
- ルイ・ヴィトン ………………… 163, 164
- レビット（Levitt, T.） ………………… 29
- 連邦経営 ……………………………… 134
- ローゼンワード（Rosenwald, J.）…… 12

わ行

- 『わが安売り哲学』 …………………… 73
- ワン・ツー・ワンマーケティング …… 10

【著者紹介】

渦原　実男（うずはら　じつお）
現　在　西南学院大学商学部教授・大学院経営学研究科教授
　　　　（商学，流通・マーケティング専攻）　博士（学術）

〔主要著書〕
『小売マーケティングとイノベーション』（単著）同文舘出版，2012年。
『日米流通業のマーケティング革新（第2版）』（単著）同文舘出版，2010年。
『商学通論（9訂版）』（共著）同文舘出版，2016年。
『流通国際化研究の現段階』（共著）同友館，2009年。
『マーケティングと小売商業』（共著）五絃舎，2008年。
『流通と消費者』（共著）慶應義塾大学出版，2008年。
『市場環境と流通問題』（共著）五絃舎，2004年。
『現代流通の構造・競争・行動』（共著）同文舘出版，2002年。
『現代流通論』（共著）多賀出版，2001年。
『都市小売業の構造と動態』（共著）創成社，1999年。
『現代マーケティング論』（共著）ミネルヴァ書房，1998年。
『現代サービス商業概論』（共著）税務経理協会，1996年。
その他，論文多数。

〔学会賞〕
『日米流通業のマーケティング革新』の初版（2007年）にて，日本流通学会賞（2008年），日本消費経済学会賞優秀賞（2008年）。
『小売マーケティングとイノベーション』にて，日本産業科学学会優秀賞（2013年），日本消費経済学会賞奨励賞（2013年）。

〔学会での活動〕
日本商業学会，日本流通学会，日本消費経済学会，日本消費者教育学会などで理事を歴任。

平成29年2月20日　初版発行	
令和元年10月25日　初版3刷発行	略称：流通マーケ革新

流通・マーケティング革新の展開

著　者 ⓒ 渦　原　実　男
発行者　　中　島　治　久

発行所　同文舘出版株式会社
東京都千代田区神田神保町1-41　〒101-0051
営業（03）3294-1801　　編集（03）3294-1803
振替 00100-8-42935　https://www.dobunkan.co.jp/

Printed in Japan 2017　　　　　　DTP：マーリンクレイン
　　　　　　　　　　　　　　　　印刷・製本：萩原印刷
ISBN978-4-495-64851-0

JCOPY〈出版者著作権管理機構　委託出版物〉
本書の無断複製は著作権法上での例外を除き禁じられています。複製される場合は，そのつど事前に，出版者著作権管理機構（電話 03-5244-5088，FAX 03-5244-5089，e-mail: info@jcopy.or.jp）の許諾を得てください。